中国道路丛书

厉以宁 主编　程志强 副主编

中国道路与新城镇化

商务印书馆 The Commercial Press 创于1897

2012年·北京

序　走符合中国国情的城镇化道路

厉以宁

一、传统城市化与符合中国国情的城镇化

传统城市化是先进行工业化的发达市场国家的城市化模式。当时,城市化与工业化基本上是同步的,缺乏统筹安排,也没有科学的城市规模概念,经济和社会的可持续发展并未被城市领导层所考虑。等到发现居民的生活质量下降等问题时,已为时过晚,要改变城市现状已经不易。后起的工业化国家,即使认识到城市化的弊病,想避免,但需要大笔公共投资,往往力所不及。结果,无论在先工业化和先城市化的国家还是

在后起的工业化国家中，都发生了所谓的“城市病”，即农村人口大量涌入城市，城市中出现了棚户区或贫民窟，环境恶化，过分拥挤，失业激增，社会治安欠佳，以致出现了“反城市化”倾向，即穷人继续涌入城市，富人纷纷迁离城市，搬到郊区甚至乡村居住。

在某些发达的市场经济国家，城市化率高达90%以上。城市化率，在经过二百多年的工业化和城市化之后，至今已经没有重要意义，也很少再被人们关注。这是因为：

第一，如果某个国家至今仍旧存在城乡居民权利不平等和身份限制，那么城市化率可以反映社会等级的存在。但在现阶段，在本国公民权利平等和身份限制已消失的条件下，城市化率就没有什么意义了。

第二，如果某个国家至今仍旧存在公共服务因城乡而异，或存在城乡社会保障的非一体化，那么城市化率可以反映社会保障一体化方面尚存在的城乡差距。但这样的例子已经不多。

第三，由于国内交通运输条件的日益完善，再加上通信手段的方便，以及运输成本、信息成本的降低，土地价格的地区差距的存在，所以城市化率高不一定反映工业企业必定趋向于集中，而很可能分散于城区以外的农村。

传统城市化模式是不适合中国国情的。根据中国国家统计局的资料，迄今为止中国的城镇化率略高于50%。但据研究中国城镇化的专家的意见，中国目前的城镇化率还不到50%，理由是，中国至今仍存在城乡分割的二元户籍制度，城镇中一些农民工虽然在城镇中已是常住人口，但农民户籍未变，身份仍是“农民”，不能同城市居民享受同等待遇。所以城镇化率对于现阶段的中国仍有意义，这反映了城乡一体化程度的不足。

从另一角度看，如果中国要达到西方发达国家的城市化率，即90%以上的人口集中于城市，那么城市居住条件必定恶化，居民生活质量必定下降。即使城市会因人口的增加而新增不少服务业就业岗位,但就业机会依然满足不了涌入城市的农民们的要求。

因此,中国必须走适合中国国情的城镇化道路,即中国城镇化分三部分:老城区+新城区+农村新社区。

以下,让我们按这三个组成部分分别予以论述。

二、老城区的改造

老城区是指已有的城区,它们有的在工业化以前很久就存在了。工业化开始后,在这里建设了一些工业企业,老城区规模不断扩大,居民日益增多,街道狭窄,人口拥挤。随着工业企业的建立,商业和服务业也发展较快。

老城区的发展方向是改造。由于工业企业已经造成了环境污染,所以一定要设法把这些工业企业迁出老城区。近些年在老城区推行的"退二进三"的做法,是正确的。"退二进三"是指,第二产业迁离老城区,第三产业进入老城区,使老城区成为商业中心、服务业中心和居民区。老城区有不少过去的建筑物,需要根据具体情况,加以维护、修整,保留下来,作为文化遗址。某些街道也应当完整地保存,显现当年的风貌。

老城区改造和环境治理过程中,应当关注棚户区的拆迁问题。这些棚户区是工业化前期建立的,房屋质量差,棚户区的居民生活质量差,而且居民多数是贫困的、教育程度低的。他们之中,有些是退休的工人和下岗的工人,甚至是无业的。由于无业人员多,所以社会治安状况不佳,犯罪率偏高。

拆迁棚户区在某些城市老城区改造过程中已经积累了经验,这就是把新城区建设、招商引资、老城区改造三者结合在一起,重新规划。根据某些城市的做法,大体上是这样的:

先在新城区的一块空地上盖成一批标准的、建筑质量合格的居民楼，让棚户区的住户迁过去，把周边的公共设施建设好，如公共交通、孩子上学、环境卫生等问题一并得到解决，让迁入的居民生活安定。

再通过招商引资，或者在新城区建立工业企业，或者在老城区内原棚户区的地址上建立商业、服务业企业，以安置棚户区的失业人员。

如果失业人员愿意自谋职业，也可以扶植他们自行创业，如从事个体工商户或创办小微企业。此外，他们还可以在新城区的居民区内从事家政服务、保洁、保安等工作。

棚户区内还居住了一些从农村来的务工人员，可以在拆迁棚户区的同时，让这些常住于城市并有稳定职业的人员（包括开店的、有执照的摊贩等）转入城市户口。由于这些人迟早要成为城市居民的，不如乘拆迁之机把户籍问题一并解决了。

三、新城区

新城区一般在城市郊区，它们可能是由工业园区、高新技术开发区、创业园区、物流园区等等演变而来的。这里工厂林立，基础设施完善，有发展空间。

新城区不仅有企业，而且也有常住的居民。这些常住的居民，或者是原来的农村居民，或者是镇上有农村户籍的个体工商户等。在一些镇并入老城区的同时，也有一些镇并入新城区。由于有了常住的居民，再加上有新建的工业企业的职工，所以新建的城区除了工业园区以外，还会有商业区、服务区和居民区。

对新城区来说，最重要的是工业企业进园区。这对工业企业有四个好处。一是，这里的基础设施完善，交通运输便利，可以减少成本。二是，污染源集中，便于监管，便于治理。三是，许多工业企业都设置在工业园区内，便于信息交流，也便于工业企业获得新的商机。四是,政府的服务到位,通过工业园区管理委员会,工业企业可以及时得到政府的服务、帮助。

新城区往往是新兴产业的立足地。新兴产业的增长速度是快的,这是对城市经济增长率和财政收入的巨大支持。

新城区,无论是在原来的空旷地带建立起来的,还是以镇为依托发展起来的,一般来说,历史所留下的包袱都比老城区要少一些。这正是新城区的优势所在。同时,新城区的就业机会要比老城区多。新城区也完全有可能成为各类技术工人、专业服务人员的职业技术培育基地,成为向新城区自身和老城区,甚至其他城市的老城区和新城区输送各类技术工人、专业服务人员的源泉。

四、农村新社区

现在各地都在兴建社会主义新农村。在不少地区,社会主义新农村是在原有的自然村基础上通过旧房改造而成的,也有的是在原有的自然村附近的空旷地带建成的,原有的旧房在居民搬迁后被拆掉,土地经过整理,重新变为耕地。无论以哪一种方式建成的社会主义新农村,都是农村新社区的起点。

农村新社区的进一步建设,一般有五个内容:

第一,农村新社区要实现园林化,成为绿树成荫、花草茂密的适合居民居住的居民区,而不能只以盖好几幢高楼为目标;

第二,农村新社区要成为环境清洁的居民区,实现污染防治、垃圾回收和利用、符合低碳节能要求的居民区;

第三,农村新社区一定要实现公共服务到位,建设卫生院、托儿所、幼儿园、小学、养老院、公共交通、自来水、通信、文化室、安全保卫等相应设施,使得农村新社区内的公共服务与城区的公共服务基本上相同;

第四,在社会保障方面,农村新社区应当及早实现城乡一体化,不存在农民与城区居民的身份限制；

第五，在社会管理方面，农村新社区应实行民主管理制度，社区管理机构的负责人由社区居民选举产生，社区居民也可以罢免不称职的负责人。

在实现上述各项要求之后，村级自治就改为社区自治，农村新社区成为基层单位，也就纳入城镇化。城市居民和农民之间的权利平等了，身份限制不再存在了。

农村新社区居民的就业状况，是多样化的，因地而异。在调查过程中，我发现各地有不同的做法。

例如，在某些地方，由龙头企业牵头，把农民组织起来，农民把土地入股到龙头企业。龙头企业在这些土地上按土壤的性质，有的种果树，有的种粮食，有的种葡萄，有的种饲料。在建设用地上，盖起了各种工厂，在草地办起了牛羊饲养场，此外还办了养猪场、养鸡场等等。农民愿出外打工的，听他们自愿。不愿外出的，把农民分配到工厂当工人，或到果园、葡萄园、粮田、饲养场工作。这样，每个农民每年按股分红，每月还有工资可得。龙头企业还建起了宿舍区，按社区模式管理，分配居民居住。公共服务设施也由龙头企业兴建。这又称“公司＋社区＋农户”模式。我们在山东烟台市就见到这种模式。

又如，在某些地方，由农民专业合作社牵头，把农民组织起来。农民专业合作社有的专门生产茶叶，有的专门生产西瓜，还有的专门生产柑橘等等。同时，也由农民专业合作社牵头，把农民组织起来，或改造旧民居，或在附近的空旷地带新建居民区，使农民迁入居住。农民专业合作社负责组织生产，而改造后的旧民居或新建的居民区，则由住户选举的村委会或社区管委会管理。这是一种“农民专业合作社＋社区＋农民”的模式。在这种模式下，农民专业合作社与龙头企业之间订立合同，由龙头企业提供技术，提供生产资料（如种子、化肥、灌溉机械），并统一收购产品，经营销售。我们在重庆市的江津、长寿、梁平等地见到过这种模式。

再如，在某些地方，在市县政府或乡镇政府的主持下，在把农民组织起来建设社会主义新农村的过程中，给农民一定的建房补助，动员农民自建新房，或改造旧房，政府再投资建设公共设施，并在这里实行社区式的管理。农民则转向专业化的生产，如每家都有蔬菜大棚、草莓大棚，精耕细作，产量高，收入增多。生产由各户自己负责，社区则组织专业的运输队，帮助农民把产品运往农贸市场去销售，或者，社区把这一带改造为旅游点，农民办农家乐，或妇女制作手工艺品，吸引游客前来选购，也包括购买新鲜水果、蔬菜、土特产等。这又是一种模式，可以把它称为“社区指导下的农民自营模式”。我们在贵州毕节市见到过这种模式。

还有另一种模式。这就是在某些地方，在市县政府或乡镇政府的主持下，在把农民组织起来建设社会主义新农村的过程中，帮助农民集体创业，如全体或大部分农村劳动力从事工业、建筑业、物流业的工作。生产由农民组织的公司和民选的公司董事会负责经营管理，生活则由社区统筹安排，社区管委会负责人同样是民选产生的。可以把它称为“社区指导下的农民集体经营模式”。我们在天津市滨海新区见到过这种模式。

农村新社区的模式肯定不限于上述几种。各地正在根据本身的情况，继续探索。这也是很自然的。应当把不同模式的涌现和不同模式的并存，看成是适合中国国情的城镇化过程中的正常现象，而且是一种可喜的现象，因为这种现象的出现正是调动了民间蕴藏已久的积极性的结果。

五、农民和城市居民无身份差别和权利平等

根据以上的论述，我们已经说明适合中国的城镇化由三个部分构成，即老城区＋新城区＋农村新社区。

有些专家同意这三部分构成中国城镇化的设想,但他们有一个疑问,这就是:老城区和新城区可以纳入城镇化的范围,但农村新社区纳入城镇化范围,似乎有些不妥。他们说:如果把农村新社区纳入城镇化的范围,岂不是自相矛盾?难道农村与城镇可以合而为一吗?这个疑问不是没有道理的。

我的解释如下:

中国的城镇化是一个相当长的过程。在城镇化推进过程中,开始时,甚至较长时间内,城乡分割的二元户籍制还不能立即取消,城乡居民的身份差别和权利不平等还会继续存在,在这个阶段,从中国实际情况出发,老城区和新城区都有常住的农村人口,农村新社区更不必说了,农民成为新社区居民中的绝大多数,甚至是全部。根据前面的分析,使用"农村新社区"一词是适合实际情况的。

进入老城区和新城区的居民,随着经济的发展和经济体制改革的深化,这些常住于新老城区的农民,迟早会转变为有城市户口的居民。这是总的趋势,谁也无法改变。至于在农村新社区居住和工作的农民,随着新社区经济的发展和公共服务设施的完善,特别是随着城乡社会保障一体化的进展,新社区中的农民迟早也会转为城市户口。

说得更确切些,在中国城镇化过程中,城乡二元户籍制度一定会走向全国户籍一元化。城区和农村不再有居民身份的差别,也不再有城乡居民权利的不平等。到了那时,可以把"农村新社区"改称为"新社区",前面不必加上"农村"二字。

从这个意义上说,中国的城镇化实际上恰恰体现了双重转型的特征。中国的双重转型是指:这种转型既是"发展转型",又是"体制转型"。"发展转型"意味着由农业社会过渡到工业社会。"体制转型"意味着由计划经济体制过渡到市场经济体制。自1979年改革开放以来,这两种转型在中国是重叠的。所以中国的城镇化完成之日，正是上述双重转型成功之时。破除城乡二元户籍制度可能是双重转型中具有关键意义的一段。中国城镇化唯有走适合国情的道路，才能实现城乡居民无身份差距和权利平等的目标。

（厉以宁，北京大学光华管理学院）

目录

实 践 篇

理论篇

农地流转形式和农业产业化垂直协调的契约安排研究

程志强

一、引言

农业产业化的发展是中国农业现代化的必由之路。关注农地流转制度和农业产业化组织形式的创新和选择，对于促进农业生产力的发展，提高农户的收入水平，构建和谐的三次产业关系和城乡关系，推动中国城镇化进程，具有一定的理论意义和现实指导意义。

农业产业化的本质是农业生产、销售链垂直协调的契约安排（Sauvée，1998）。农业产业化项目一般是农地使用密集型的，因此，农地制度的安排，包括农地的所有权、使用权、收益权的设定以及农地的初始分配和流转状况，都可能会影响农户、龙头企业等参与农业产业化垂直协调的各方主体的交易成本，从而影响垂直协调的契约安排。就目前中国的农地制度而言，经过数十年以效率和平等为主题的农地制度变迁的探索，农地集体所有、家庭联产承包经营责任制的农地制度终于找到了当前经济条件下效率和平等的平衡点，产权结构改革的空间基本上不存在，而土地承包经营权流转市场的培育、发展和流转制度的创新将是当前农地制度改革和创新的核心领域。细碎化程度较高的农地承包经营权分布实际上提高了下游厂商的交易成本，在一定程度上限制了农业产业化活动的开展和发展，土地承包经营权的流转成为农业产业化发展的前提条件。鉴于中国特色的农地产权结构，中国农地产权体系被分割为所有权和承包经营权两个子体系，后者还包括使用权与收益权〔1〕，农地流转主体多元化，涉及农户、村集体以及地方政府等多个主体，形成个体农户主导型、村集体主导型和中介组织介入型三类农地流转制度创新。下文将探讨三种流转方式的特征、适用区域以及相对应的农业产业化垂直协调的契约安排。

二、个体农户主导型农地流转方式与垂直协调契约安排

个体农户主导型农地流转主要包括农户之间的转包、转让、互换等方式。（田传浩，2005）〔2〕个体农户主导型农地流转是农

〔1〕　自从农村税费取消以后，在不改变土地性质和农业用途的前提下，实际上，农地收益权已经归农户所有，作为土地所有人——村集体经济组织在农村税费取消后基本上丧失了农用地的收益权。

〔2〕　转包指农户承包人仍然保留对农地的承包权，将一定年限的农地使用权转让给其他农户，一般期限较短，以口头契约为主；转让是指承包权的流转，与转包相比，其期限一般与农地承包剩余期限相同，期限较长，一般需要签订合约并经村集体同意；互换一般指相邻农地的农户为了解决耕地细碎化和分散化的问题相互协商，对各自承包经营的农地进行交换，提高地块单位面积，减少地块数。

户之间的自发交易，充分尊重了农户的自身意愿并且体现市场经济的基本精神，体现了农户在农地流转中的主导地位。通过这种流转方式，农业经营农户可以在一定程度上降低其地块细碎化程度，提高地块单位面积，形成农业产业化项目所要求的最低的规模经济。

但是，从目前的实践来看，部分个体农户主导型农地流转缺乏规范的合同，很多是口头协议，根据叶剑平等(2006)的调研，有86%的农户在转出土地时没有签订书面合同，容易引发纠纷，比如当经济衰退或者农业收入提高时，部分外出就业农业劳动力回乡后要求收回流出土地，而流入户因为前期的投入而不愿意归还，由于缺乏规范的合同，难以达成双方均满意的结果。其次，流转期限较短，基本上在1—3年，根据叶剑平等(2006)的调研，有46%的农户转出农地没有约定期限，27%的农户约定的期限在1年以内，10年以上的不到6%，农地流入户难以形成稳定的预期进行跨期投资，尤其是随着经济社会的发展，农产品的一些特殊性质以及安全、环保的要求不断提高，缺乏长期投资的农业生产难以满足这些要求。第三，农户之间的农地流转目前主要集中在亲戚、邻居之间，限于熟人社会，根据叶剑平等(2006)的样本，在转出的农地中，87.6%的农地转包给本村的亲戚或其他村民，而这个核心圈层以外的主体，比如龙头企业或者外地大户的进入可能面临较高的交易成本。比如，在农地承包经营权流转市场尚未建立和完善的前提下，龙头企业/大户需要支付较高的搜寻成本以获取农户的流转意愿、农地的肥力等性状方面的信息；为了形成适度的规模经营，在土地细碎化程度较高的情况下，龙头企业/大户需要面对很多中小农户，如果同时与各个农户谈判，将面临很高的缔约成本，而农户又会因为“搭便车”等机会主义行为使得农户之间的集体行动失效；还有，个别农户可能在龙头企业/大户与大多数农户完成谈判之后或者完成投资之后，利用其地缘优势，采取“敲竹杠”等机会主义行为；同时，农户也担心龙头企业/大户因为经营不善而不能履约。所以，上述交易成本的存在，使得个体农户主导型农地流转难以形成适度规模，主要适用于“企业＋中小农户”或者“合作组织＋中小农户”这类垂直协调的契约形式。这对农业产业化行业的选择形成了约束，比如存在明显规模经济的行业，或者一定要求土地连片的行业，在以个体农户主导型农地流转方式为主的地区难以发展。

三、村集体主导型农地流转与垂直协调契约安排

村集体主导型农地流转是指村集体组织（通常为村委会）作为农地流转的主体，[1]这种形式也包括地方政府主导型，但是地方政府在作用过程中依赖于村委会等村集体组织。具体而言，这种类型一般有两种方式：一种方式是村集体组织把在土地初始分配时预留的机动地使用权以协议、招标或拍卖等方式转让给大户或者龙头企业，如四荒地拍卖和“两田制”，其中，“两田制”被取消了；（田传浩，2005）另一种方式是村集体组织通过返租、入股、土地置换等方式将农户分散承包经营的土地集中，直接或者经过平整、修建大棚之后出租给大户或者龙头企业，收取租金后，再通过租金、分红等形式发给农户，比如返租倒包、村集体股份制[2]等

---

[1] 本文定义的村集体主导型农地流转方式不同于田传浩（2005）所定义的集体供给型农地流转方式，前者强调的是村集体组织凭借其所有者的身份成为土地流转过程中最重要的主体，而后者除了村集体主导型之外，还包含了村集体作为中介身份参与流转的形式。如果村集体作为中介，那么，农户在流转中仍占主导地位。这种主导地位的差异，将会造成农户自主性、土地流转规模等方面的差异，我们将在下文讨论这一问题。

[2] 返租倒包是指村集体（村委会）将分配到户的农地重新租赁回来，付给农户租金，并转包给大户或者龙头企业。村集体股份制是指村委会将分配到户的农地使用权回收，成立股份制经济组织，农户根据其入股地块面积获得分红。

形式。

相对于个体农户主导型农地流转而言，首先，村集体主导型农地流转能够降低土地承包经营权流转市场的交易成本，在中国，村集体（村委会）实际上是政府机构治理在农村的延伸，而且作为土地的所有者，具有一定权威和组织协调能力。对于一般的市场主体而言，村集体能够以相对低的交易成本集中土地使用权，比如对于不愿流转的农户，可以采取换地的方式，或者利用其他关联交易来诱导其参与流转，而这些是一般的市场主体所不具备的能力。而且，农户在土地性状等方面之于外来龙头企业/大户的信息优势，村集体也同样具备；而与中小农户相比，村集体和龙头企业/大户之间的规模不对称和信息不对称程度将下降，降低了交易双方的信息搜寻成本，并且避免了龙头企业/大户面临多个农户重复协商、签约的成本。所以，交易成本的下降促进了农地流转规模的扩张，可以形成较大规模的连片农地。其次，村集体主导型农地流转的期限一般较长，通常在3年以上，并有规范的合同文本。一方面，期限的延长有利于促进租地方的资本、技术投入，包括对农地改良等基础设施投入；另一方面，规范的文本合同可以避免口头协议产生的纠纷，而且，村集体的权威身份可以在农地流转矛盾的化解过程中发挥重要作用，村集体及其上级政府的介入，将增加农户和龙头企业/大户机会主义行为的成本，降低违约的可能性。所以，村集体主导型农地流转可以形成较大规模、较长期限且有保障的土地使用权的集中，可以满足要素契约型、“龙头企业+大户”等形式的农业产业化垂直协调契约安排的要求。最后，相对于个体农户主导型而言，村集体主导型农地流转可以在一定程度上增加村级经济收入，有助于农村公共品的提供。

在我国当前“共有私用”（赵阳，2007）的土地产权结构下，作为土地所有权人，村集体作为农地流转主体具有一定的合理性，但是，从产权中分离出来的承包经营权天然属于农户，而且，从我国目前的实践来看，承包经营权包含了使用权和全部的收益权，并保证了30年以上的“长久”期限，因此，所有权在一定程度上被弱化了，村集体作为农地流转主体的合理性一定要建立在村集体与农户利益基本一致的前提下。显然，当两类不同主体之间的利益难以达成完全一致时，村集体主导型农地流转往往利用其所有权人身份，侵害农户的家庭承包经营权，如部分村集体不顾村民反对，强行设置“两田制”，压缩口粮田份额，剥夺农户的家庭承包经营权，与农民争利，这是导致“两田制”这一形式被中央政府叫停的最直接原因。所以，上述问题是村集体主导型农地流转最大的弊端。

村集体以及地方政府存在经济发展的冲动，往往试图改变农村传统的生产方式，调节农村产业结构，促进农业向集约化、专业化、科技化、高效化方向发展，基于农地规模经营的农业产业化成为其首选目标，容易出成绩、出政绩，这也是为什么村集体主导型一直是地方政府所青睐的农地流转方式。但是，这一目标并不一定和所有农户的目标是一致的，当然，如果这一目标的实现是一个帕累托效率改进，那么可以通过再分配的方式补偿利益受损的农户。因此，村集体的行为能够促进帕累托效率改进成为根本前提。但是，村集体或政府的有界理性并不能保证其行为选择必然产生帕累托效率改进，这种产业化失败的案例、产业结构调整失败的案例在中国农业现代化的进程中并不少见。而失败的后果往往是由农户承担的，比如改变品种之后的各种投入损失、农地流转之后的机会成本等，而村集体以及政府官员的收入一般与之不相关。因此，在村集体主导型农地流转过程中，为了进行土地使用权的集中，村集体领导人、地方政府可能凭借其权威地位通过强制性力量强行将农户所承包土地回收，却无法保障农户的帕累托效率改进，难以体现农户的自愿性。如果将“经济人”的假设引入到政府或者村集体领导人上，那么有可能出现出于私人利益，与龙头企业/大户合谋占有原先属于农户的利益，那么，即使实现帕累托效率增进，也无法实现农户的效用增进。另外,出于形象工程、政绩工程的需要,或者便于村集体(村委会)在农地事务中获取更多的控制权,在个别地区还存在农地规模过度集中的情况,却缺乏有效益的农业产业化项目支撑。村集体主导型农地流转的上述弊端导致其在实践中出现不少侵害农民利益的案例。所以,虽然有些地方政府倾向于选择这一形式,而中央政府却对这一形式的农地流转长期不持肯定态度。

四、中介组织的介入和垂直协调安排

根据上文的分析,个体农户主导型和村集体主导型这两种农地流转形式具有明显的优势互补性。一种思路是将上述两种类型的农地流转加以组合,既能充分发挥个体农户主导型农地流转在尊重农户自主性、充分保障农户利益等方面的优势;又能发挥村集体主导型农地流转在实现稳定的适度规模经营中的作用。这种组合有赖于中介组织的介入。从目前的实践来看,由于农地流转价格偏低,一个完全独立市场化的中介组织很难依赖农地流转获利,为了节约交易过程中的成本,农地流转的中介组织主要有两类,一类是基于农业生产合作组织形成的,如专业合作社、农村经纪人,从这些已有组织中派生出农地流转功能;另一类是基于村集体或地方政府机构形成的,如农地信用合作社、土地信托中心[1]等形式,地方政府通过地方财政投入或者补贴来实现农地流转中介组织的

---

〔1〕 农地信用合作社是指以村集体为载体建立土地信用合作社,农户将已承包的农地"存入"信用合作社,获取"存地利息",合作社将土地使用权"贷给"龙头企业/大户,收取"贷地利息",利息差额归农地信用合作社。(程志强,2008)土地信托中心是指土地信托服务组织接受土地承包者的委托,在坚持土地所有权和承包权不变的前提下,按照土地使用权市场化要求,将其拥有的土地使用权在一定期限内依法、有偿转让给其他单位或个人的行为。(田传浩,2005)

运行。

与前两种农地流转形式比较而言，中介组织介入型农地流转的优势表现在以下两个方面。一方面，在坚持农户在农地流转中的主导地位、坚持农户自愿性的前提下，可以克服农户主导型农地流转的一些缺陷。首先，中介组织介入之后，龙头企业/大户的交易对象变为中介组织，避免了和众多农户直接交易，减少交易次数，降低交易成本。其次，中介组织的介入，一般都有规范的书面合同，可以在一定程度上保障农地流入方和流出方所约定的权利和义务的实施。中介组织之所以能介入农地流转中，一般都能获得农户的信任。这些组织有些是由农户自己组织的，如生产合作社，特别是在中国农村差序格局明显的情况下，基于紧密血缘、亲缘、地缘相连的主体形成的合作社担任中介组织，可以在很大程度上降低个别农户机会主义行为的发生概率，因为，个别农户这种失信行为会导致其在其他以及今后长期的交易中丧失更多的利益，即机会主义的成本明显上升；有些中介组织则由村委会或者地方政府的机构来担当，这些组织具有权威性，一方面可以增进农户的信任感，另一方面对农户的机会主义行为也会形成可置信的惩罚。第三，中介组织的介入可以降低信息不对称程度，农户对地块等方面的私人信息优势对于中介组织而言，几乎不存在；而中介组织凭借其规模上的优势，可以用较低的户均成本获取必要的市场等方面的信息，从而也降低了龙头企业/大户之于农户的信息优势，而且，中介组织规模上的优势可以提高谈判地位，从而有效降低龙头企业/大户机会主义行为发生的可能性。

另一方面，这种形式避免了村集体主导型的缺陷，因为它的运作是严格以农户家庭承包经营为根本的制度基础，充分尊重中国已有关于农地的法律和文件的规定。实践中村集体主导型农地流转失败的最重要的原因就是对于家庭承包经营权的侵害，即为所谓的集体利益侵害农户个人的合法权益，而中介组织介入型农地流转充分尊重农户的家庭承包经营权，能够在制度上保障农户自愿性。农户的自愿建立在其收益和机会成本之比之上，只有前者高于后者时，农户才愿意流转。中介组织介入之后，同样也面临中介组织和农户利益一致性以及哪一方利益居于主导地位的问题。我们根据不同类型的中介组织讨论这一问题。首先，对于农民经济合作组织而言，一般来说，农户和中介组织之间的主要利益是基本一致的，因为农民经济合作组织本身就是农户为了共同利益诉求而自愿联合的；农户具有自主的退出权，认为自身利益受损或没有增进的农户可以“用脚投票”。如农民专业合作社[1]，种植同一类型或者相关农产品的农户自愿联合成社，从而形成一定规模的农地集中连片，对于部分社员间、社员与非社员间的农地“插花”问题，则可以在合作社的协调下，通过社员农户间、社员和非社员农户间的农地承包关系微调，实现农地的规模连片，从而满足农业专业合作社的要求或者龙头企业/大户的需求。其次，对于基于村集体或地方政府机构形成的中介组织而言，也不同于村集体主导型农地流转，后者在村集体利益与农户利益很难保持一致尤其是存在冲突时，往往村集体利益凌驾于农户之上，这是这种农地流转方式最根本的缺陷；而前者是以农户利益为主导，中介组织在这一过程中是居于被动的地位，是农户的代理人，在农户的需求引导下运作，不能直接决定农户的选择，中介组织对于农户是否参与流转没有任何强制力，亦不能利用其他条件加以威胁，从而避免了公权对私权的侵害。

中介组织介入型的农地流转方式在农地规模的集中上具有很

〔1〕 在家庭承包经营的基础上，从事同类或者相关农产品的生产经营者，依据加入自愿、退出自由、民主管理、盈余返还的原则，按照章程进行共同生产、经营、服务活动的互助性经济组织。（《浙江省农民专业合作社条例》第三条）

大弹性，不同类型的中介组织介入，所引致的农地流转规模也不同，可以满足不同农地需求方的需求。因此，对于农业产业化垂直协调的契约安排而言，这一形式的农地流转适用性较广，适用于“企业 + 大户”、“企业 + 合作组织 + 中小农户”以及垂直一体化的要素契约，从而克服了农地细碎化分布对农业产业化发展的影响，适宜于不同农业产业化项目对土地规模的需求。

不过，中介组织的介入本身具有交易成本，如该组织自身运行所需要的行政管理成本等，在农地流转价格偏低时，中介组织很难从流转价格差异中获取收益，故很难弥补这些成本，所以，目前在农地流转过程中，很少有市场化、专业化的农地流转中介组织，往往由地方政府和村集体扮演中介角色。在实践中，地方政府和村集体介入之后，村集体主导型和中介组织介入型之间的区分往往非常困难，两者的界限取决于地方政府和村集体的介入程度。而且，由于有地方政府背景的中介组织一般不以利润最大化为目标，且这种农地流转制度的创新作为一项政绩工程，追求政绩最大化的天性会产生不顾及适宜条件而过度推广、规模过度扩张的情况。而对于村集体而言，其介入之后一方面可能会增加村级收入或增进村集体领导人的个人福利，比如来自于地方政府的物质补贴或者政治奖励；另一方面，获得了流入土地的经营管理权利，财、权、利的同步扩张也会对村集体领导人形成规模过度扩张的激励。规模的过度扩张，超过农户意愿流转数量之后，难以保障农户的自愿原则，可能会演变为村集体（地方政府）主导型的农地流转。对于农民经济合作组织介入型的农地流转而言，一般不会产生上述问题，但是会面临合作组织运作过程中遭遇的困境，比如非社员的“搭便车”问题，可能会影响合作社成员联合的稳定性等，也不能排除个别社员在合作社专用性资本投入之后，比如土地平整、大棚建设等基础设施完成之后，进行所谓的“敲竹杠”式的机会主义行为。这些也为合作组织的运行带来了交易成本。

五、农地流转形式、区域特征和垂直契约安排

综上所述，在中国人多地少、农地细碎化程度高的背景下，农地流转是农业产业化进一步发展的前提。由于中国农地产权分割，所有权和承包经营权的分离导致农地流转主体的多元化。因此，目前的农地流转主要分为个体农户主导型、村集体主导型和中介组织介入型三类。应该说，这三种类型各有优劣之处，适用于不同的环境，并对应于不同的农业产业化垂直协调契约安排。

对于个体农户主导型而言，适用于此类流转形式的地区一般远离中心城市，非农就业比重偏低，非农就业和非农收入不稳定，农村工业欠发达，甚至周边没有工业企业，农户人均受教育水平偏低，非农资产比重偏低，人均耕地较少，农村社会保障体系较弱。这些地区农户的生活和保障主要依赖于农地和农业生产，通过农户之间的农地流转可以降低农地细碎化程度，满足农业产业化对农地经营最低规模的要求。而在这些地区，农户大规模流转农地的意愿偏低，流转交易成本偏高，贸然推行村集体主导型的农地流转，尤其是流转农地用于劳动力密集度较低的农业产业化项目后，失地、失业劳动力的增加，不利于社会稳定。因此，这些地区的农业产业化项目可能也会受制于农地流转方式，倾向于“龙头企业 + 中小农户”、“合作组织 + 中小农户”的垂直协调契约形式。

对于村集体主导型而言，适用于此类流转形式的地区一般为中心城市郊区，非农就业比重高，非农就业和非农收入稳定，村集体经济发达，周边地区第二、第三产业发达，农户人均受教育水平较高，非农资产比重较高，社会保障体系较健全，村级民主政治较完善。这些地区农户对农地和农业生产的依赖程度较低，非农收入大大超过农业收入，绝大部分农户的种地意愿很低，农地使用权流出意愿

很高；同时，由于地理位置优越，接近市场，有较完善的基础设施和较充裕的资金来源和技术支持，农业产业化龙头企业较多，农地使用权流入意愿较高。在这些地区，村级民主政治的完善形成了对村集体领导的有效约束，使集体主导型的农地流转符合农户意愿和农户利益，从而降低农地使用权流出方和流入方的交易成本；或者因为村集体领导人关注乡村共同利益而长期占据核心领导位置，从而在村庄内部树立了一定的权威并受到拥护，具有引导农户意愿的能力，促成农地规模集中，满足龙头企业和大户垂直一体化的需求。

中介组织介入型的农地流转形式在一定程度上集中了个体农户主导型和村集体主导型两种方式的优势，在我国适用区域非常广泛。中介组织分为两类形式，一类是农户自愿联合形成经济合作组织，在此组织基础上派生出农地流转功能。这一形式适用于已有一定农户经济合作基础的地区，范围包括各级城市、县城、中心镇、小城镇周边，有龙头企业/大户的垂直协调安排与支持，这是必需的前提，有部分人参与非农就业且非农收入比较稳定。这种形式通常对应于"中小农户＋合作组织"、"中小农户＋合作组织＋龙头企业"的垂直契约安排。另一类是地方政府和村集体设立机构作为中介组织介入，这一形式适用于中小城市、县城、中心镇周边，农村劳动力非农就业比重较高、非农收入比较稳定，农地和农业生产对一般农户的生活影响不大，相当一部分农户的农地使用权流出意愿强，村级或地方政府经济实力较强，在农村社保、卫生体系建设方面有一定投入，村级民主政治体系较完善，能够有效保护农户利益，同时存在可以满足农业产业化龙头企业发展所需要的基础设施、资金、技术和劳动力，从而形成一定规模的农地使用权流入需求。这一形式一般对应于"龙头企业＋大户"、"龙头企业＋合作组织＋中小农户"以及要素契约等垂直协调契约安排。因此，鉴于基于农户意愿的中介组织介入型的农地流转制度的突出优势、广泛的区域适用性和农业产业化垂直协调契约安排的通用性，以及从中国法规政策取向来看，为了维护农户的权益，承包经营权“私用”在权利内容和期限上不断得到强化，这一农地流转形式将是我国农地流转制度创新最重要的领域，也是必然趋势。

六、结论

农地制度深刻影响农业产业化的项目选择和垂直协调契约安排。土地承包经营权的流转是农业产业化发展的前提条件。由于中国农地产权分割，所有权和承包经营权的分离导致农地流转主体的多元化。因此，目前的农地流转主要分为个体农户主导型、村集体主导型和中介组织介入型三类。不同的农地流转形式适用于不同的区域，这些区域特征包括农地的地理位置，非农就业的机会和非农收入的比重以及稳定性，农村基础设施和社保体系的完善程度，村级民主政治程度，村集体领导人权威水平，人均耕地数量，第二、第三产业发展程度，等等。不同的农地流转形式，其农地的规模集中程度不同、流转期限不等、流转规范程度不同以及主导者身份差异，进而导致农业产业化项目选择的不同和契约安排的差异。

上述三种农地流转形式在农地流转主导者身份、农地规模集中程度、流转期限、流转规范程度、信息对称性等方面具有明显的差异，形成了如表1所总结的优势和存在或容易引发的问题。同时，根据表2，我们根据农地的地理位置、非农就业的机会和非农收入的比重以及稳定性、农村基础设施和社保体系的完善程度、村级民主政治程度、村集体领导人权威水平、人均耕地数量、第二与第三产业发展程度等区域特征，给出了三种农地流转形式所适用的区域以及契约安排。

表1　农地流转形式的比较

	个体农户主导型	村集体主导型	中介组织介入型
优势	坚持农户的主导地位，尊重农户的自身意愿，体现市场经济的基本精神	农地流转交易成本下降，农地流转规模扩张，流转期限较长，流转合同规范，集体收入增加	尊重农户的主导地位，保护农户权益，农地流转交易成本下降，农地流转规模和流转期限的弹性较大，流转合同规范，对农业产业化契约安排的适应性强
问题	缺乏规范的合同，流转期限较短、不稳定，流转规模小，农地流转效益低	村集体和农户利益很难完全一致，农户权益容易受到侵害，引发矛盾、社会问题	农地流转收益难以负担中介组织的运行成本，易受合作社成员稳定性的干扰，存在异化为村集体主导型的可能

表2　农地流转形式、适用区域与契约安排

农地流转形式	适用区域特征	契约安排
个体农户主导型	远离中心城市，非农就业比重偏低，非农就业和非农收入不稳定，农村工业欠发达，甚至周边没有工业企业，农户人均受教育水平偏低，非农资产比重偏低，人均耕地较少，农村社会保障体系较弱	“龙头企业+中小农户”、“合作组织+中小农户”
村集体主导型	中心城市郊区，非农就业比重高，非农就业和非农收入稳定，村集体经济发达，周边地区第二、第三产业发达，农户人均受教育水平较高，非农资产比重较高，社会保障体系较健全，村级民主政治较完善	要素契约、“龙头企业+大户”

续表

农地流转形式		适用区域特征	契约安排
中介组织介入型	农户合作组织	已有一定农户经济合作基础的地区，范围包括各级城市、县城、中心镇、小城镇周边，有龙头企业/大户的垂直协调安排与支持，有部分人参与非农就业且非农收入比较稳定	“中小农户＋合作组织”、“中小农户＋合作组织＋龙头企业”
	村集体、地方政府	中小城市、县城、中心镇周边，农村劳动力非农就业比重较高，非农收入比较稳定，村级或地方政府经济实力较强，在农村社保、卫生体系建设方面有一定投入，村级民主政治体系较完善，村集体领导有力，同时存在可以满足农业产业化龙头企业发展所需要的基础设施、资金、技术和劳动力	“龙头企业＋大户”、“龙头企业＋合作组织＋中小农户”、要素契约

尽管中介组织介入型的农地流转形式本身存在“搭便车”等交易成本，以及在实际操作中容易异化为村集体主导型农地流转等问题，但是在目前，相比较而言，这种形式的农地流转适用区域较广，兼具村集体主导型和个体农户主导型的优势，在农地规模的集中上具有很大弹性，适宜于不同农业产业化项目对土地规模的需求和不同的农业产业化垂直协调的契约安排，这一农地流转形式将是我国农地流转制度创新最重要的领域。

参考文献

田传浩：《农地制度、农地租赁市场与农地配置效率：理论与来自苏、浙、鲁地区的经验》，经济科学出版社 2005 年版。

赵阳：《共有与私用：中国农地产权制度的经济学分析》，三联书店 2007 年版。

程志强：“对我国土地信用合作社实践的思考——以宁夏平罗为例”，《管理世界》2008 年第 11 期。

叶剑平、蒋妍、丰雷："中国农村土地流转市场的调查研究——基于 2005 年 17 省调查的分析和建议"，《中国农村观察》2006 年第 4 期。

Sauvée, Loïc, "Toward an Institutional Analysis of Vertical Coordination in Agribusiness," in Royer, Jeffrey S. and Rogers, Richard T. (Eds), *The Industrialization of Agriculture: Vertical Coordination in the U. S. Food System*, Ashgate Publishing, 1998.

（程志强，北京大学光华管理学院）

城乡融合中的『三种资本』与大学生就业

蒋承　马萍

一、城乡融合与大学生就业

自1999年高校扩招以来，高校毕业生人数逐年增加，2012年已经达到680万。如果考虑到历年未成功就业的大学毕业生，就业形势更为严峻。高校毕业生进入劳动力市场的存量与增量都在不断加大，导致大学毕业生的就业压力不断增加。根据北京大学教育学院课题组的研究（2011），从就业岗位供给来看，若我国经济在“十二五”期间保持每年8%—9%的增长速度，每年可新增800万—900万个就业岗位，加上补充自然减员，五年内预计总共可安排约6 000

万人就业。但在高等教育领域，随着教育规模持续扩大，2011 和 2012 年高校毕业生人数已达到 1 340 万。按照现有的招生规模和扩张速度计算，未来三年仅需要就业的高校毕业生就将达到 2 200 万左右。所以在今后一个时期内，我国劳动力供大于求的基本态势将持续存在。国务院批转的《"十二五"促进就业规划》中也提到，"十二五"时期就业的结构性矛盾更加突出，其中以高校毕业生为重点的青年就业难度依然很大。同时强调继续把高校毕业生就业放在就业工作的首位，可见大学生就业问题已是现阶段迫切需要解决的问题。

另一方面，我国还在继续推进农村城镇化建设，短期内城乡二元体制难以实现根本性的转变，现行人事管理制度中的户籍、编制、各类指标等制度仍在继续发挥作用，与大学生就业市场化机制不协调，严重制约着大学毕业生的合理和自由流动。对于农村生源大学生的就业问题，研究证实，在高等教育大众化、大学生就业持续低迷的背景下，农村籍大学生就业难问题已经成为高等教育的一大新难题。随着就业市场的逐渐成熟，高校毕业生就业群体也开始细化和分化。与来自城市的学生相比，农村籍毕业生求职渠道比较单一，求职难度更大，而且就业质量较低。

2011 年我国城镇化率已经达到 51.27%，城镇常住人口超过了农村，这是中国社会结构的一个历史性变化。发达地区更是已经进入了城乡一体化进程加速推进的新阶段。这种新的形势既带来了就业岗位也造成了就业压力。一方面，大量的农民工涌入劳动力市场；同时，大量的农村青年通过高等教育进入城市，毕业后选择留在城市。农村生源的大学生在就业行为方面与城市生源的大学生是否有不同之处？国内目前从这个视角来研究大学生就业的文献并不多见，本研究利用北京大学教育学院所开展的多次全国高校大学生就业调查得来的数据，从这些方面开始进行一些初步的探索。

二、大学生就业的城乡差异:文献综述

(一) 城市化与就业

1. 城市化对就业的影响

厉以宁教授(2001)采用投入产出模型分析了就业结构与产业结构的互动关系,并探讨了各种行业吸纳就业的能力以及外来农民工对城市就业的影响。杨宜勇等(2005)在"我国城市化进程与就业增长相关分析"中通过我国城市化发展和就业的相关分析,认为城市化对于扩大社会就业总量和城市就业是有利的。因为城市化力度与就业弹性密切相关,城市化力度大,就业弹性也大。

2. 城乡就业制度的差异

城乡就业制度是导致我国城乡劳动者在就业上存在巨大差距的主要根源。对于城乡就业制度的定性,许多学者都认为,我国的就业制度是城乡二元的就业制度。郭书田等(1990)根据二元社会结构的理论,指出我国的就业制度是以二元户籍制度为核心的二元就业制度;二元就业制度、二元福利保障制度等一系列二元制度导致了中国社会的失衡。农业部政策研究中心农村工业化、城市化课题组(1998)提出了二元社会结构的概念,认为就业、教育等十余种制度构成了二元社会结构。江立胜(2005)在"对建立城乡平等就业制度的思考"中认为,我国就业制度是不平等的城乡二元就业制度。

3. 我国城乡就业制度的不平等表现

江立胜(2005)认为,在二元就业制度下,城乡劳动力在政策扶持、就业准入、劳动保障、社会福利和管理服务等各个方面都存在不平等的情况。朱启臻等(2004)在"对城乡劳动力就业不平等的再思考"中指出,我国劳动力市场三级化,在城镇不完全竞争劳动力市

场中存在严重的城乡劳动力就业不平等问题，具体表现为农民工限制进入、农民工劳动行为限制、同工不同酬等方面，还包括劳动就业形式及保险和受教育等方面的隐性不平等。乔明睿等利用2006年CHNS数据，检验中国劳动力市场是否存在分割，并分析了分割状态下户口对城乡劳动者就业的影响。其研究表明，目前中国的劳动力市场依然存在二元分割；户口是限制农村劳动者进入主要劳动力市场的重要因素之一；拥有城镇户口的劳动者不仅几乎垄断了主要劳动力市场上的就业，而且在次要劳动力市场中也处于有利地位。

4. 统筹城乡就业的新内容

为缩小城乡就业差异必须实施城乡统筹就业。自中央政策文件提出统筹城乡发展方略后，统筹城乡就业的问题受到了学者们的关注。张建武(2008)在"城乡统筹就业问题研究"中提到，城乡统筹是劳动力在城乡间、区域间有序流动和保证劳动力有效交易的一系列机制，是建立统一劳动力市场的制度基础。罗斌(2001)在"论城乡就业统筹的必要性"中认为，城乡统筹就业的内容应该更丰富，包括要改变在就业问题上重城镇轻农村的观念，制定方针政策使农村就业与国家各行各业的发展能够相互衔接、协调一致。莫荣(2007)在"统筹城乡就业是政府工作的一项重要职责"中强调，城乡统筹就业是统筹城乡经济社会发展的内容之一。

(二) 人力资本与大学生就业

近年来，国内文献开始从人力资本的视角对大学生就业问题进行研究。岳昌君等(2004)在"求职与起薪：高校毕业生就业竞争力实证分析"中使用2003年全国性就业调查数据，发现学历、专业、学习成绩和学校性质等人力资本因素是决定高校毕业生就业竞争力的最关键因素。陈海平(2005)的研究指出，人力资本是高校毕业生就业的决定性因素，原因在于高校毕业生缺乏社会资本。现代职场是以市场选择为主的劳动力市场，在高校就业中实行的是求职者和用人单位的双向选择，社会资本中的弱关系成为影响其就业的主要因素，弱关系能为高校毕业生提供信息和情感支持。胡永远等(2007)在“个人社会资本对大学毕业生就业市场的影响”中针对中部地区部分高校毕业生的研究发现，人力资本对于大学生的就业状况具有决定性的影响。孟大虎等(2012)在“人力资本与大学生的就业实现和就业质量”的研究中发现，那些能够积极影响求职结果与就业质量的人力资本变量是不同的。前者包括获得专业英语四级及以上证书、职业资格证书、中共党员、学生干部及有兼职经历等，而对就业质量产生了积极影响的人力资本因素是成绩和大学英语六级证书、专业英语四级及以上证书、托福等英语水平证书等。陈成文等(2004)在“人力资本与大学毕业生就业的关系”的实证研究中也表明，大学毕业生人力资本诸要素对其职业地位获得机会与职业地位获得质量的影响不同。外貌条件和所学专业只对大学毕业生地位获得机会有显著影响，而工作经历和工作能力对大学毕业生的职业获得和质量提升均有显著的影响。

(三) 社会资本与大学生就业

目前国内大部分学者认为社会资本与大学生就业存在着显著关系。北京师范大学“我国大学生就业问题研究”课题组于2002年对34所高校的5 990名高校毕业生的调查显示，在工作落实的重要原因中，社会关系排在第二位。黄娟(2010)在“家庭背景对大学毕业生就业的影响研究”中根据对湖南长沙市五所高校的调查结果得出，与家庭关系密切的亲戚朋友的数量越多，家庭社会资本的规模就越大，大学毕业生成功就业的机会就越大。秦永等(2010)发现，与城镇的学生相比，来自农村的大学毕业生由于其毕业前主要社会资本投资集中在农业和城市非正规部门，而就业部门主要为城市正规部门，毕业前的社会资本投资几乎不能产生收益，因而原籍为农业户口的学生工资较低。他利用2009年南京某高校的微观数据证实，农村背景的大学毕业生工资较城镇背景的大学毕业生工资低17%左右。此外，不同生源地大学毕业生起薪的高低依次为：大中城市、县城、乡镇和农村，但是差距在缩小。

但也有实证调查发现社会资本对于大学生求职的效用不显著。北京大学"高等教育规模扩展与劳动力市场"课题组2007年的调查显示：在18个影响就业机会获得的因素的排序中，社会关系仅仅位列第九。岳昌君(2004)的研究结果表明，学生的家庭所在地、父亲受教育年限、母亲受教育年限以及父亲的职业状况等对毕业生就业并无显著影响。胡永远(2007)在"个人社会资本对大学毕业生就业市场的影响"中也证实了家庭所在地为"城市"，父母文化程度为"大专以上"，父母职业为"干部"、"专业技术人员"和"经理"等多项社会资本变量对就业没有显著影响。

（四）物质资本与大学生就业

北京师范大学"大学生就业问题研究"课题组在"五种因素影响了毕业生择业"中调查发现：大学生在择业时家庭财富与择业风险有着显著的关系。随着家庭财富的增多，会选择更具风险性的职业。该课题组还发现富裕群体在择业时更倾向于"外企"、"高新技术企业"；而其他群体更倾向于收入一般、风险较小的职业，如党政机关、学校和科研部门等。刘德才等(2007)在"非人力资本因素在大学毕业生求职中作用的实证研究"中认为，对于还未真正走入社会的大学毕业生来说，对其就业产生影响的物质资本主要是指其家庭经济资本，并发现物质资本因子在大四毕业生求职过程中的作用是非常明显的。

三、大学生就业城乡差异的实证研究

(一) 大学生就业的城乡差异现状

本小节进行跨年度的对比研究,采用的是北京大学教育经济研究所于2003年、2007年和2011年分别进行的全国高校毕业生就业情况的抽样调查数据,具体样本情况如图1所示。岳昌君(2012)指出,这三次调查的数据具有非常好的时间代表性,跨越了大学扩招、我国加入世界贸易组织、世界金融危机等多个历史阶段。而且,这五次调查有非常好的延续性,核心调查问题一直保留。关于这五次调查的具体组织过程和数据说明,可以参考岳昌君的相关研究。

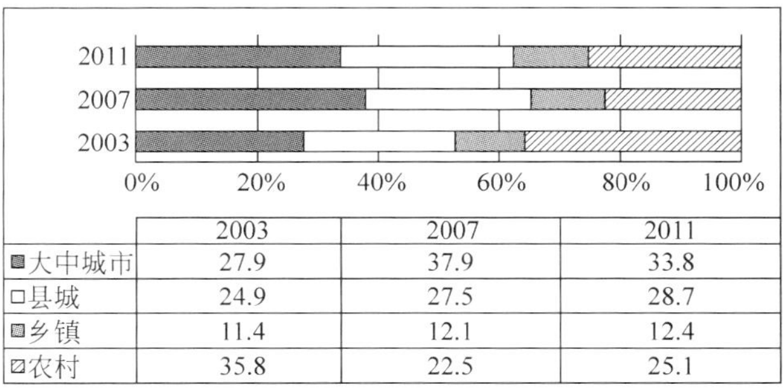

	2003	2007	2011
大中城市	27.9	37.9	33.8
县城	24.9	27.5	28.7
乡镇	11.4	12.1	12.4
农村	35.8	22.5	25.1

图1　样本分布图(分城乡,%)

首先从就业落实率来分析大学毕业生的就业城乡差异,以就业类型中“已经确定单位”、“待就业”和“非正规就业”等三类为例。可以发现,大中城市生源的高校毕业生在离开学校时,“已经确定单位”一类的比例在缓慢下降,而农村生源毕业生的这个比例在不断上升,从2003年的39%增长到2011年的48%(见表1)。待就业大学生的比例,无论是哪一类生源,都出现了明显的下降,除了在金融危机这种特别的宏观背景下有异常的波动外。可是,我们并不能说明劳动力市场的困境出现了缓解。非正规就业吸纳了越来越多的大学毕业生。这里将自由职业、自主创业和灵活就业都归入非正规就业。从2003年到2011年,非正规就业的大学生比例从4%迅速增长到13%。而且,无论是大中城市、县城还是乡镇、农村生源的毕业生,都有10%以上选择了非正规就业。这一方面与当前的就业政策有关。当前国家积极鼓励大学生自主创业,宽松的政策环境也将吸引一批大学生主动选择自主创业。另外,主要劳动力市场的固化也是一个不可忽视的原因。

表1　2003、2007和2011年大学生工作落实率的调研数据

1. 已经确定单位的比例					
	大中城市	县城	乡镇	农村	合计
2003	44%	42%	36%	39%	41%
2007	41%	39%	41%	42%	40%
2011	40%	44%	42%	48%	43%
2. 待就业的比例					
	大中城市	县城	乡镇	农村	合计
2003	27%	33%	44%	42%	36%
2007	19%	25%	23%	26%	23%
2011	21%	21%	24%	22%	22%
3. 非正规就业的比例(包括自由职业、自主创业和灵活就业)					
	大中城市	县城	乡镇	农村	合计
2003	4%	5%	5%	3%	4%
2007	13%	15%	15%	12%	14%
2011	12%	13%	15%	11%	13%

随着经济的发展以及物价水平的上涨,大学生起薪增长非常显著。从2003年到2011年,起薪增长了接近2/3。不同生源地大学毕业生起薪的高低依次为:大中城市、县城、乡镇和农村。在劳动力市场上,大中城市生源对于农村生源的优势是显著和持续的,但是差距在缩小。以2003年为例,大中城市生源毕业生的起薪

为 1 629 元,同期农村生源毕业生的起薪为 1 317 元,多出 312 元;到 2011 年时,这个差距缩小到 93 元(见图 2)。

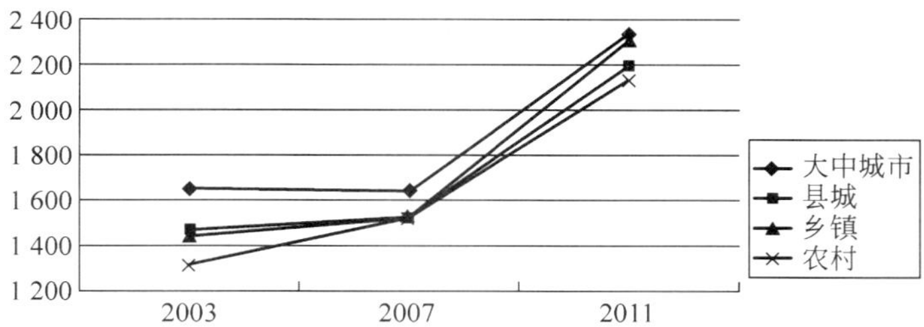

图 2　不同生源地本专科毕业生的起薪比较(2003—2011)

(二)不同生源地大学生的人力资本比较

下面三节的内容将分别从人力资本、物质资本和社会资本等方面,来分析影响当前大学生就业结果或状态的诸多因素。我们均利用 2011 年北京大学教育学院对全国高校毕业生所做的调研数据。为比较起见,我们删除了硕士和博士的样本,余下的 11 644 个样本均为本专科毕业生。

张倩(2010)采用政治面貌、成绩名次、英语水平、计算机水平、其他证书、是否学生干部、是否获得奖学金、实习经历八个指标来反映大学生的人力资本存量。比如,政治面貌这个指标反映了大学生的思想进步状态,具有党员身份的毕业生相对非党员毕业生来说,择业范围和机会要多一些;成绩名次反映了大学生学习成绩所处的相对位置,反映了大学生的基本素质与一般人力资本存量的大小。我们的调查问卷主要从成绩和社会工作能力两个方面来考察大学生的人力资本积累情况,具体的问题变量有:成绩在班级的排名情况、是否有不及格的科目、是否有第二学位,以及是否是党员、是否为社团的成员及担任的职务。我们下面对这两个方面的城乡差异进行讨论。

从成绩排名来看，在各个层次，大中城市、县城和乡镇生源大学生的差距都很小。但是相对而言，农村生源大学生的成绩分布更趋向两极，处于前25%和后25%的比例都是最大的。这也说明，农村生源大学生一方面有相对比例较大的优秀群体，他们名列前茅；而同时也有相对比例较大的一部分处于后25%。另外，大中城市生源中处于前25%的比例最少，乡镇生源大学生处于后25%的比例最少。如果从成绩是否及格这个方面来比较大学生的人力资本差异，乡镇籍大学生优势比较明显，农村籍大学生其次，大中城市和县城籍大学生的不及格情况都超过25%（见表2）。

表2　不同生源地大学生成绩排名和不及格情况（%）

	成绩排名				是否有不及格的情况		
城乡来源	前25%	中上25%	中下25%	后25%	否	是	合计
大中城市	32.84	44.39	18.86	3.9	74.73	25.27	100
县城	34.53	46.26	15.51	3.7	74.14	25.86	100
乡镇	33.78	47.41	16.15	2.66	79.33	20.67	100
农村	39.3	41.95	14.56	4.19	75.24	24.76	100
平均	35.19	44.64	16.41	3.77	75.28	24.72	100

选修双学位是当前大学生丰富知识体系、提升就业能力的一个重要途径。我们这里并不讨论决定大学生是否选修双学位的各类因素，而是描述不同生源大学生选择双学位的整体分布状态。通过对调查数据的分析，城乡差异开始表现出来，来自大中城市和县城的大学生选修双学位的比例显著更多，分别占选修双学位总人数的33.49%和29.89%，农村生源大学生处于第三，占27.06%；而来自乡镇的大学生在这个方面显出特别的弱势，选修双学位的比例不及城市籍大学生的1/3。

大中城市生源大学生中党员的比例明显高于其他类别，而农村生源中非党员的比例高于70%，县城与乡镇生源的大学生在政治面貌方面没有显著差异。在社团活动参与方面，各类生源之间没有大的差异，担任社团负责人的比例都在16.7%和18.32%之间，城市生源略多一点。但是值得注意的是，目前农村生源的大学生对社团活动的积极性最高，因为不参与的比例相对最低，为44.18%（见表3）。

表3 不同生源地大学生政治面貌与社团活动参与情况（%）

	是否党员			社团活动参与			
城乡来源	是	否	合计	负责人	一般成员	不参与	合计
大中城市	34.45	65.55	100	18.32	32.95	48.73	100
县城	30.61	69.39	100	17.44	35.76	46.8	100
乡镇	31.85	68.15	100	16.7	33.2	50.1	100
农村	29.12	70.88	100	17.48	38.33	44.18	100
平均	31.6	68.4	100	17.64	35.23	47.13	100

（三）不同生源地大学生的物质资本比较

关于物质资本对大学生就业影响的调研数据，比较全面的研究有张淑萍（2008）对西北某大学的抽样调查数据。她发现34.3%的被调查者的家庭月均收入在1 000—2 000元之间，家庭月均收入在2 000—3 000元之间的占了样本总数的21.8%，而家庭月均收入在3 000—4 000元、4 000—5 000元、5 000元以上的分别只占样本总数的5.2%、3.7%、3.7%。家庭月均收入在2 000元以下的占了总样本的65.7%，占了样本的大多数。可能因为她所调查的大学是属于农林类院校，来自农村的生源较多，所以月均收入低的占了大多数是正常的。针对择业所花费用的调查发现，花费在1 000元以下的占被调查者样本总数的46.5%，1 000—2 000元的占30.3%，而花费在2 000元以上的也占了不小的比例，有23.2%。

我们的调研问卷里面关于大学生经济情况的问题主要包括两类：第一，家庭人均年收入；第二，为求职而花费的相关费用估计。调研数据显示，城乡大学生之间的家庭收入差距是非常明显的，这是宏观经济背景和收入分配机制所决定的。因为多年来，城乡收入差异基本上一直处于增长的趋势，所以大学生家庭也不能例外，家庭收入依次排列为大中城市、县城、乡镇和农村。家庭人均收入在5 000元以上的比例，大中城市比农村要高出近20%。

根据以往的研究，求职费用是影响大学生就业最终结果的一个显著因素，理论上它应该受到家庭人均收入的制约。但从我们的数据发现，目前大学生在就业过程中，农村籍大学生的求职费用负担相对较大。与城市籍大学生的求职费用相比，农村籍大学生的求职费用的差异并不十分显著，45%以上农村籍大学生要花费600元以上，大中城市、县城和乡镇的相应数据为51.17%、47.6%和48.88%。

（四）不同生源地大学生的社会资本比较

家庭社会资本在大学生求职过程中起着至关重要的帮助作用，家庭社会资本越高，毕业生所能得到的各种帮助也就越大。家庭社会资本的存量可以从父母的受教育水平、工作类型以及父母交往广泛度等多方面进行测量。我们这里将大学生的社会资本分为家庭资本和个人资本两个方面；利用父亲职业类型、父亲受教育程度和家庭社会关系三个指标来描述不同类型样本的家庭特征，并利用大学生是否担任学生干部以及不同层次的学生干部来描述大学生个人的社会资本。

根据郭丛斌（2004）的研究，调查问卷中关于父母的八种职业可以分为两个层次，其中国家机关、党群组织、企事业负责人，专业技术人员，办事人员隶属于第一层次（主要职业）；而生产运输工人、服务性工作人员、商业工作人员、农林牧渔劳动者和不便分类的其他劳动者划分为第二层次（次要职业）。第一层次的社会经济地位指数明显高于第二层次的社会经济地位指数，因此将劳动力市场分为主要劳动力市场和次要劳动力市场。

从表4我们可以看出，父亲的职业类型在不同生源之间有非常显著的差异。农村生源大学生的父亲从事次要职业的比例高达94.34%;城市生源大学生的父亲从事主要职业的比例相对更多,城市的比例是农村的六倍多。关于受教育水平,我们这里以本科为分界,城市生源大学生的父亲的受教育水平同样有非常明显的优势,近38%都有本科及以上的学历,而农村的相应数据为5.12%。

表4 不同生源地大学生父亲职业类型与受教育水平(%)

	父亲职业类型			父亲受教育水平		
城乡来源	主要职业	次要职业	合计	本科及以上	本科以下	合计
大中城市	35.15	64.85	100	37.99	62.01	100
县城	23.98	76.02	100	21.76	78.24	100
乡镇	18.8	81.2	100	17.99	82.01	100
农村	5.66	94.34	100	5.12	94.88	100
平均	21.95	78.05	100	21.99	78.01	100

我们这里利用调查问卷中“您认为对于找工作来说,您家庭的社会联系是否广泛”这个问题来刻画家庭社会资本的丰裕程度。对调查数据的分析发现:大中城市、县城和乡镇生源中,都有50%左右的大学生认为一般,有25%比例的城市生源认为广泛。一半以上的农村生源的大学生认为家庭社会关系对找工作帮助较小,占58%以上。

与中学生活完全不同,大学课时少,课余时间较多,大学生可以在课余时间安排自己的活动,参加学校活动与社会兼职就是大学生积累个人社会资本的有效途径。这里从大学生担任学生干部的角度来比较大学生个人的社会资本状况。如表5所示,城市、县城和乡镇生源的大学生担任校级和院系学生干部的比例依次降低,但都比农村生源大学生的比例要高。农村生源大学生不担任学生干部的比例也是最高的。

表 5　不同生源地大学生的学生干部担任情况（%）

	学生干部担任				
城乡来源	校级	院系	班级	不担任	合计
大中城市	6.80	27.78	29.28	36.14	100
县城	5.33	22.28	28.58	43.82	100
乡镇	5.07	22.92	32.39	39.62	100
农村	4.32	18.44	29.94	47.30	100
平均	5.5	23.08	29.65	41.76	100

四、讨论与政策建议

对于城乡大学生在求职就业过程中的差异研究，以往大多针对大学生的身心健康状况、思想价值观念或就业落实率等方面（张永生，2005）。从人力资本、物质资本和社会资本这个综合的角度对于差异产生原因的实证分析则相对较少。厉以宁教授（2011）首次提出要从三种资本的视角来解释我国当前存在的各种城乡差异。黄钦海等（2012）认为，改革开放以来，中国长期形成的城乡二元结构并没有得到实质改变，来自城市和农村的大学生的成长环境和成长资源存在较大差距。农村大学毕业生由于受体制、社会环境、家庭背景等因素制约，他们比城镇大学生面临更大的就业压力，逐步成为就业的弱势群体。孙小婷（2011）发现，相对于非农籍大学生而言，农村籍大学生在求职过程中受社会资本弱势影响，不得不承担更大的就业风险。

我们这里的研究利用全国大学生就业调查数据，在实证比较了大学生就业结果的基础上，再从人力、物质和社会资本等三个方面，全面比较研究了影响当前大学生就业结果的各种因素。我们发现，当前大学生在人力资本方面的差异并不大，在物质资本方面存在一定的差异，而差异最大的是不同生源地大学生的社会资本积累情

况。根据研究结果,我们提出相应几点政策建议:

首先,大学生需要继续完善人力资本存量。研究发现,城市生源大学生选修双学位的比例更大。非城市籍大学生应拓宽学习的深度与广度,提高综合素质,造就复合型人才。主要是要掌握扎实的基础知识和广博的专业知识,形成健全而合理的知识结构。当然,受学习时间、自身条件等资源约束,大学生应以劳动力市场为导向做出学习内容的适当取舍(黄敬宝,2010)。其次,大学生要积极发展个人社会资本。这里要明确一个观念,社会资本积累不是走后门和拉关系,对于刚走出校门的大学生来说,社会资本的重要性主要在于提供信息和推荐的作用。大学生有大量时间可供自己支配,农村籍大学生虽然在家庭社会资本方面处于劣势,但他们仍拥有与其他学生一样的机会去构建社会资本。比如,农村籍大学生应该培养自己构建社会资本的意识,利用课余时间积极参与学校活动和社会实践,注重累积人脉资源,为自己建立更广阔的资源共享,以弥补初始家庭地位不能提供的资源。再次,继续完善劳动力市场。获取就业信息是参与公平竞争的前提,完善就业信息渠道、构建就业信息平台等措施可以使不同生源地的大学生都能以比较低的成本掌握完全的就业信息。如果就业信息能够在大学生间公开、透明地共享,那么农村籍和非农籍大学生就可以平等地获取充足的就业信息以及参与市场竞争的机会。同时还要加强市场监管,规范用人信息发布、面试、录用等环节,确保劳动力市场的透明、公开和公平,让拥有优秀人力资本的大学生的就业优势得到充分显现。最后,以开发学校资本的视角加强就业指导。学校是连接个人与社会的桥梁,学校所具有的社会资源对于每一位学生而言都应该是公平的。因此,要重视整个校园社会资本的建设。校园资源越丰富,大学生不需要通过其他途径就可以获得的就业信息越多,越有利于各类生源大学生在公平的氛围中获得工作机会。所以高校需要认真发掘自身优势专业与发展特色,吸引就业岗位。

参考文献

1. 北京大学教育学院课题组:《全国高校毕业生就业状况(2009—2010)》,北京大学出版社2011年版。
2. 郭书田:《失衡的中国》,河北人民出版社1990年版。
3. 厉以宁:《中国城镇就业研究》,中国计划出版社2001年版。
4. 陈海平:"人力资本、社会资本与高校毕业生就业",《青年研究》2005年第11期。
5. 郭丛斌:"二元制劳动力市场分割理论在中国的验证",《教育与经济》2004年第3期。
6. 黄敬宝:"人力资本与大学毕业生就业——基于2008年北京大学生就业状况调查",《中国青年政治学院学报》2010年第2期。
7. 厉以宁:"三种资本的差别造成收入的差别",《人民论坛》2011年第15期。
8. 秦永、裴育:"城乡背景与大学毕业生就业",《经济评论》2011年第2期。
9. 岳昌君:"高校毕业生就业情况分析:2003—2011",《北京大学教育评论》2012年第1期。
10. 岳昌君、巩建闽、黄潞:"高校毕业生就业特点及其变化趋势",《教育发展研究》2008年第7期。

(蒋承,北京大学教育学院;马萍,石河子大学师范学院)

城乡统筹中我国农村信息化模式选择

雷明

信息不对称是城乡差别的一个重要成因。城乡之间,特别是城市与贫困乡村之间因缺乏信息通道而隔绝严重,难以实现经济良性互动,尤其是在海量信息的互联网时代,“数字分化”更加剧了贫富悬殊及社会断裂。随着中国农业和农村现代化的建设进程加快,我们正在面临着农村信息化带动农村现代化的“叠加时期”的难得的历史发展机遇,迫切需要制定一个农业和农村信息服务系统建设和农业信息技术创新的可持续发展战略,选择相应的发展模式。

一、农村信息化基本内涵

就信息需求而言，目前我国农村需要的信息主要包括以下几个方面：(1)科学技术信息，包括分析当地的土、水、气候，农产品的品种特性、种养殖技术、保存技术以及加工技术等；(2)市场信息，包括生产资料的品种、质量、价格和销售渠道，农产品的市场信息以及农业产前、产后服务信息等；(3)政治方面的信息，包括国内外重大政治事件和政情的上传下达，以及作为民主法制重要手段的政务公开(电子政务)；(4)社会信息，范围很广，包括教育培训、外出务工、医疗卫生保健等信息；(5)娱乐信息，包括各项娱乐信息，以及上网看新闻、聊天等现代化的娱乐方式。

从农民对信息的需求以及农村信息化众多定义中可以看出，农村信息化是一个复杂的、知识高度密集的、大规模综合集成的系统工程，必须从农村的生活、生产、经营管理、农产品销售、农业生态环境等各个方面来全面理解和正确认识农村信息化体系。其主要内涵至少包括以下几个领域：(1)农业资源与环境信息化，包括土地、气候、水、生物等各项农业资源与环境信息化；(2)农业生产和管理信息化，包括农作物的生产，家禽的养殖，灌溉管理，农业环境检测等信息化；(3)农业科技教育信息化，包括各种农业科技成果、各类文化知识以及各项教育培训信息化；(4)农业生产资源市场和农产品市场信息化，包括农业市场种子、化肥、农药、农业机械、农用薄膜等各种生产资料信息以及各类农产品信息化；(5)农村社会经济信息化，包括农业人口变化，农民收入水平，科技教育普及程度，乡村道路建设，能源，通信，医疗保健，社会保险状况等各类农村社会经济信息化。

二、我国农村信息化现状

相对发达国家,我国农村信息化产业的起步较晚。早期农村信息化建设是20世纪70年代末至80年代初的计算机应用于农业生产,以及80年代末至90年代初相继建立大的一批农林数据库。从20世纪80年代以来,我国开展了农业系统工程、数据库与信息管理系统、遥感、专家系统、决策支持系统、地理信息化等技术应用于农业、资源、环境和灾害方面的研究,取得了一批重要成果。90年代,我国政府先后提出了《农业部电子信息化推广应用工作的"八五"计划及十年设想》,并制订了《农村经济信息体系建设"九五"计划和2010年规划》。在1994年12月"国家经济信息化联席会议"第三次会议上,农业部提出了跨世纪的农村信息化工程——"金农"工程即"农业综合管理和服务系统"的建设计划;1996年,第一次全国农村经济信息工作会议明确提出了农村信息化建设的方向。

近年我国农村信息化工作步伐加快,2005年中央一号文件《中共中央国务院关于进一步加强农村工作提高农业综合生产能力若干政策的意见》指出:要"加强农业信息化建设"。这是中央首次在一号文件中提出有关农业信息化方面的问题。2005年11月,国务院审议通过了《2006—2020年国家信息化发展战略》,提到面向"三农"的信息服务、改造和提升传统产业、改善公共服务等问题。2006年中央一号文件《中共中央国务院关于推进社会主义新农村建设的若干意见》对农村信息化做了比较集中的阐述,强调要积极推进农业信息化建设,重点抓好"金农"工程和农业综合信息服务平台建设工程。2006年年底,国家将农村信息化正式提上扶贫日程,明确指出将采用信息化手段帮助贫困农民开阔视野,转变观念,优化组合农业生产要素,提高农业生产效益,实现脱贫致富。2007年中央一号文件《中共中央国务院关于积极发展现代农业扎实推进社会主义新农村建设的若干意见》明确提出发展现代农业是社会主义新农村建设的首要任务，要求推进农业科技创新，强化建设现代农业的科技支撑，并强调要加快农业信息化建设。2008 年中央一号文件强调积极推进农村信息化，提出健全农村信息服务体系，推进"金农"、"三电合一"、农村信息化示范和农村商务信息服务等工程建设，积极探索信息服务进村入户的途径和办法。

从部委来看，中央各部委对农村建设给予高度重视，从政策规划、项目安排、资金支持、人才培养等多个环节提供保障。国信办组织开展县域信息化试点；农业部门以"金农"工程为依托，积极推进农业信息化组织体系建设、农业信息网络平台建设和资源整合；信息产业部出台了《关于推进社会主义新农村建设工作的意见》，组织实施了面向"三农"服务的五项工程；商务部启动了"农村商务信息服务体系建设工程"，并开通"农村商网"；中组部牵头的全国农村党员干部现代远程教育工程、教育部牵头的农村中小学现代远程教育工程、文化部牵头的全国文化信息资源共享工程等都在农村信息化建设中发挥了重要作用。初步统计，近年来约有三十多个部委制定了相应的推进农村信息化政策，涉及的工程项目不下 40 项。

从各地方来看，自 2006 年各地普遍加大了信息化促进农村建设的工作力度，广东、山东、湖北、四川、重庆、陕西、广西、北京、江苏、甘肃、浙江、海南、江西、河南等许多省市制定了专门的政策予以推进，一些起步较早的地区已经收到了明显的成效，出现了一大批利用信息技术促进农业增产、农民增收等方面的鲜活案例。在经济相对发达的东部地区，网络基础建设和终端普及迅猛，信息化正由基础设施建设向需求导向的信息应用发展。在中等经济水平的中部地区，村村通广播电视、电话等工程正攻坚收尾，农民的信息需求强烈，农民的信息化意识正从普及提高走向自觉自愿。在西部地区，农民的信息化意识正在普及提高。

从企业来看，2006 年 8 月，信息产业部曾就"自然村村通工程和电信企业推进农村信息化试点工作”下发指导意见。三大电信运营商在后村通时代,纷纷结合其自身特点及优势,制定新的策略发展农村信息服务。其中,中国电信根据其向综合信息服务提供商转型的需要,在2005年中国电信村通工程任务基本完成后,开始了摸索农村信息化的实施路径。2008年,专门成立了农村客户部。中国移动,目前基本上解决了农村网络覆盖问题,将移动通信网络、移动通信服务与农业经营融为一体,现正在利用这一网络开发出真正惠及“三农”的特色信息化业务。联通重组后在全国拥有第二大移动网和第二大固话网,在农村信息化方面,先后建立了“农业新时空”和“农村远程教育系统”移动网、固定网两大农村信息化平台,整合了中国联通覆盖广大农村的移动通信、数据和互联网网络以及人工呼叫中心等资源,并以现代远程教育为抓手,全面推动农村信息化建设进程。

三、我国农村信息化发展阶段划分

美国学者诺兰(R. L. Nolan)在调查和研究了美国二百多个公司、部门发展信息化的经验后,结合“S曲线”理论,提出了一个信息资源管理阶段模型。这一模型为农村信息化发展的阶段性提供了理论依据。根据发达国家农村信息化发展的经验、趋势以及我国社会经济发展水平和我国农业信息技术应用的基础,我国农村通过农村信息化并最终进入信息农业,这个过程可以分为六个阶段:起步阶段、扩散阶段、发展阶段、集成阶段、整合阶段和成熟阶段。不过由于所处历史时期和环境的不同,农村信息化建设与其他信息化建设有着很大的不同,由诺兰模型所表现的发展阶段边界变得更加模糊、不同阶段持续时间缩短,同时存在跨阶段现象,比如由于互联网的迅猛发展和普及,农村信息化建设起步即同时意味着进入集成、整合阶段,就有管理信息资源的要求。

（一）起步和扩散阶段

农业信息化的第一、第二阶段——起步和扩散阶段，主要包括信息网络基础设施建设、农业信息资源开发建设和农业信息获取基础设施建设三方面内容。信息资源的共享是农村信息化的基础。这一阶段主要以农村计算机网络应用以及计算机为基础的农业科技信息网络建设为主，以便使农业信息能够及时地为农业生产经营过程服务（见图1）。

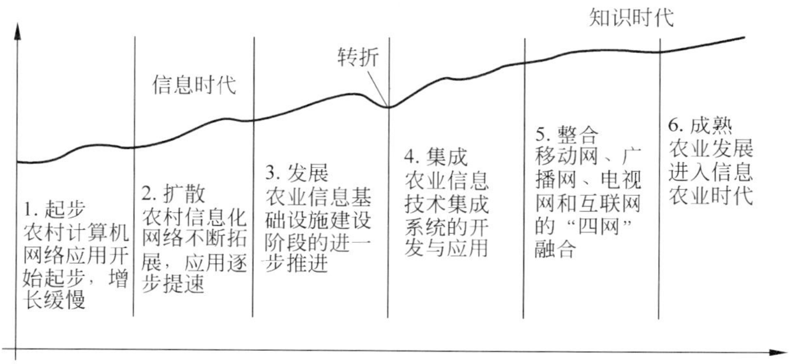

图1　农村信息化发展阶段划分——基于诺兰模型

（二）发展阶段

这一阶段主要是在逐步形成的农业信息网络基础设施的基础上开发农业信息资源，是农业信息基础设施建设阶段进一步推进的阶段。包括农业环境信息库、农业资源（土地、土壤、气象、水等）数据库、农业科技成果信息库、农业期刊文献综合数据库、农作物种植资源数据库、植物检疫病虫害名录数据库、农副产品深加工题录数据库、农产品集市贸易价格行情数据库、农业机械化数据库、农业经济统计资料数据库等的构建。

（三）集成阶段

农村信息化集成阶段即农业信息技术集成系统的开发与应用阶段，也就是诺兰模型的第四阶段——系统内集成阶段。这一阶段包括农业系统模型的建设、集成信息化开发、基于信息的控制模型与通信模型等农业应用设施、农业信息技术产业化等多种内容。

（四）整合阶段

农村信息化整合阶段，手机、固话、电视、电脑四种信息载体的有机结合成为有效的农业信息服务模式，“三网合一”、“四网合一”成为农村信息化发展的新方向，要实现低成本的信息化，主要得依靠农村移动网、广播网、电视网和互联网的“四网”融合，以及目前兴起的云信息、物联网集成，让农民能在任何时间和地点，以一种可以接受的费用和质量，安全地享受多种方式的信息应用。

（五）成熟阶段

农村信息化成熟阶段表明农业发展进入知识时代农村信息化发展的最高阶段——信息农业，这相当于诺兰模型的第五、第六阶段——全社会集成及成熟发展阶段。农村信息化成熟阶段的一个重要特征是信息与知识成为比土地、农业生产资料等更为重要的第一生产要素。农产品中信息含量或知识含量的多少直接影响到农业生产的产值。此阶段实现了农业基础设施装备信息化，农业技术操作全面自动化以及农业经营管理网络化。农村信息化是农业现代化的高级阶段。

就我国农村信息化建设来看，目前随着“村村通”工程及各种信息化工程的顺利实施，我国农村的通信水平明显提高，不少地区农村信息化建设已经取得了较大的成就，农业信息体系不断健全，农业信息服务点在乡村迅速扩散，农业信息服务队伍不断壮大，农业信息化在新农村建设过程中发挥了巨大的作用。不过也应该看到，就整体状况而言，我国信息化推进过程中仍然存在着不少问题，比如信息资源由于部门分隔而无法共享、相关数据库建设的低水平重复、农业信息服务队伍不稳定、信息服务针对性不强、信息技术在现代农业发展中的应用不多、对信息化的重视程度不够等等。

可以说目前我国农村信息化总体上还处于起步和发展阶段，只是处于诺兰模型的第二、第三阶段——信息化普及和发展阶段。这一阶段的主要任务仍然是大力推进农业信息基础设施的建设，特别是计算机、网络的普及和应用。通过光缆、卫星等专用网络，以及利用公用网络进行数据或语音等通信，将农村地区不同的局域网连成广域网，组建农村地区内联网，并与外联网相连同时将分散的信息集成为大型的数据库，实现信息共享。只有软硬件设施建设上升到一定水平，才能促进农村各种信息的快速流动和广泛应用。

目前一些农村已形成了农业信息网络基础设施的雏形，今后的工作则是延伸网络空间，一直到乡、村、户，与此同时加强专业类农业信息网络建设，避免数据库低水平重复。另外"3S"技术及各种监测农业资源的仪器（如土壤化验分析仪器、气象监测仪器等），是准确获取与利用各种农业信息的重要设施。我国在这方面与国际差距较大，需要加大研究与开发，以增加农业生产经营过程中的信息含量，准确而及时地跟踪、掌握农业资源、环境的变化，从而制定正确、科学的政策与对策。

四、我国农村信息化下组织模式变革

农村地区是一个多层级的组织，组织结构特征是纵向分为多个层次，包括县、镇、村等，每个层次是一个权力等级，多层级结构很难做到农业生产、经营、管理的规范统一。同时，在各个单位内部又存在多个横向部门，每个职能部门都有自己的工作责任和目标。这种组织结构内部信息流向分散,生产管理流程重叠,工作模式各异,对要求统一高效的信息化非常不利,需要组织模式的变革与创新。

(一) 信息技术对组织模式变革的影响

这里所讨论的组织模式是一个含义广泛的概念,是指一个组织的存在和发展的模式,包括其组织结构、流程、管理模式等各个方面。过去一般对组织模式的研究主要界定在组织结构和流程,而这里是以组织的"三流"(信息流、物流和资金流)来考察组织模式的,并以"三流"分析为主线,进而对相关的组织结构等组织模式的其他方面的变革进行分析。

1. 信息技术下的信息流

信息流中信息的流动包括信息的存储、分析和传送,这正是信息技术所解决的问题。信息技术的发展增强了信息的存储容量、分析能力和传送速度,信息技术的应用使农村地区信息流的模式发生了很大的变化。通过信息化的应用,在组织内部各层级的纵向信息交流中,一些人工的传递会减少,存储的信息大量增加且方便使用,个人分析处理信息的能力增强,使组织结构向扁平化发展;在组织各部门及不同组织间的横向信息交流中,地域跨度增大,联系的紧密性增强,从而使产业协会和合作组织等大型松散型组织得以发展。

2. 信息技术下的物流

物流的信息化表现为物流信息收集的数据库化和代码化、物流信息处理的电子化和计算机化、物流信息传递的标准化和实时化、物流存储信息的数字化等。信息技术的采用使农业生产简便、精确地了解需求量、生产量、库存量等物流信息,对物流进行精确控制。物流信息化的发展使农产品供货程序得到优化,缩短了交货周期,降低了库存,进而变革整个流程,降低成本,提高绩效。

3. 信息技术下的资金流

信息技术下的资金流向电子化方向发展,资金流动采用电子数据的方式,利用电脑或储值卡进行金融资金的转移,货币真正变成了价值符号。信息技术的应用将使农业生产的财务管理、融资及支付等方式都发生大的改变,资金转移更加方便、快捷和节省费用。信息技术下的资金流实际上已变成了农业价值的信息流。

(二)信息技术下的"三流"转换模型

通过研究信息技术应用对"三流"总的影响,这里提出了基于信息技术的"三流"转换模型(见图2)。

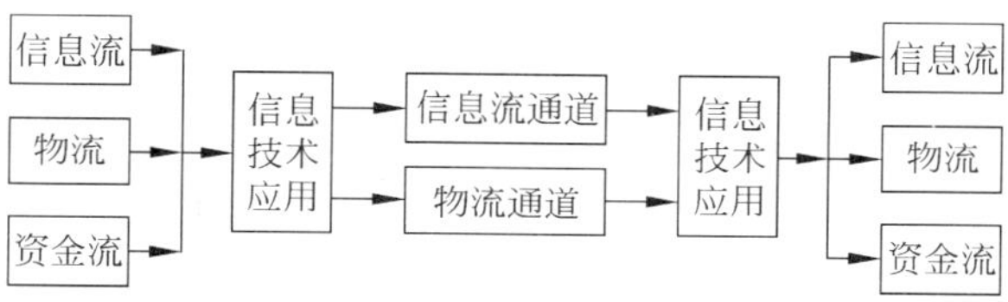

图2 基于信息技术的"三流"转换模型

信息流、物流、资金流在实际流动过程中,均呈现两种形态,一种是信息的形态,一种是物质的形态。在信息流中,通过计算机网传递数字信号时是信息的形态,而传递一封信或一张磁盘时则是物质形态。在物流中,其位置信息、控制信息的流动是信息形态,而实际产品的运送则是物质形态。在资金流中,电子转账是信息形态,而实际支票、货币的运送则是物质形态。信息形态的"三流"将通过信息流通道传递、存储及处理,而物质形态的"三流"将通过物流通道传递、存储和处理。

信息形态和物质形态是可以相互替代、转换的。例如,将特色农副产品销售到国际市场,可以走物流的方式,将产品样品通过快递或邮寄到特定国际市场,也可以走信息流的方式,将产品样品图像通过互联网传到特定国际市场。资金流的传送方式也可以在物流和信息流之间转换，可以通过物流通道直接运送钞票、支票，也可以在信息流通道通过电子数据交换系统实现资金转移。

图2中，起始地原有的信息流、物流和资金流，在信息技术应用的情况下，分解、转换、组合成新的信息形态和物质形态，分别在信息流渠道和物流渠道中传送、处理或存储，之后在目的地再恢复成原来的"三流"，或者形成目的地所能接受的新的信息流、物流和资金流。信息技术的应用是"三流"的信息形态和物质形态转换的控制器。信息技术应用得越多，"三流"将更多地以信息形态传递、处理和存储。而随着信息技术的发展，信息的传递、处理和存储能力将成倍扩大、效率成倍提高、成本大为降低。

总之，通过信息技术对"三流"的转换，组织的"三流"运行模式发生变革，可以促进效率的提高和成本的降低，从而对组织模式产生影响。信息技术对"三流"的转换，是信息技术引起组织模式变革的根本原因之一。

（三）信息技术应用下新的组织模式

信息技术的应用以及市场环境的变化，促使农村地区变革组织模式，在组织结构、管理技术、管理策略、组织决策、组织规模等方面都出现了新的特征。

1. 组织扁平化

彼得·F. 德鲁克(Peter F. Drucker)1988年发表在《哈佛商业评论》上的"新型组织的出现"一文，开启了组织理论发展的新范式。在该文中，德鲁克提出，未来的组织应该被称为信息型组织，其组织形态和整个模式都将发生巨大变革，这种以信息为组织基础的大型组织，将会拥有更加扁平化、等级更少的结构。传统的组织层次繁多，新问题必须通过这种层次传递才能得以解决，导致决策速度大大降低。因此,新的组织中间管理层逐渐减少。通过减少垂直层,扩大水平层,组织结构变得越来越精简。对于保存下来的中层管理人员,角色也发生了变化。他们减少了对日常事务的管理,把更多的精力放在考虑农村地区发展与竞争能力方面。

2. 网络组织和虚拟农村地区

现代社会中,农村地区将按网络形式组织工作流程,构成了以固定连接的业务关系网络为基础的小单元的联合体。这种联合,一方面存在于市场之间,另一方面也存在于多个合作农村地区之间或者是单个农村地区组织结构内部,诸如空间上为分散的团队或家庭工作岗位等形式。完善的网络组织可以看作是虚拟农村地区,它不再由确定的结构和可划分的界限来定义,其在农户、消费者和农村地区内部结构的范围内是流动的、相互渗透和持续变化的。在此,连接网络所使用的高效的信息管理技术和通信技术起着关键性的支持作用。

3. 新的管理技术

许多地区农业正在采用现代的管理技术。这些新技术通过减少资源的浪费来提高效率。资源的节省既获得了直接的经济效益(例如库存减少),也提高了工作效率。在过去,农村地区各单元可通过松散资源来维持其正常功能,随着松散资源的逐渐消失,各单元必须相互协作,优势互补,才能得到足够的资源。各部门必须有一种集成机制,才能发挥其已有的效率。解决这种集成机制的方案是充分地在组织单元中交换信息,建立一种基于 IT 的信息交换基础设施。

4. 新的生产组织方式

现代组织面临着日益增加的协调工作。在过去,农业生产的主要任务是购买种子、化肥等原材料以及农业机具,并生产、销售产成品。生产过程中的所有任务都是在农村地区内部完成,组织与外部的连接主要限制在与供应商、消费者的市场交易活动中。而今天的组织主要关注其核心活动，不但从市场上购买原材料，而且购买中间性的服务活动，使一些生产类型的活动可以在组织外部完成，如施肥、收割等。这种外包业务不可避免地引发了不同组织间通信与集成的问题，需要建立一种组织间协调的新机制，因此也就需要跨越组织的新型信息化。

5. 新的组织决策分布

一方面，信息技术改善了管理层做决策的质量和速度，从而导致决策权在农村地区管理层次中的向上移动，更易于集中管理。另一方面，信息技术又改善了各组织单元监控与评估的能力，使决策权可以分散化。因此，一个组织可以利用信息技术集中一些决策权而分散另一些决策权，这种取舍决定于组织或环境的实际需要。

6. 灵活的组织规模

农村地区各种组织的规模是由该农村地区的外部协调成本、内部协调成本共同决定的。当外部协调成本较小时，组织规模可以偏小，以充分利用外部协调优势，节省自身开销。当内部协调成本较小时，则可将组织规模扩大。信息技术通过改变组织的成本结构，直接影响着组织的规模大小。信息技术应用既可以减少外部协调成本，也可以减少内部协调成本，取决于信息技术在农村地区中如何运用。

五、我国农村信息化模式选择

从目前我国农村信息化实践来看，依据信息服务提供者的不同，有以下几种农村信息化服务模式可以选择。

（一）政府主导模式

政府主导模式本质上是政府为社会提供的一种公共产品与服

务，是政府的职能、职责所在。因其服务对象广泛，信息服务内容丰富，具有人才优势、技术优势与管理优势，资金来源也比较稳定，加之有政府的公信力作支撑，比较容易取得用户的信赖。从我国实践来看，政府主导模式，可以利用政府的权力，动用经济、科技、社会和资金、人员、设备等多种资源，推行农村信息化服务的力度大，覆盖的地域范围广，产业领域宽，见效快，并可以容纳、支撑其他多种信息化服务模式，在整个农村信息化服务体系中具有不可替代的地位。因此，这种服务模式的推进力度大，地域覆盖和影响面都比较广。这一模式无论在东部、中部地区，还是西部地区都适用。目前，我国信息化过程中采取的模式大多是这样一种模式。

（二）市场辐射模式

在广大的农村市场，农产品批发市场一头连着农业主产区和广大农民，一头连着城市销区和广大消费者，它们不仅在我国农产品市场流通中起着重要的枢纽作用，而且是农产品市场价格信息、供求信息的主要来源。特别是农产品产地批发市场，是农民直接出售农产品、获取市场信息的快捷渠道。由于批发市场的信息传输发布呈辐射、扩散状，在地域上没有严格的边界。另外由于批发市场集结众多市场主体和大量的农产品，采取集中和批量交易的方式，交易规模大，买卖双方“货比三家”公开竞价，也由于商品的标准化、规格化包装和有一整套比较完善规范的市场交易管理制度，在公开、公平、公正条件下形成的价格信息、成交量信息和供给与需求信息，其代表性、权威性和信息服务辐射面广、扩散范围大，是任何零售市场信息无法比拟的。近几年在国家有关部门的引导和重点扶持下，加快了农产品批发市场改造升级的步伐，市场的信息收集发布系统和内部管理信息化系统的建设得到加强，信息服务功能日益完善，同时，政府有关部门建立的全国性批发市场信息网络中心硬件设施和软件管理水平不断提升，上下联动，必将有力地推进我国农产品批发市场信息的集成化、共享化，从而在我国农村信息化服务中发挥愈来愈重要的作用。

（三）协会自我服务模式

协会或合作经济组织自我服务模式是以专业协会或合作经济组织为主体的信息化自我服务模式。伴随农业现代化、市场化改革与发展的进程而涌现的一大批专业协会，他们在收集、传递农产品产销信息、解决农产品卖难和传授农业生产技术等方面，发挥着重要作用。他们通过上网、手机短信、电话咨询或电视、广播、报刊等媒体，收集、发布信息；或建立统一的农产品销售合作组织，使农户生产与市场对接；或与批发市场、外地运销商建立固定联系，在外地设置专门推销本地产品的销售点和信息窗口，引导和帮助农民产销。由于他们面广量大，开展信息服务的方法简便，效果直接，成本低，“来自农民，服务农民”，培育、形成了农民自主选择、自我服务、自我发展的良好机制，因此，成为农村信息化服务的基础和重要依托。不少地区的实践表明，这种信息服务模式特别是同政府主导模式相融合的综合模式——“政府主导，协会补充”模式，适用于我国现阶段信息化的发展需要。

（四）信息公司服务模式

无论从当前还是长远看，专业性、商业性信息公司或网站凭借其资金、设备、技术、人才方面的优势，通过实行注册制或会员制，开展面向“三农”的信息化有偿服务。这是一种自负盈亏、自我积累、自我发展与自我约束的市场运作方式，充满生机与活力，并具有强大的生命力和广阔的发展前景。我国的实践表明，这种信息服务模式特别是同政府主导模式和协会模式相融合的综合模式——“政府主导，企业合作，协会补充”模式，是我国目前适宜采用的一种信息化服务模式。

（五）龙头企业带动模式

龙头企业是以加工、储运、营销和进出口贸易为主，并与农民建立起一定利益关系的企业。龙头企业与市场的联系直接，不仅具备采集、分析处理和发布农产品产销信息的技术、设备、人员、资金等要素，而且具有获取信息，并向农民传输、发布信息的利益驱动。随着体制的逐步完善和农业生产现代化程度的不断提高，以及政府确立并实施"扶持龙头企业就是扶持农业、扶持农民"的方针政策，我国的农业产业化及其龙头企业在"十二五"期间必将获得更快、更大的发展。因此，龙头企业带动模式是我国开展农村信息化服务的一种很有潜力和发展前景的模式。

（六）大户示范模式

农村科技大户、种养大户以及营销大户、信息大户等农村经纪人，为了扩大生产规模和农产品营销业务，开辟更大的利润来源，充分发挥他们的自身优势，通过提供市场信息、技术示范、产品购销等服务或自办生产基地，引导和带动农民按照市场需求调整农业结构，实现增产增收。他们直接采取村带户、户带人的互联方式进行信息的有效传递，形成一传十、十传百的可喜局面。由于科技大户和经纪人都是农村中的能人，他们身为农民，贴近农民，通过直接传递信息、传授技术，并亲自实践，做出样板示范，因此，对农民的服务效果更直接、更有说服力，服务方式简便，服务成本低，易被农民接受。这种服务模式在中西部地区以及东部像我国这样相对欠发达山区的表现和作用更为突出。可以作为我国信息化服务模式的一种补充。

（七）专项合作模式

加强国际农业信息合作与交流，充分利用国际资源与资金，增强我国农村信息服务能力，加快农业、农村经济发展和提高农产品在国际市场的竞争力。目前主要是运用联合国开发计划署(UNDP)等有关国际组织的专项扶贫资金，为扶持贫困地区农户发展经济、摆脱贫困而在县、乡资助建立信息中心、信息服务站，为农户提供各种信息服务，帮助农户发展生产，增加收入。这种服务模式在我国部分贫困地区存在，规模还不大，但服务效果比较显著，是我国农村信息化服务模式中不可或缺的类型之一。

六、我国农村信息化能力建设

按照上述分析，结合我国农村信息化建设状况，可以看出农村地区整体上正处于起步阶段，正在向着扩展阶段发展。按照诺兰模型分析，信息化从初始、扩展到集成控制阶段，农村信息化能力建设最为关键，以下我们拟从意识和观念、信息化规划、信息资源、网络资源、应用体系架构、基础软件选择、信息安全、信息化建设、投融资和信息化服务等方面，进一步阐述我国农村信息化能力建设。

(一) 意识和观念

农村信息化会改变原有的管理方式，管理透明度增加，责任制考核更加科学和严格，这势必撞击旧的思想观念和习惯势力，使一些人员接受不了、承受不起。另外，农村信息化建设会打破原有的分配模式，影响农村地区内部已有的利益格局，因此，在推进信息化建设过程中，农村地区自身要强化信息化意识，更新观念。

(二) 信息化规划

推进农村信息化建设，需要有信息化总体规划作指导。这是促使农村信息化走向更高阶段的关键。通过规划既明确发展方向，又针对当前问题，抓住关键环节，实施重点突破，稳妥并分阶段地推进建设。信息化规划要解决“做什么”和“如何做”等重大问题。目的通过规划过程将战略管理、流程落实到信息化战略和软件体系架构上来。目前我国农村地区系统众多，耗资很大，技术标准与业务规范不统一，因此必须通过农村信息化状况分析，针对农村信息化存在的问题，进行具体分析。具体地可按照《农业部关于加快推进农村信息化示范工作的意见》（2008），坚持《农业部关于开展全国农村信息化示范工作的通知》（2007）提出的“因地制宜、注重实践；整合资源、面向实际；多方参与、坚持实干；鼓励创新、讲求实用；强化服务、务求实效”的“五个实”原则，从发展现代农业和建设社会主义新农村的需要出发，全面规划，根据各地重点不同，开展各类能力建设，全面提高面向“三农”的信息服务能力。

（三）信息资源

信息化的目的在于信息资源的充分利用。在农村信息化建设中，信息资源的开发、利用是建设工作的核心。应加大农村地区各类数据的收集和整理工作，包括对各种生产数据、生活数据、管理数据、经营数据在内的各种信息资源的收集、整理、传输、存储要予以重视，这是最基础的信息资源，如此才能提高网上信息资源的数量和质量。任何信息化网络，如果信息资源未得到有效地开发、应用，则信息化的效果就会大打折扣。信息开发利用的重点是将农村地区内部的“信息孤岛”联起来，实现信息交换、共享。资源整合、信息共享是农村信息化持续发展的关键，是改变信息化应用水平低的重要途径。应按照统一的标准和要求，加快整合信息资源；规范涉农信息系统和数据库建设，推进信息共享与部门间的业务协同；进一步健全工作机制，积极整合人力、财力的投入，形成合力推进工作的新格局；统筹涉农信息平台、涉农呼叫中心、信息服务站（点）等建设，提高信息设施装备利用率；梳理整合信息采集、传播渠道，提高信息采集、发布和服务能力。

(四)网络资源

随着互联网应用的深入,农村地区网络范围越来越大,网络功能越来越复杂,处理能力越来越高,需要不断扩容改造。对于像农村地区这样大型覆盖广大农村地区的信息化网络,提升信息化水平仅考虑网络简单扩容难以达到预期效果,需要从全局着眼,提出详细的网络总体方案,明确网络资源划分、处理能力配备等。网络扩充需要考虑多种因素,如网络的安全性、可靠性,设备的兼容性、可扩展性,网间设备的互联互通功能,资源的充分利用和相互配套等。网络总体方案是一个系统性工作,需要站在全网发展的广度,长期稳定的高度来规划。一般包括:网络设备品种制式、主机处理能力、存储容量等。通过资源统筹考虑,可以形成一个适合长远发展需要的农村信息化网络。同时应进一步完善网站功能,针对当地农村信息服务的需要,抓住重点、突出特色,提高网站知名度;强化信息收集、整理与分析,建立支撑当地农村信息服务多种数据库,不断丰富网站信息资源,积极开展信息发布;加强与农业系统和其他涉农系统网站的联动,打造"功能强大、信息共享、覆盖面广、服务便捷"的网络平台;做好网站的延伸服务,推进网络服务进村入户。

(五)应用体系架构

信息网络建设只是信息化发展的基础条件,在网络之上构建好应用系统才能充分发挥网络资源效率。根据信息技术发展趋势,信息化应用采取分层构建的方式。应用系统的体系架构需要根据不同的功能,按照计算机系统设计中分层互连的结构,研究提出并不断完善。包括操作系统、数据库系统、中间件系统、应用子系统在内的软件系统要相互支持、相互配合、相互协调,从整体上明确各种不同软件间的相互关系。利用网络应用功能分层的概念,使信息化应用体系更加清晰、明确。由于信息化建设是一个渐进的过程,软件的开发、应用也可能是分步实施的。从整体上明确应用软件体系结构,并细致地构建好相互关系,对于指导具体建设非常重要。

(六) 基础软件选择

在明确应用体系结构基础上,有针对性地选择所需的各类软件非常重要。软件选择应具有安全性高、兼容性强、质量可靠、维护容易的特点,应遵循以下原则:一是选择商誉卓著、经营绩效良好、经验丰富企业的产品,如具有国内自主版权的操作系统、数据库产品和通信产品。二是选择版权费用低、升级维护方便的国际企业的通用型产品,如各类常用的操作系统、数据库、通信中间件等产品。三是产品在农村地区拥有完整的售后服务机制,可提供满足自己需求的服务。四是尽量选择技术较为公开,大家较为熟悉,工程技术人员能在较短时间内安装上线的产品,应用后又易于被大家掌握的产品。五是在上述各方面条件基本一致的情况下,选择成本较低廉的应用解决方案。在信息化建设的过程中,对数据库产品和软件的选择尤为重要,一般选择那些智能、快捷、严密、安全的数据系统,这样有利于基础数据的采集与整合。

(七) 信息安全

信息化建设中,网络安全非常重要。目前,在我国农村信息化建设中,网络和信息安全整体上还较为薄弱。单从技术层面来看,许多网络的安全防范措施尚不具备,不少只通过软件加密少量和少量防火墙,安全运行基本上仅靠制度管理。随着网络的扩充,安全隐患越来越多,有些农村地区网络对外部侵袭、病毒破坏等基本上无能为力。为提高网络安全,首先完善网络安全防范系统,采用安全防范设备和工具,如加密机、防火墙、入侵检测工具等,避免外部的侵袭。其次根据系统重要程度,安排相应的容灾备份机制,通过数据备份、传输备份、网络灾难备份等方式,提高信息网的生存性和可靠性。三是建立健全网络和信息安全监控体系,配备相应的网管和监测系统,设立网络和信息安检机构,提高对网络和信息安全的入侵防范、案件追踪、预警响应和重建恢复能力。四是根据国家信息安全要求,广泛应用基于自主技术的信息安全产品和软件,增强网络和信息的安全性。

(八)信息化建设

农村信息化建设不是一个单项工程,是一个涉及农村地区长远发展的战略性任务,必须加强组织领导工作。在信息化建设过程中,农村地区最高领导应亲自主持、把握方向,整个农村地区各级领导层都要广泛参与决策,形成一个领导班子,设立相应的管理岗位和职责,做好宣传、教育和资源准备,使农村信息化工程真正成为"一把手"工程,为信息化建设创造良好条件。同时,要根据农村信息化建设的需要组建相应的农村信息化项目领导小组,负责制定规划,研究需求,加强协调,组织力量,加大实施力度。同时,采取切实有效措施,强化专家队伍建设,为信息平台开展农业和农村信息服务提供强力支撑,建立健全工作机制,加快推进信息资源整合与共享。

(九)投融资

农村信息化建设资金投入是根本保障。我国农村信息化投入力度远小于发达国家农村地区,而投资少的根本原因是我国农村地区在安排固定资产投资时,对信息化项目和建设效果还缺乏明确的认识,再加上农村信息化是一项系统工程,对其投入的大小不易把握,再加上农村地区资金来源紧张,信息化建设投资往往不足。如何在安排农村地区投资计划时落实好信息化建设投资,并且农村地区能够真正用好建设资金,这在建设中需特别给予重视。一方面积极争取政府主管部门的帮助,通过引入贷款、发行债券、上市融资,以及发展产业投资基金和吸引风险投资等多种方式引进资金，不断拓宽农村地区筹资渠道，落实信息化建设所需资金，支持农村信息化建设。另一方面在积极拓宽筹资渠道的同时，农村信息化建设中要坚持投入产出观念，用较少的投资争取较好的信息化效果，把“钱”用在刀刃上。

（十）信息化服务

信息化建设只有通过应用才能促进更快的发展。在已推进信息化建设的农村地区中，虽然有一些农村地区建立了网络，但很多难以做到每周更新一次信息，而且不少只开展了初步的电子商务服务，电子商务销售额占这些农村地区销售收入总额的份额还比较低。为此，应加快完善现有信息技术服务系统，根据当地农业和农村发展的需要，加大服务力度；加强信息技术的引进、改造和集成，因地制宜地开展农业信息技术应用研究，开发推广新的信息应用系统；重视开展“经济、便捷、实用”的信息技术服务终端产品研制，让广大农户用得起、用得上、用得好；积极推进3S、自动控制和专家系统等技术应用，努力提高农业生产经营的智能化水平。

七、我国农村信息化制度安排讨论

（一）组织结构优化

推进农村信息化的重要基础是建立农村地区制度，这是因为不改革传统的管理体制，不改造陈旧观念，不转换落后的经营机制，不变革旧的组织结构，即使农村地区采用计算机、上了互联网，也只会加大管理成本。因此，推进农村信息化必须与农村地区的改革结合起来。从本质上讲，农村信息化就是农村地区对信息资源在广度和深度上开发利用。农村地区所需各种数据，是信息资源的重要方面，所以对农村地区而言，数据管理是农村信息化建设的基础和前提条件,数据管理工作质量的好坏直接影响农村信息化建设的成败。由此可见,加强农村信息化建设一定要从强化数据管理这一源头抓起,这样,农村地区信息化才有坚实的基础。所以,在制度改革中,重点需要健全与信息管理有关的管理流程,确保数据采集的高效、真实、统一。

(二)流程重组

究竟是先进行流程重组,还是先实施信息化,一直是困扰着农村地区进行信息化建设的难点问题。在推进信息化建设中,不是信息化要迁就现有流程,而是现有流程必须进行彻底改变,以适应信息化的要求。从理想状态说,进行彻底的管理流程重组,再进行农村信息化建设,可以使农村信息化建设周期短、见效快。但是由于彻底的流程重组涉及农村地区的方方面面,推行起来难度大,风险也大,农村地区管理者往往望而却步。为了减少阻力、降低风险,可先进行局部的信息化建设,先对局部的流程进行重组,逐步推进,这样可以使农民尽早地看到成果,在农村地区中营造乐观、积极参与变革的气氛,减少人们的恐惧心理,以促进生产性信息化、管理性信息化,乃至于综合性信息化(如地区农业资源规划系统)在农村地区中的推广,从而推进整个农村信息化建设工作。这是农村信息化建设成功的关键所在。

(三)技术标准制定和完善

农村地区推进信息化建设需要有一个统一规范的技术标准环境,这是农村信息化建设的基础。加快农村地区间或农村地区内统一编码、标准和规范的制定,在农村地区中建立统一、协调的信息编码标准体系,实现信息横向、纵向共享显得更加重要。由于最近许多农业信息化已走向综合的建设,农村地区许多生产、销售、服务性环节已在筹划建设电子商务系统,对于整个农村地区资源规划系统规范的制订需求显得非常迫切。要建立农村地区信息编码体系，主要包括建立体系结构，确定编码规则，明确编码划分，完成编码内容等。

（四）法律法规

信息化建设的根本目的在于应用，而广泛的应用需要建立在完善的法律法规基础之上，尤其是电子商务系统的应用，更需要健全的法律法规环境来保证。在将农村信息化不断推向深入的过程中，法律法规环境日益重要，所涵盖的范围更广。随着信息化进程的推进、信息化程度的提高，电子数据在农村地区的发展过程中所起到的作用也在日益提高，并已经成为农村地区最具价值的资产，如何从法律的高度保障农村地区电子数据的完整性、安全性，成为健全法制环境的重要内容。这是我国农村信息化能否进一步提升的关键制约因素，需要在此方面不断加强和完善。

（五）制度环境

纵观农村信息化发展，不难发现制约发展的主要因素往往不是技术问题，而是所需的市场环境与制度安排。推进农村信息化不只需要创建农村地区内部环境，还需要营造一种社会环境。尤其是在推进更高水平的农村信息化过程中，更离不开内外环境的支持。例如农村地区电子商务的发展明显会受到两个方面因素的制约，其一是信息技术的推广应用和农村地区内部信息化基础和水平；其二是市场环境与制度建设，而后者的制约作用更加明显。外部市场环境涵盖的内容更为广泛，除了上述提高的政策法规环境外，还有文化传统、消费习惯、商业信用、认证方式、投资体制等各个方面。由于农村信息化建设，尤其是推进电子商务发展是一个非常复杂的社会系统工程，它涉及的领域很广。技术可以跨越，制度无法超越。为此，在推动农村信息化发展、尤其是电子商务发展的基本着眼点，就是促进外部市场环境与制度建设。

（六）人力资源

农村信息化建设需要具有一定素质的人力资源作保证，而我国农村地区往往在此方面有所欠缺。为改变农村信息化人才不足的状况，一是加大信息化知识的宣传、培训力度，通过在工作岗位积极推广计算机应用和网络教育，不断普及信息化知识和技能，使农村地区群众逐步熟悉和了解信息化知识，掌握信息化应用技能，从而使农村地区加快信息化人才的培养，提高农民群众信息化素质和水平。二是培养和吸引内外高素质的信息技术和管理人才，通过实施农村信息化人才培训工程、保障人才合理流动等措施，吸收培养一批热心于农村信息化事业，既有先进管理理念又懂现代信息技术且善于经营管理的复合型人才。同时，建立与农村信息化相适应的用人机制与分配机制，形成尊重知识、尊重人才的良好氛围，充分调动他们的积极性与创造性，充分发挥人才作用和留住人才，为农村地区实施信息化提供人力资源保证。

参考文献

1. 卡什（Cash，J.）等著，刘进、秦静译：《创建信息时代的组织：结构、控制与信息技术》，东北财经大学出版社 2000 年版。
2. 迈克尔·A. 希特、R. 杜安·爱尔兰、罗伯特·E. 霍斯基著，吕巍等译：《战略管理：竞争与全球化》，机械工业出版社 2005 年版。
3. 龚秀萍：“我国农村信息化与新农村建设发展的思考”，《农业网络信息》2006 年第 10 期。
4. 胡安安、姜江、黄丽华：“基于信息技术用户接受理论的 ERP 系统实施模型研究”，《科学学与科学技术管理》2007 年第 8 期。
5. 雷明：“路径选择——脱贫的关键”，《决策科学》2006 年第 7 期。
6. 雷明：“BPR 先行——论信息化与企业业务流程关系”，《每周电脑报》2001 年第 14 期。
7. 雷明：“精益之路”，《北大商业评论》2007 年第 6 期。

8. 雷明、张峰:“中国海洋石油总公司信息系统建设之路”,《电子商务与管理信息系统案例》,北京大学出版社 2002 年版。
9. 雷明、裴颜鹏等:“网商世界的电子商务之路”,《电子商务与管理信息系统案例》,北京大学出版社 2002 年版。
10. Mehta S., “Information and Communication Technologies: A Bridge for Social Equity and Sustainable Development in India,” *The International Information & Library Review*, 2006, 38.
11. M. A. Tomaszewskia, “Determining Farm Effects Attributable to the Introduction and Use of A Dairy Management Information System in the Netherlands,” *Agricultural Economics*, 2000.
12. Moore, G. C. and I. Benbasat, “Development of an Instrument to Measure the Perceptions of Adopting an Information Technology Innovation,” *Information Systems Research*, 1991, 2(3).
13. M. J. Culnan, “The Dimensions of Perceived Accessibility to Information: Implications for the Delivery of Information Systems and Services,” *Journal of the American Society of Information Sciences*, 1985, 36(5).
14. Peter F. Drucker, “The Coming of New Organization,” *Harvard Business Review*, 1988, 66(1/2).
15. CNNIC:第 19 次互联网调查报告,http://www.cnnic.org.cn。

(雷明,北京大学光华管理学院)

城市经营的若干问题辨析[1]

李金波

一、城市经营的目标

中国的城市经营分别经历了为城市基础设施融资、提高城市自身价值和提升城市竞争力的三个阶段。而城市竞争力之说，似乎正在得到越来越多的认可（如仇保兴，2001；张京祥、朱喜刚和刘荣增，2002；黄璐，

---

〔1〕 本文是基于作者在北京大学光华管理学院博士后工作站的研究报告《城市经营与建设融资》第三章修改而成，即将发表于《中国市场（智库版）》2012年第37期。

2004;等等)[1]。可以理解,对城市竞争力的推崇和追求有其理论和实践根源。在理论上,以泰布特(Tiebout,1956)的地方支出的纯理论模型和布里顿(Breton,1996)的竞争性政府理论为代表。二者共同的观点是:只要经济要素(投资、人口等)和资源在各个城市或社区间能自由流动,政府之间就会产生竞争,而这种"用脚投票"的竞争机制会迫使城市政府改进效率、提高城市竞争力[2]。在实践

---

[1] 仇保兴(2001)认为,在不同的时代,城市竞争力的内涵是不同的:如在农业经济时代,城市的竞争力表现在交通运输是否便利,有许多城市之所以建在河边,就是因为粮食通过水路运输成本最低;到了工业经济时代,城市的竞争力表现在矿产资源、人力资本的获得,以及产品距离消费市场的远近;到了知识经济时代,核心竞争力则表现在人才、人才的学习能力以及团队之间的知识共享。张京祥、朱喜刚和刘荣增(2002)则认为,城市竞争力有两个方面的内涵:一是从绩效上反映的竞争能力,主要体现在经济增长、投资规模、居民实际收入等;另一个是动态上反映的竞争能力,主要是指城市要素聚集能力和资源增值能力,以及对其所在区域进行资源优化配置的能力。他们给出了城市竞争力的简化模型,即认为"城市竞争力 = 要素成本 + 交易成本",要素成本和交易成本的高低决定了城市的竞争力。黄璐(2004)根据波特核心竞争力理论指出,城市竞争力可以看作是"城市所特有的、难以被模仿的、与其他城市相比能够聚集更多生产要素、实现更优化的资源配置、创造更多社会财富的一种综合能力和素质",并提出了城市经营要着眼于提升三种关键能力:资源配置能力、区域创新能力和可持续发展能力。这些对城市竞争力的理解从不同的角度对城市经营提出了要求,对城市经营的实践具有重要的指导意义。

[2] 布里顿(1996)同样基于人口和资源可流动的假设,明确提出了竞争性政府(competitive governments)的概念:在联邦制国家中,政府之间、政府内部部门之间以及政府与政府之外的行为主体之间迫于选民和市场主体的压力,必须供给合意的非市场供给的产品和服务,以满足当地居民和组织的要求。类似于企业之间的竞争,政府之间、政府内部部门之间以及政府与政府之外的行为主体之间为了提高自身的吸引力,就会围绕居民和资源相互竞争。与泰布特不同的是,布里顿认为这种竞争不仅存在于同级的地方政府之间,还存在于政府各职能部门之间,甚至上下级政府之间。不过在纵向关系中,突出表现为财政转移支付、财权的分割以及政治权利的配置等交易。

中，中国各地区之间的竞争也迫使作为经济主体的城市政府不断强化竞争意识，其作为独立的利益主体和竞争主体的地位在不断强化。再加上城市政府官员基于经济绩效（GDP 和财政收入）的考核晋升机制（周黎安，2004），将城市经营的目标确定为增强城市竞争力就不足为奇了。

但是，需要指出的是，GDP 和财政收入的增长只能说明经济总量和政府可支配资源的扩张，而未必会带来城市居民整体福利的增加，有时它甚至是以牺牲居民福利的代价来换取的。因此，对城市竞争力的追求也不能被推至极致，成为城市经营追求的终极目标。事实上，中国各地区之间的激烈竞争已经导致严重的负面效应，如重复建设（沈立人、戴园晨，1990）、地方保护主义（周黎安，2004）、扭曲的财政收支行为（聂辉华，2006），甚至地方政府与当地企业合谋（聂辉华、李金波，2006），在追求 GDP 增长的同时罔顾安全生产和环境保护，以致事故频发、环境污染，等等。因此，那种简单的把城市看作是公司，单纯强调城市竞争力的观点并不可取。城市经营应当有更高层次的追求。当代城市管理和政府再造运动的实践表明，城市管理（经营）的根本目的是为了发展，为了提高居民的福利程度和幸福水平（褚大建、刘冬华，2005）。洪银兴和周诚君（2003）指出，从城市经营的目的、过程和效果等方面全面界定城市经营的内涵，必须要考虑到与城市功能相关的现代城市的基本特征，即最佳的人居环境、最佳的市场环境、最佳的投资和创业环境、最佳的生态环境。按此要求，城市经济的内容或目标涉及三个方面：一是提高城市资源的价值，二是提高城市竞争力，三是在人口、资源和环境方面提高城市可持续发展能力。换言之，以人为本、注重全面协调可持续的城市发展理念应当成为城市经营的重要目标。因此，总结起来，城市经营的目标应当有四个层次：一是为基础设施融资；二是实现城市价值最大化；三是增强城市竞争力；四是提高居民福利程度和幸福水平，实现可持续发展。在实践中，城市政府应当统筹兼顾，既要考虑解决融资难题，也要着眼长远，关注民生和居民福利。

二、城市经营的主体和对象

关于城市经营的主体，一直有一些争论，主要有经营主体多元论和经营主体一元论。经营主体多元论的看法是：政府是城市经营的主导者，企业是城市经营的参与主体，全体市民是城市经营的决定力量。比如仇保兴（2001，第85页）认为，当前经营城市的主体已经从城市政府转向政府与民众的综合体。“原来一直认为城市政府是经营城市的唯一主体，但是城市是全体市民的城市，所以经营城市的主体也应该是城市的市民、企业、社会团体和各级政府，实际上是这样一个综合体作为经营的主体。在经营城市的过程中，有许多领域应该让位给企业和市民去经营。政府应该采取一些引导性的规划和政策，来调动各个经营主体的积极性，才能搞好城市经营。”而经营主体一元论则认为城市政府是城市经营的唯一主体。比如王振有（2004）强调：城市与城市项目是不同的，企业和公众可以是城市项目的经营主体，但不是城市经营的主体。而且，由于城市经营与企业经营在对象、成果、目标和原则、方式等方面存在诸多差异，因而作为法律授权的城市管理机构，城市政府是城市经营的唯一主体。企事业单位、非政府或非营利组织以及作为个体和整体的社会公众，他们虽然都可以是城市建设与管理的参与者，但由于他们不具有对城市经营客体的资源配置权，无法有效配置城市中的垄断性和公共产品属性资产（资源），因而不能成为城市的主体。我们认为，这两种观点其实并无根本对立，只是针对不同的层面而已。如果我们把城市经营分为战略层面和运作层面的话，经营主体一元论是从战略的层面强调城市政府对于城市经营的主导甚至独占地位。的确，在战略层面，唯有政府有这种能力、视野甚至是义务来进行宏观的战略经营，如对城市发展战略以及城市空间规划的制定和实施，等等。而在运作层面，城市政府本身则是众多参与主体中的一员，其角色在于引导和规范其他主体的行为，以达到增进公共利益的目的。因此，我们认为，城市经营的主体在战略层面上是城市政府，而在运作层面上则是包括了政府、企事业单位、非政府或非营利组织以及作为个体和整体的社会公众在内的多元综合体。

关于城市经营的对象或范围，也有不同的看法。如仇保兴（2001）认为，城市经营的维度已从单一的基础设施的投融资扩展到影响城市竞争力的所有项目，范围已从城市的内部资源配置转向更大区域范围内的资源配置。周建瑜（2005）认为，凡是城市所拥有的可以资本化、资产化的资源，不管是物质的还是精神的，有形的还是无形的，只要它有利于盘活城市这一最大的国有资产，实现经济社会可持续发展，就都可以是城市经营的范围。陈岩松（2008，第52页）根据不同的分类标准，将城市经营的对象（客体）分为不同类型：如按照城市资产的类型，可分为有形资产和无形资产。有形资产包括土地、城市基础设施等；无形资产包括城市形象、城市品牌、知名度等。按城市资产属性，可分为经营性资产（如土地、房屋）、准经营性资产（如供水、供气、垃圾处理）和非经营性资产（如道路、绿地）。经营性资产和准经营性资产是城市经营的客体（对象）。按地域单元划分，可分为区域经营（包括新区、旧区等）、城市整体、具体项目等。我们认为，上述描述和划分基本涵盖了城市经营的对象，但我们更认可仇保兴的看法，城市经营在维度和范围上突破了两个概念：一是突破了传统的资源观，即城市经营的对象不限于各种有形或无形的资源，城市的产业集聚、投资环境、创新能力都将是城市经营的对象；二是突破了流行的营利观，即即使是非经营性的道路和绿地也可以是城市经营的对象，因为它们关系到城市的环境，而环境关乎城市竞争力和居民福利。因此，我们在考虑城市经营的对象时，视野要更加开阔些，思路要更加灵活些。

三、城市经营的层面与方式

前面已经说明，城市经营可分为两个层面：一是战略层面，可以称为城市战略经营；另一个则是运作层面，可以称为城市经营运作。城市战略经营是宏观层次的城市经营，在整个城市经营体系中处于指导性、战略性的地位，引领着整个城市发展的全局。它是以整个城市为对象，研究和关注整个城市的发展战略，以城市整体发展方向、功能定位、空间结构、城市整体形象塑造等作为经营的主要内容，以实现城市整体利益最大化为目标的经营活动（崔曙平，2010）。崔曙平（2010）认为，城市战略经营由两大部分构成：一是城市总体战略经营，包括城市战略定位和整体的空间经营；二是城市营销，包括对城市品牌和城市事件的经营。

但这种以提高城市竞争力为目标的城市战略经营，存在诸多不足。以城市战略定位为例。事实上，运用多年的城市定位理论存在一定缺陷。比如，定位理论往往关注城市外部环境因素，而对城市内部的因素分析仅局限于针对“定位”而展开的协调安排，容易顾此失彼；如果大家都采用类似的分析方法追求几乎相同的目标定位，其结果是导致城市之间产业严重同构、重复建设、恶性竞争，城市建设千城一面；而以竞争对手城市为参照构思的战略，甚至可能导致方向性错误：面对瞬息万变的信息时代，如果忽略现代科技创新特性对城市发展的影响，结果往往会与原来的竞争对手一起被迅速崛起的“创业型城市”所取代（仇保兴，2003）。因此，以城市战略定位为主要内容之一的城市战略经营可能并不能真正起到增强城市竞争力的作用。再如城市营销，是要通过城市品牌、城市形象和城市事件的策划，对城市发展战略目标进行“包装”和展示，并将其向全球推销，以期达到战略方案实施的目的。但是事实怎样呢？我们看到，城市营销常常被歪曲为片面的城市形象推销：各地相互攀比,争做“世界第一”、“中国第一”,争做“名人故里”。种种“营销”手段之所以令人啼笑皆非,其根本原因在于竞争使然,将提高城市竞争力当成了城市战略经营的唯一目标。

我们认为,如果把城市经营提升至着眼于城乡居民福利和幸福水平、增强可持续发展能力的高度上,城市战略经营的内涵会有所不同。结合我国当前的实际情况,城市战略经营应当包括:如何培育和扶持城市的战略性新兴产业;如何积极稳妥地推进城乡一体化;如何加快发展社会事业。这三方面既照顾到了提高城市竞争力的要求,又直接与民生福利和幸福水平有关。比如,扶持战略性新兴产业的目的是要提高区域创新能力,形成支撑城市发展的主导产业,培育城市发展的后劲。创新是经济增长的发动机,也是城市发展的驱动力。创新将带来新的产业、新的机遇和新的发展格局,本身就是在做大蛋糕。扶持战略性新兴产业就是从战略的高度重视创新、促进创新,本身也就是城市经营。再如,推进城乡一体化的一个目的是要加快人口向城市集聚,以此带动其他要素的进一步聚集。集聚是城市的本质,而人口集聚最具基础性。人口集聚意味着市场的扩大、分工的深化,意味着新知识的汇集和传播,意味着社会交往的深入。从战略的高度推进城乡一体化不仅能为经济增长提供强大动力,还将缩小城乡差距、区域差距和收入分配差距,从整体上增进全体人民的福利。最后,发展民生社会事业,则是要让城市发展的成果更加公平地惠及城乡居民,建设和谐城市,实现均衡发展。事实上,发展社会事业,形成团结和谐的城市文化,本身就是一种吸引力,本身就是一种城市营销。

与城市战略经营相对应的层次是城市经营运作,是对城市要素如城市资本、自然和人文资源、产业、土地、基础设施、环境等的具体经营。城市经营运作要根据这些要素的不同经济性质实行不同的经营方式。比如对完全收益性的要素资源,应当实行民营化,以市场化的方式增强活力;对于完全公益性的要素资源,则要保证财政资金的投入,提高服务质量;而对于半公益半收益性的要素资源,则可考虑以公私合作伙伴关系,发挥政府和民间的双重优势,在利用民间资金的同时服务公共利益。当然,这种划分不是绝对的,现在有的国家、有的地区即使对完全公益性的要素资源也是以民营化的方式来供给,关键取决于是否存在良好的管制环境。

四、城市经营与城市规划

城市的财富隐藏在城市的空间结构中。作为调控城市土地资源利用和空间资源配置的重要依据和手段,城市规划旨在引导市场实现社会目标,是城市战略经营的前提和依据。城市规划包括城市发展战略规划、城市总体规划、城市控制性详细规划和各类专项规划(崔曙平,2010)。其中,城市发展战略规划是用于规划城市发展全局性、总体性目标(包括城市发展方向、空间格局等),是城市战略经营的依据和实施工具;城市总体规划是在城市发展战略基础上,规划城市经济社会活动及其支撑体系的空间布局、空间分区、空间组合等,是城市空间运营的依据和实施手段;城市控制性详细规划则确定了城市空间单元的功能、开发强度、建筑密度等,是城市土地及城市建设资产项目资本运作及经营模式选择的依据和准则;而各类专项规划则是规划建设项目的功能、规模、布局、建设时序等,是城市建设项目运作的基础和投融资模式选择的依据。

当前,我国很多城市规划普遍存在如下几个方面的问题:一是"摊大饼"现象严重,带来了高昂的经济和生态成本。一些地方的城市范围无限制地外延扩展,布局过于分散,小城镇建设遍地开花,大量占用郊区和农村土地,不仅严重浪费了土地资源,破坏了生态环境,而且还导致基础设施投资分散,成本飙升。二是空间布局不合理,带来了严重的交通和社会问题。一些地方在飞速发展过程中，要么延续了“圈层式”的城市规划格局，要么在城郊建立了许多功能单一组团（如北京的天通苑）。这两种模式往往都对城市功能进行分区，割断了各城市功能之间的有机联系，迫使城市居民只能在城市不同功能区之间长途跋涉，形成了钟摆式的交通模式，增加了生产、生活成本，加剧了交通问题。同时，由于开发而形成了对老城区人口的分离效应，一些新开发的新区成为富人的天堂，而老城区则因为脏乱差而成为穷人的聚集地，加重了社会隔阂。三是城市规划对产业发展的引导和容纳能力不足，对于如何引导促进产业结构调整和企业集群形成、优化各类新型产业的空间布局、提升相关用地的功能等问题缺乏系统研究。城市规划滞后于城市发展，反过来也导致规划修编频繁，稳定性差。四是规划的随意性强，覆盖程度低，对城市空间发展的控制能力不足。一些地区规划覆盖范围狭窄，只对规划区范围内进行管理，而之外的城乡结合部则成为城市外围的灰色地带。这些城市规划的问题如果不能得到有效解决，必将影响城市经营的效果。

根据城市战略经营的基本思想，我们认为，从城市规划的角度，首先应注意从城市整体发展的高度考虑城市的空间布局。这就要跳出一城一池孤立地看待城市规划的传统思维，而从区域与区域、城市与城市、中心城市与卫星城镇一体化的角度来思考规划布局。要放弃用简单的城市功能分区的思维来进行城市规划的做法，更加注重城市各种功能之间的有机联系。当前，结合我国的实际情况，应当考虑多采用霍华德（2000）“田园城市”的思想来规划中心城市与卫星城镇的空间布局。作为城市，不可避免会出现城市中心，以市中心为圆点，会自然形成一层套一层的商圈、居住圈。如果不加以控制，圈层结构、摊大饼式的发展格局会自然形成，必将带来严重的交通和社会问题。这背后实际上是城市内在的对人口和资源的吸引力导致的发展极化。在某种程度上，极化发展会带来好处，城市本来就是要素聚集的产物；但过于极化也会造成城市拥挤不堪、密度过大的问题。因此,要通过一定手段来控制城市发展的过度极化现象。规划就是一个重要手段。要用分散型的城市布局来平衡这种极化的力量。具体思路是:把城市分成若干个组团,组团与组团、组团与中心城市之间用绿带分隔。同时,每个组团作为城市的卫星城,在功能上是复合的,既是居住区也是就业地。理论上,如果这样的组团能够解决居住人口80%的就业,这种组团将能起到分流中心城市人口压力的功能,既可以避免摊大饼式的发展格局,防止出现钟摆式交通,又能发挥中心城市引领城市发展、聚集高端资源的作用。

其次,要重视规划对城市产业发展的引领作用。企业在地理空间上集聚,有助于形成企业集群。而一旦形成企业集群,不仅可以稳定城市政府的税源,城市本身的发展也将具备强大的内在动力,人们创业踊跃、创新涌流。但是,应当注意的是,企业集聚不等于一定能形成企业集群。企业集群是集聚的企业之间形成了某种共生关系,这种共生关系既可能是大量中小企业围绕某几个大型企业而进行的配套,如西雅图的飞机制造业,也可能是大量同行业企业在集聚基础上形成的专业化分工和协作,如温州的皮革与制造业。集群内各个企业相互独立,但却保持着紧密的联系,这些联系使得集群内的中小企业从以往零散、杂乱状态走向系统化和有序化。当前各类开发区在全国各大小城市到处开花,但却鲜有成功培育起企业集群的开发区。原因在于,不顾客观规律而人为地推动产业集聚往往会事与愿违。破解这个问题,一方面,需要我们在规划上优化开发区布局,依据企业集群的分布来规划发展卫星镇、重点镇和专业镇;另一方面,需要借助资本的力量,将集聚的企业串起来,让企业生产企业。

最后,城市规划要具有稳定性、权威性,要为城市经营各参与主体提供稳定的预期和可信的承诺。城市经营需要调动各类投资,投资是基于对风险和收益的预期,而预期又是建立在对城市健康发展的信心之上的。稳定而权威的城市规划实际上是一种承诺,是为人们描述一个可以实现的发展蓝图,从而有助于城市经营的各参与主体形成对城市发展前景的稳定预期。反过来,如果城市规划编制草率、决策随意,那么就很难形成良好的前景预期。比如频繁出现的“拉链”马路现象,建好的路没过多久就开膛破肚填埋各种线路和管道,这不仅造成交通拥堵,还伤害了其他参与主体的利益,比如该道路两侧的商家,由于整天施工、交通拥堵、噪音污染、环境脏乱等而导致人流不畅、商流不活、价值流失。这种做法是与城市经营背道而驰的。还有一些地方,好不容易建了新城或新区,没过多久又开始打着产业升级的旗号开始拆迁,如此这般拆了重建、建了再拆,频繁折腾,反复炒卖地皮,是最为拙劣的城市经营,破坏了各参与主体对城市经营前景的信心和预期,最终伤害了城市发展的元气。

五、城市经营与城市管治

城市经营是一个体系,涉及多个参与主体。各主体之间存在层面不对等、角色不相同、利益不一致、信息不对称、认识不统一等问题。比如在战略层面,城市政府是城市经营的唯一主体,而在运作层面则有政府、企业、非营利组织、居民等多种参与主体,各主体所处的层面是不对等的。既然是不同主体,又处于不同层面,自然立场和角色也就不同,利益自然就不一致;而且由于各自都有私人信息,信息不对称是一个自然现象,各自根据自己的信息和利益偏好,对城市经营的认识和看法也会有所不同。如何有效协调各参与主体之间的利益和认识,共同促进城市经营活动的开展和运行,是城市经营取得成功的关键。这便是城市管治的重要性所在。

所谓城市管治,包括了管理和治理(governance)两层含义。城市管理是对与城市规划、城市建设以及城市运行相关联的城市基础设施、公共服务设施和社会公共事务的管理。在某种程度上,城市管理更偏重于对城市公共事务的行政管理，是一种垂直的、单向的权力关系。而城市治理则是在一定的环境下，各利益相关者（包括城市政府、社会中介组织、城市市民等）以一定的方式参与城市的建设、管理和运营。与城市管理相比较，城市治理强调社会各界的参与，在权力关系上呈现网络状结构：一方面，各个利益相关者都可以在城市事务的管理中担任独特的角色；另一方面，其他利益相关者要对城市政府行使监督职能，其利益诉求将在很大程度上影响城市政府的决策。城市管理和城市治理合起来称为城市管治，其基本含义是在城市政府主导下，以一定的体制机制为依托，吸引和调动各类社会组织、市民参与到城市建设、管理和运营中来，以实现城市经营的目标。不同于公司治理的概念，城市管治既强调了各方利益相关者对城市事务的相机治理的基本诉求，又考虑到了行政管理体系下城市公共权力在城市经营中的主导和引领地位。

既然是由城市政府主导，那么城市经营能否取得实效首先要看政府自身管理如何、政府行为是否廉洁、高效。而这取决于四个方面：一是政府的行为是否依法合规。这是对政府行政权力运行的基本要求。要使所有的行政管理人员知法、懂法，进而做到严格执法、公正执法、文明执法。这是城市经营能否顺利开展的前提条件。二是政府行政过程是否公开透明。阳光是最好的防腐剂，行政权力公开透明运作为公众参与和监督政府提供了条件，可以有效预防腐败，建立公众对政府行为的信心，从而为城市经营提供良好的体制环境。三是政府职能是否得到切实转变。在城市经营的过程中，既要注意弥补“市场失灵”，又要防止自身的“政府失灵”，要把政府主要职能转变到经济调节、市场监管、社会管理、公共服务上来，把公共服务和社会管理放在更加重要的位置，努力为社会提供方便、快捷、优质、高效的公共服务。四是要加强监督和问责。要通过健全责任制度，实现有权必有责、用权受监督、违法要追究、侵权须赔偿。在规范内部管理的同时，要自觉接受群众监督，接受新闻舆论监督和社会监督,接受来自行政复议和行政诉讼的监督。

城市经营不可避免地需要借助市场力量,如引入民间资本来对某些具体项目进行融资和运营。由于民间资本以盈利为目的,与政府促进公共利益的目标可能会存在不一致的地方,因此有必要对其进行适当的规制。所谓规制,也称为监管,是政府及其他社会机构依据法律法规对民间资本的进入、经营、价格、产品质量和服务条件等进行干预,使城市居民能得到合理而恰当的服务。应当说明的是,规制的主体有多样性,不一定只有城市政府本身。作为服务的购买者,城市居民、企业、各类专业技术人员、新闻媒体和社会团体等都可以作为规制主体,具体要看运营项目涉及的范围和性质。规制的方式分为多种,比如:通过设置进入门槛的准入规制,旨在控制进入者的数量和品质,确保市场处于有效竞争状态;通过确定产品或服务的价格或设置价格调整机制来刺激项目经营者提高生产效率,抑制可能的垄断,保护消费者的权益;通过设立退出机制来为项目设施产权的转移、项目投资回报的实现提供渠道,同时也对经营不善的项目或经营者违约情形进行有效制约;通过对服务质量和安全运行进行监管,来保障在提供以及公众在使用项目设施时的安全、卫生、环保和健康等方面的利益;通过确立普遍服务机制来保障所有相关居民能得到城市公用基础设施的服务,等等。

无论是政府自身的管理,还是政府作为重要主体而对城市经营项目进行的适当规制,都需要引入公众参与。公众参与的合理性在于:一是公众作为城市政府的委托人,有权对政府行政过程和行为进行监督。对于城市经营而言,引入公众参与可以在一定程度上避免城市规划的随意性和局部性,提高城市战略经营的能力和水平。二是公众作为政府公共服务的消费者,有权对服务的数量和质量提出要求、发表看法、做出决策。比如,在城市具体公用基础设施的建设和运营过程中,公众参与决策和评价是衡量该项目是否实现其公共利益目标的主要手段。三是公众参与有利于阻断政府与项目经营企业之间的合谋,改善政府形象,强化对项目运营者的监督,实现消费者与"服务提供商"之间的"面对面",减少"寻租"空间。四是公众参与可以更加广泛地调动居民对城市经营的积极性,在提高城市政府行政效率和城市经营水平的同时,还有助于彰显城市的个性和魅力,激发城市创新动力,汇集各类优质人力物力,从而更好地提升城市的吸引力。当前,我国城市管治中加强公众参与的做法已经得到越来越多的人的接受和支持,广州、深圳、上海、青岛、厦门等城市率先做出了尝试。但在实际中仍存在诸多问题,比如参与制度不健全,参与程序不完善,公众参与意识不强,参与的渠道和途径有限,公众参与停留于表面文章、未能实质性深入,参与的组织化程度低,等等。今后应在思想观念和体制机制等方面做出积极改进,为更好的城市经营提供强有力的保障。

参考文献

1. 埃比尼泽·霍华德著,金纪元译:《明日的田园城市》,商务印书馆 2000 年版。
2. 陈岩松:《城市经营——理论·运作·制度创新》,同济大学出版社 2008 年版。
3. 褚大建、刘冬华:"从城市经营到城市服务——基于公共管理理论变革的视角",《城市规划学刊》2005 年第 6 期。
4. 崔曙平:《转型期中国城市经营的系统化研究》,南京大学出版社 2010 年版。
5. 洪银兴、周诚君:"城市经营和城市政府的改革",《管理世界》2003 年第 8 期。
6. 黄璐:"论基于城市核心竞争力的城市经营",《经济体制改革》2004 年第 5 期。
7. 聂辉华:"取消农业税对乡镇政府不同行为的影响:一个多任务委托代理分析框架",《世界经济》2006 年第 8 期。
8. 聂辉华、李金波:"政企合谋与经济发展",《经济学(季刊)》2006 年第 6 卷第 1 期。
9. 仇保兴:"经营城市与城市竞争力",《中共中央党校学报》2001 年第 5 卷第

4 期。

10. 仇保兴:"面对全球化的我国城市发展战略",《城市规划》2003 年第 27 卷第 12 期。
11. 沈立人、戴园晨:"我国'诸侯经济'的形成及其弊端和根源",《经济研究》1990 年第 3 期。
12. 王振有:"关于城市经营主体问题的探讨",《经济学动态》2004 年第 3 期。
13. 张京祥、朱喜刚、刘荣增:"城市竞争力、城市经营与城市规划",《城市规划》2002 年第 26 卷第 8 期。
14. 周建瑜:"城市经营实践与初衷背离及其矫正",《求实》2005 年第 8 期。
15. 周黎安:"晋升博弈中政府官员的激励与合作———兼论中国地方保护主义和重复建设问题长期存在的原因",《经济研究》2004 年第 6 期。
16. Albert Breton, *Competitive Governments*: *An Economic Theory of Politics and Public Finance*, Cambridge: Cambridge University Press, 1996.
17. Charles Tiebout, "A Pure Theory of Local Expenditures," *Journal of Political Economy*, vol. 64, 1956, pp. 416-424.

（李金波，北京大学光华管理学院）

城乡一体化中的城中村管理和改造问题研究

李旭鸿

城市化是当代世界各国社会经济发展的一种重要趋势。在改革开放和市场经济发展的强劲推动下，中国城市化进程持续加快。中国城市化率从1978年的17.9%，发展到了2011年的51.27%，城镇人口首次超过农村人口，达到6.9亿人。在中国城市化快速推进的过程中，出现了一种普遍存在的独特现象——“城中村”。城中村是中国城乡二元体制下城市化发展的产物，城中村已经成为了我国城乡二元体制一元化演化过程中的典型问题集结地。中国下一轮改革发展的重点是改革城乡二元体制[1],而处理好城中村问题是关系到我国城乡统筹发展、形成城乡一体化新格局的重要内容。

一、城中村的概念辨析

在中国快速城市化和城乡一体化的改革进程中,全国几乎每个城市都遇到了城中村问题。城中村是城市郊区农村城市化进程中的特殊现象,是由城市建设急剧扩张与城市管理体制改革相对滞后的矛盾所引发的。

(一) 城中村的概念

城中村是指在我国转型经济城市化过程中,耕地被征占、村民已经基本脱离、村庄已被城区包围,但仍保持传统农村社会经济管理体制和空间居住的农村村落。[2] 城中村现象出现于 20 世纪 80 年代中期城市经济体制改革之后,尤其是改革开放较早的东南沿海大、中城市里。广义的城中村包含位于城市规划区内的城边村、远郊村。狭义的城中村仅仅是指位于城市规划建设区范围内的村庄。

城中村是中国城市化进程中的独特现象,是我国城乡二元体制的产物。从城中村的外延来看,有学者做了下面的划分,见表 1。该划分是从城市区域规划的角度出发,把属于市、区、镇的行政区域范围内,远郊的、尚未具有鲜明城市化特征,但是已经成为城市规划区域的农村也包含在内。其中,A 类和 B 类属于典型的城中村。

---

[1] 厉以宁:"走向城乡一体化",程志强、潘晨光主编:《城乡统筹蓝皮书:中国城乡统筹发展报告 2011》,社会科学文献出版社 2011 年版。

[2] 万举:《转型中的土地产权冲突与融合》,经济科学出版社 2011 年版,第 2 页。

表1 城中村的主要类型[1]

内容＼类型	A类	B类	C类
区位	被城市建设所包围	城市边缘	城市规划区域（远郊）
农用地	无或很少	占部分	绝大部分
居民从事产业	以第二、第三产业为主，土地资源为其主要收入来源	以第一产业经济类为主，兼业化严重	基本为第一产业
基础设施	比较完备	城市部分设施延伸至此，自身建设落后	落后
人口及素质	非农人口比重大，人口分离，流动人口占绝大多数，农民素质较高	农业人口为主，存在部分流动人口，农民受城市文明冲击较大	基本为农业人口，城市文明对当地农民影响较弱

（二）城中村概念与相关概念辨析

1. 城市旧区

城市旧区是指在城市范围内，但是结构和功能衰退老化的区域。这里的“旧”，不是指时间上的旧，也不是指物理上的旧，而是指其整体功能不能满足社会政治、经济、文化的发展和居民生活的需要，因而需要通过旧区更新，对其物质环境进行科学的完善，调整原有用地结构及人口分布，以提高城市整体功能。

---

〔1〕 刘红萍、杨钢桥：“农村城市化中的城中村形成机制与思考”，《农业现代化研究》2004年第4期。

2. 城边村

城边村,也称城郊村、近郊村,一般位于城市市区的边缘或城市的郊区,拥有耕地,大部分村民仍从事农业生产活动,但同时在经济联系与部分基础设施等方面已经尝试紧密结合。随着城市的发展,城边村正逐渐演变为城中村,或直接成为城市的一部分。

3. 西方城市贫民窟

虽然在社会犯罪集中、基础设施薄弱等方面存在共同点,但是西方城市出现的贫民窟与中国城中村是本质截然不同的现象。从西方发达国家来看,绝大多数农村转变为城市是必然的,由于西方国家没有实行城市和农村两套经济社会管理体制,由农村转变为城市是一个自然吸附、互相融合的过程,不存在类似中国的城中村。中国的城中村在本质上不同于西方国家城市的贫民窟。

二、城中村有关研究概述

(一)国外学者的相关研究

在其他国家中,很少有与中国城中村相类似的现象,加上城中村现象出现时间不长,国外学者几乎没有针对中国城中村进行专门研究。但城中村产生的本质是城市与乡村的冲突、融合问题,就这方面而言,国外在城乡边缘地带、城市蔓延、都市村庄、贫民区等方面研究的丰富积累,也能给中国的城中村研究提供一定的借鉴和参考。

德国地理学家赫伯特·路易斯(Harbert Louis)是目前公认的最早提出城乡结合部概念的学者。他在1936年研究柏林城市结构时发现,某些原属于城市外围的地区被城市的扩展所侵吞,成为市区的一部分,他将这一地域称为城市边缘带。城市蔓延指的是城市化区域向未城市化地域的(与其规模)不相称的扩张(Tingwei Zhang,2000),其特征是在城市边缘大片的低容积率、高建筑密度的住宅开发,使城乡间的界线日趋模糊。与欧美国家的城市蔓延相比,发展中国家的城市蔓延过程则要剧烈得多。TingWei Zhang(2000)在论文"Land market forces and government's role in sprawl: The case of China"中以中国大城市为例,把中国城市蔓延的模式和驱动力与美国的进行了对比。英国著名城市经济学家 A. O'Sullivan 在其《城市经济学》书中,给都市村庄的定义是现代城市郊区的次中心,并指出"都市村庄"的发展源于城市郊区化和零售业、写字楼在郊区的集聚。

根据英国地理学者 Susan Mayhew 的定义,贫民区是"穷人住宅的集聚地,通常以混居和拥挤为特征"(1997)。贫民区在发达国家和发展中国家都是广泛存在的,但在印度、泰国等发展中国家尤为严重。贫民区与城中村两种现象形成的机制是不完全相同的。两者相比较,城中村涉及中国特有的土地制度和原住农民利益问题,更为复杂。但两者在景观特征(混杂、拥挤)、人口特征(外来人口、贫困人口为主)、社区特征(与相邻社区隔离)等方面有一定的相似性,贫民区改造的经验、教训可以为城中村的改造方面提供借鉴。

(二)国内学者的相关研究

国内城中村问题研究在社会学、城市建筑学等文献中出现较早,经济学研究文献在城市化进程加快出现大量征地现象后出现较多。社会学、人类学的研究有田野调查的延续性,如延续杨庆堃先生于 20 世纪 40 年代对广州鹭江村的研究,21 世纪初周大鸣(2001)、孙庆忠(2003)对鹭江村作为城中村继续展开研究;蓝宇蕴(2005)、张汝立(2005)、李培林(2002、2004)等对广州城中村的研究,社会学侧重关注城中村的乡村生活共同体的特征,以及城中村变迁中的利益冲突和文化碰撞,也注意到了基于土地及产权变革的人们社会经济关系的变化。城市规划学着重关注城中村的物质实体结构与布局。例如，任文辉和程帆（1989）、古日新和邹东（2002）、姜崇洲和王彤（2002）、黄扬飞（2004）、刘福定（2004）、杨剑等（2005）、徐金礼和马彦琳（2006）等从城市规划建设总体格局来论述城中村的地位和影响，讨论城中村产生的原因。

经济学对城中村的研究论述虽然较晚，但是随着城市化进程的加快和城市化进程中土地问题冲突不断，经济学研究文献发表较多。关于城中村的形成原因，韩冉和李红（2003）、吕宏芬和王积瑾（2005）、包永江和于静涛（2006）认为城中村是城乡二元结构矛盾在城市发展中的缩影；谢志岿（2003、2005）认为城中村是城市化进程中农民仍以土地及土地附着物为主要生活来源、以地缘关系和血缘关系为基础形成的社区；姜崇洲和王彤（2002）认为土地产权残缺是城中村的形成原因；徐金礼和马彦琳（2006）认为城中村是城市在发展的总体规划中不得不保留的农村社区。

关于城中村的分类，广州市规划局和中山大学城市与区划研究中心的《广州市城中村规划建设管理对策研究》课题组（2000）将其分为成熟型、扩展型和形成型；李培林（2002）将其分为处于繁华市区的村落、处于市区周边的村落和处于远郊的村落；刘福定（2004）将其分为旧村古貌、空心村和农民新村；吴智刚和周素红（2005）将其分为典型城中村、转型城中村和边缘城中村；范瑞威（2003）与吴凯和郭建明（2006）将其分为 A、B、C 三类；徐金礼和马彦琳（2006）将其分类为已被改造的农村（城市化的农村）、已被城市包围的农村（典型意义上的城中村）和已列入城中村规划但尚未城市化改造的农村等。这些研究分别对于国家在农地减少过程中的角色及各个利益主体的行为和动机的分析较少。

对于城中村问题的解决，姜崇洲和王彤（2002）提出了改造城中村的“产权明晰、区划控制、加强法治、经营城市”的建议；李俊夫（2005）认为应将土地利用作为城中村改造最佳的切入点，提出“村为主体、改制先行、资产经营、标本兼治”原则；韩荡（2004）分析了许多城中村改造面临的产权、规划、补偿、土地供应困境。在实践中,欧志雄(2005)将城中村改造方案分为珠海模式(政府主导、市场运作)和广州模式(政府引导、分步实施),而深圳模式实际介于二者之间,略倾向于广州模式。

不少文献对地方城中村改造实践进行了总结,代表性的文章如《“城中村”改造的新尝试——深圳渔民村旧村改造的个案分析》(2003)、黄晨光等《广州:关于“城中村”改制改造的探索》(2003)、蒋文红《构筑新型社区产权制度框架——加快“城中村”城市化进程》(2003)、韩荡《高速城市化地区的“城中村”改造——以深圳特区为例》(2003)、阎晓宁《秦皇岛海港区解决“转城村”问题实践与思考》(2002)、童宗煌《温州“城中村”改造实践与探索》(2004)、胜杰、谢慧《城中村改造途径探讨——武汉市城中村改造实践》(2006)等。

三、城中村管理现状及问题——以牡丹江市西安区为例

城中村大多处于国有、集体土地并存、交错的地区,在空间分布、人员构成、产业就业、土地房屋权属、公用设施建设、社会管理等方面均呈现不同于一般城区和农村的特点。笔者结合对黑龙江省牡丹江市西安区的城中村的考察,分析城中村目前的现状及问题。

黑龙江省牡丹江市西安区共有南江、立新、共民、西苑、新安、卡路六个城中村。

卡路村位于牡丹江市区西部,属于城乡混居村。全村 1 630 户,2 245 人,其中农业人口 621 户,2 074 人,全村有耕地 1 044 亩,山林面积为 937.5 亩,养鱼水面为 168 亩。卡路村农业以种植蔬菜等经济作物为主,棚室生产技术先进,为牡丹江市首批菜篮子基地。卡路村地处城郊,交通发达,公路、铁路交错,16 路公交车直通村内,牡宁铁路线途经卡路车站,方便快捷。

西苑村位于牡丹江市西二条路与海浪路交汇处，毗邻市区，交通便捷，加之牡丹江地处301国道和201国道的中心位置，是黑龙江省东南部交通枢纽，占地面积0.2平方公里。总人口146户、378人。有耕地225.64亩，全村总收入3 313万元，固定资产268万元，其它资产521万元，西苑村地理位置优越，环境优雅，已在城镇化道路上进行了有益的尝试，村里有集体企业——牡丹江机动车交易中心，是全省东南部最大的机动车集散地。

立新村坐落在牡丹江市西南城乡部的狭长地带。全村共有总户数738户、总人口2 277人，耕地面积1 418亩。立新村的农业以种植蔬菜为主。立新村是典型的城中村，村域内工业、建筑业和服务业较发达，人多地少，工农混居。

共民村位于牡丹江市区西部，有耕地面积1 080亩，全村农业户523户、1 760人，村委会坐落在西新安街与西八条路交叉口，是一个以种植蔬菜为主、养殖业为辅的城乡结合村，村域内工业、建筑业和服务业较发达。

新安村位于牡丹江市市区西十二条路长安街和牡丹街之间，城乡结合部，城乡混居。全村农业户105户，农村人口为320人，耕地面积为555亩。新安村系朝鲜族村，70%以上的青壮年劳动力实施对韩劳务输出，使土地合理流转，集中到种田能手中，农民的收入得到大幅度提高。新安村与牡丹江市西安区西长安街——朝鲜民俗风情街相连，成为牡丹江市对外开放的一个窗口。

南江村坐落在牡丹江市中心滨江公园西侧，全村有555户，1 200人，共7个村民小组。以农业种植和养殖为主体产业，农业种植品种：玉米和黄豆，养殖业种类：生猪、蛋鸡。村经济组织现有固定资产1 800多万元，厂房占地面积17 000平方米，水、路、电、有线电视、通信网络已进户；村路、主要干道水泥路面和两侧排水沟已竣工完成；自来水水质达到国家饮用水卫生标准；有线电视安装户率100%；电话普及100%，宽带信息网络户率80%，基本实现生产生活信息化。目前,南江村已基本实现了城中村向城市化的转型。

(一)城中村管理现状

1. 空间分布呈现一定的圈层式格局

我国很多城市都是以老城区为核心进行"摊大饼"式的空间拓展,由于城中村因城市快速扩张而逐渐形成,因此,城中村的空间分布也呈现出一定的圈层式格局。牡丹江市也呈现上述特点,临近农业区域的城市外围区域的城中村数量最多,城市核心区域城中村的数量相对较少,但越是位于城市中心区域的城中村,建筑和人口越是密集。

2. 土地房屋权属性质多样

城中村土地权属主要是集体所有的农用地和建设用地,还有一些已经转为国有,但实质上其土地处置权仍保留在原农村集体经济组织。城中村的房屋类型较多,包括村民自建住房、村集体组织用房、农转居公寓,以及其他少量社会公益或配套用房等,其中有大量村民自建的没有办理权属登记或者权证不齐的房屋。

3. 人员构成与就业状况复杂

城中村居住人员中外来人员占有较大比重,据对沿海一些城市的调查,外来人口普遍占到城中村居住总人口的60%以上,最高的村可达到90%以上。[1] 从牡丹江市西安区调查发现,城中村居住人员的职业成分复杂,除村民外,还普遍有工厂工人、营业服务场所服务人员、个体户,还有一定比例的无业人员;城中村内普遍没有发达的工商业,村民的经济收入主要是原种植业、养殖业,以及依靠出租房屋、村集体经济分红以及经营小规模的商业、餐饮业等。

---

〔1〕 陈湛:《城市化进程中的城中村问题研究》,云南大学出版社2009年版,第30页。

4. 公益性公共设施较少

目前城中村的公共设施中商铺较多,但教育、文化、体育、绿地、道路广场等公益性设施的数量较少、档次不高,表现在城中村的土地利用结构上,居住用地的比重较高,而其他的社会公益性用地的比例明显较低。

5. 社区管理主要还是农村管理特征

在牡丹江西安区,村民的生活空间形态主要还是传统农村形态,南江村、新安村村民居住形态已经是社区式,而城中村的社会管理基本保留原村委会模式,村委会用于日常运转和公共服务设施建设、维护的经费多为村集体自筹解决。在以前已经实现撤村改居的城中村,村委会改为社区居委会,其居委会工作人员往往由原村干部转任。

(二) 城中村管理中存在的问题

结合牡丹江市西安区城中村的发展现状分析,六个城中村的发展很不均衡,没有进行城市改造的村屯主要存在以下问题:

1. 基础设施薄弱。道路、供水、供电、排水、垃圾处理基本没有纳入城市管理,脏、乱、差、挤、旧等现象十分突出,路面自然损坏、坑洼不平、宽窄不一。各种管道、电线杂乱无章,排污不畅,内涝时有发生,垃圾乱堆,卫生死角多,环境恶劣,并且缺乏公共绿地与体育等基础设施。严重影响村民生活水平的提高和城市区域环境的改善。

2. 建筑质量参差不齐,安全隐患较多。城中村的住宅建筑新旧混杂,等级差异较大,近期的、上世纪七八十年代的、甚至新中国成立前后的住房均有,老房屋大多是木、石、砖木结构住房,陈旧破烂,无卫生设施。建筑质量总体不高,私搭乱建较多,没有宅基地的村民基本住在耕地中的看护房里,卫生环境较差,极容易引发各类疾病,存在公共安全隐患。高密度、低质量的建筑在遇到火灾、地震等自然灾害时，往往会造成较严重的损失。由于城中村内道路狭窄弯曲，导致消防通道严重受堵，消防安全隐患突出。

3. 治安形势严峻。村民、外来人员、居民混合居住，村民大多游手好闲无所事事，社会综合治理压力很大，在一定程度上构成对群众生命财产安全的威胁。

4. 就业问题突出。由于土地稀少，大多村民的棚室都已出租，靠租金生活，与城市居民相比，在城市就业中存在着高不成低不就的现象，处于明显弱势，村民发展面临许多困难。

（三）西安区进行城中村管理探索的成效和改造中存在的问题

随着城市化进程的不断推进，牡丹江市西安区较早进行城镇化建设的共民村、新安村、南江村面貌发生了较大变化。

1. 环境的改变：由于高起点、高标准进行规划和建设，改造的村居住与商业办公兼容，各种配套基础设施齐全，绿化、净化、美化达到了有关要求。

2. 住房条件的改变：平房换成了采光充足、通风良好、结构合理，水、电、气、暖、有线电视等居住配套设施齐全的楼房。同时楼房也有一定的升值空间。

3. 由于进行了社区化管理，警务设施齐全，治安状况明显好转。

4. 村民个人收入的改变。城中村改变后成为功能齐全的综合区域，蕴含着巨大商机，给安置在该区域内的部分村民提供了一定的就业岗位，同时为村民从事第三产业提供良好的区位优势，部分村民收入有了一定的提高。

虽然牡丹江市西安区城中村在城镇化建设方面取得了重大的突破，但在改造过程中依然存在一些问题和困境。

1. 缺乏规范性指导意见。目前，牡丹江市旧村改造项目的运作实施缺乏指导性意见的规范约束，对旧村改造项目规划、土地、拆迁、建设、后期管理等缺少统一的指导意见来规范监督。因此,必须坚持规划先行的原则,在现有城乡一体化规划的基础上,应抓紧编制城中村改造总体规划以及分区控制性详细规划。

2. 城中村改造范围内的失地村民全部转成城镇户口,并未给他们带来社会保障待遇的实际转变。西安区政府反映,城中村改造后,集体土地以货币补偿方式一次性被征收,村民完全失去了土地。由于普遍缺乏相应的生产技能,很多村民陷入了“种地无田、上班无岗、低保无份”的困境。部分村民失去土地后,失地农民在拿到征地拆迁补偿款后,由于不懂得如何理财,很快就把补偿款挥霍一空,成为社会不稳定因素。因此,应针对不同年龄阶段为失地村民建立起以养老、医疗等为重点的社会保障体系,以切实保障失地村民的利益。另外,失地农民的征地拆迁补偿款不应全部发放到村民手里,应为失地村民购买医疗保险、养老保险等“五险一金”或平等的享有城市居民一样的教育、社保等待遇,这样,失地村民的后顾之忧就解决了。

3. 基层政府和村委会建议,城中村在进行改造时,应按功能统一规划,各项基础设施维护管理等工作全部纳入到城市大规划之中。既有居住区,也应有商服区域,集体所得部分不应该进行再次分配,应盘活这部分资金,采取股份制联营企业或自建商服中心、村民入股、年底进行分红的方式,优先雇佣入股村民,这样既增加了村集体积累和发展,又提高了村民的收入,再次保障了村民的利益。此外,还应对失地农民进行就业培训,引导就业,扶持创业,使失地农民真正过上城镇居民的日子。

综合来看,城中村降低了农村人口流入城市的门槛,是一个低成本进入城市化的切入点。这是我国城市化过程中必然出现同时也是必需的产物。与此同时,城中村存在基础设施、社会治理、居民就业、发展前景等方面的问题,被称为城市的“瘤子”,成为制约城乡一体化进程以及制约城市发展的重要障碍。

四、城中村产生的原因分析

城中村可谓是我国城乡二元结构的集中反映和典型代表，虽然其行政隶属关系上已经作为城市社区，却依然保留着农村的生活方式和行为习惯，并未完全融入城市经济与社会生活。究其形成的主要原因，既包括城市化扩张的客观因素，又受到城乡二元结构体制等主观制度性因素的根本影响。

（一）工业化与城市化的快速发展是城中村现象产生的直接原因

城中村的产生与形成是我国近些年城市化进程快速推进的结果。1978 年到 2009 年，是我国工业化和城市化迅速扩张的 30 年，国家统计局公布的数据表明，其间城市数量由 193 个增加到 655 个，增加 462 个；城市化率由 17.9% 增加到了 46.6%，提高了 28.7%；城市建成区面积超过 3.8 万平方公里，城镇居民人均住宅建筑面积由 6.7 平方米增加到 28 平方米。城市与城市化的快速扩张，必须要有大量土地支撑以满足扩张的需求，必须要通过征收城市周边农村的耕地获得扩展的空间，于是城市近郊的农村就被高涨的城市化浪潮所席卷，实现了“城市包围农村”。城市扩张绕过了农民聚集的村落，只征收了他们的土地资源，而没有将农村人口真正地融入城市，于是一个个的“孤岛”，即城中村产生了，如图 1 所

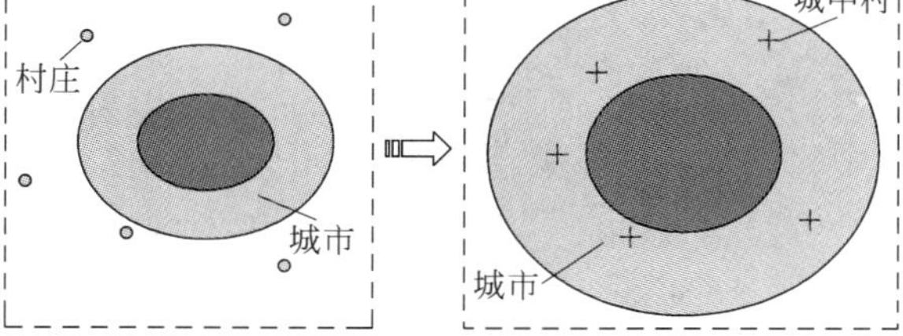

图 1　城中村形成的示意图

示。因此，工业化与城市化的快速发展是城中村现象产生的直接原因。

（二）城乡二元体制是城中村形成的深层次制度性因素和根本原因

世界上的发展中国家普遍地存在着城乡二元结构（包括社会结构和经济结构），它主要表现为国民经济由现代城市工业部门和传统的乡村农业部门所组成。这种二元结构是发展中国家在实现工业化、城市化过程中自然出现的现象。一般发展中国家二元结构是在经济发展因市场机制原因自然形成的，虽然城市产业比农村产业先进，但因为生产要素可以在城乡之间自由流动，城市对农村的经济辐射又能带动农村经济的发展，农村剩余劳动力能够被城市产业逐渐吸收，从而可以使二元结构相互转化。我国的二元结构受集中式计划经济体制和优先发展重工业的工业战略偏差制约，表现出与其他发展中国家不同的特殊性，形成了城乡封闭的二元经济结构与社会结构，以及并存的一系列制度安排，如城乡二元土地所有制、城乡二元户籍身份制度、城乡二元分配制度、城乡二元社会保障制度等。我国实行的城乡二元结构体制是城中村形成的深层次制度性因素，也是根本原因所在，其具体表现为以下方面：

1. 城乡二元土地制度是城中村产生的核心因素

我国的土地制度在世界上是独一无二的，根据城乡实行不同的所有制度，即所谓的"土地的二元所有制结构"。《中华人民共和国土地管理法》第二条规定："中华人民共和国实行土地的社会主义公有制，即全民所有制和劳动群众集体所有制"。根据《中华人民共和国宪法》第十条、《中华人民共和国土地管理法》第八条规定，"城市市区的土地属于国家所有，农村和城市郊区的土地，除由法律规定属于国家所有的以外，属于农民集体所有；宅基地和自留地、自留山，也属于集体所有"。城中村作为都市里的村庄，呈现出了最为典型的国家土地所有权和农村集体土地所有权两种差异明显的城市内部土地二元结构。城市的扩张只能征用农民作为生产资料的耕地,一般不能征用农民作为生活资料的宅基地;同时政府为了避免或降低高额的征地补偿、房屋拆迁补偿、居民就业安置等成本,因此通常选择交易成本最低的城市化方式,在城市规划中绕过城中村,避开农民的居住区,原来的农村就变成了"孤岛"。

2. 农村集体土地换取经济利益的行为强化了城中村形态

城中村中的农民因外来人口急剧涌入城市而带来了难得的获利机会,特别是随着城市的经济发展,城市的土地价格也日益攀升,高昂的地价使处于优越地理位置的城中村聚集了雄厚的集体财富,无耕地的村民凭借其有利的区位条件,在自己拥有使用权的宅基地上大量地建造房屋以供出租,并以此获得了不菲的收入,城中村村民成为了新型的"租金食利阶层"。村集体开始在留用地上与房地产商合作开发商业地产和住宅,诸多的农民则在各自的宅基地上大量地建房。建房者在有限的宅基地上,一方面通过超高建筑来实现利益最大化,另一方面通过侵占公共空间来实现利益最大化。从个体理性选择的角度看,城中村这种特殊的建筑群体和村落体制的形成,是城市外来务工人员大量出现以及在土地和房屋租金快速增值的情况下,农民追求土地和房屋租金收益最大化的结果。原来城市化排斥城中村,转变为如今的城中村拒绝被城市化、市民化。经济收入的路径依赖,极大地强化了城中村长期存在和发展的现实性与被拆迁改造的艰难性。

3. 城乡二元人口管理制度

城乡分割的户籍管理制度是1958年以后逐步建立和发展起来的,是计划经济的产物,更是短缺经济的结果,是根据当时农业生产率低、农产品供给不足做出的理性抉择,与当时实施的粮油等主要农产品统购统销、计划配给制度是一致的。以户籍管理制度为核心,人为地划分为农业户口与非农业户口自计划经济时期形成,旨在抑制人口流动的户籍制度,在当今人口自由流动的时代仍然发挥着“束缚”和“锁定”功能。城中村在城市化的过程中,人口本应随着土地同时实现非农化,然而由于户籍制度的“锁定”,使得土地城市化了,村民却仍然是农民。户籍制度迟迟未松绑,却又使得城中村的村民由边缘人群迅速转变为既得利益者,他们在享受城市提供的交通、教育等各种公共服务设施的同时,仍然可以享受其他农民应有的权利,比如以户籍制度为核心的计划生育、人口迁移、宅基地分配等政策,这种双福利也加强了他们对目前现状的认同。

4. 城乡二元行政管理制度

农业户籍的村民城中村所保留的农村行政建制,由村委会从行政上进行管理,农村社区具有特殊的血缘、地缘纽带,农村行政管理体制成为这些村庄在城市化过程中实现自身利益最大化的“体制外壳”。

(三)城中村形成的历史文化原因

除了城市化推进的客观因素和制度性的主观因素以外,城中村的形成还有其历史文化原因。在我国乡村社会,宗族通常是村落的一个重要组成部分,宗族和村落重叠现象更为严重。宗族文化迟滞了从乡村聚落到都市村庄的演进。传统观念的文化土壤、都市环境的心理适应以及经济利益的内在牵引是都市村庄得以存续的条件。城中村是以血缘和地缘为基础形成的社区,居民的乡土观念较重,尤其对村落历史的认同,是城中村形成的历史文化因素。

五、城中村管理和改造的主要模式

(一)城中村管理和改造的意义

城中村是城市化的前沿阵地,是城市化各项政策引发矛盾的焦点,处理好城中村问题是关系到我国城乡统筹发展、形成城乡一体化新格局的重要内容。城中村问题的解决是统筹城乡发展的矛盾焦点，是城市化扩张和新农村建设平衡的支点。城中村也是中国户籍制度改革的前沿战场，城中村中的户籍制度改革将为全国户籍制度改革奠定良好的基础。城中村改造，对实现城乡统筹，推进中国特色的城镇化和城市健康发展，促进社会公平和建设节约型社会都具有重要意义。

城中村是城乡一体化改革各种矛盾的集中体现。城中村在其他国家城市化过程中没有出现过，在中国历史上也没有出现过。城中村的出现和改造，是城乡二元体制理论的新发展，城乡不是非此即彼的关系，城中村是一种城与乡转型的中间状态，也是一种均衡，这种均衡必然走向城市化，如何打破这种均衡，并良性发展，需要外界力量介入的强制性制度变迁。

（二）我国城中村改造的主要模式

1. 珠海模式

珠海的城中村改造模式是由政府引导房地产商改造开发城中村的模式。政府在改造中起着决策引导，制定改造规划，出台改造优惠政策的作用。改造的主体为房地产商，政府通过公开招标引入有实力的开发商，由开发商筹集资金完成改造工作。改造方式为拆掉旧村彻底重建，建设商品房和商品房化的安置房。拆迁补偿方式为实物补偿为主、货币补偿为辅，补偿比例为1∶1（补偿标准以内）和1∶1.2（未达规定面积）。土地权属由集体土地转为国有土地，转让期限为70年。体制变更方面有撤村（委会）建居（委会）、村民变市民、村办企业改股份公司、村民变股东等。

2. 广州模式

广州的城中村改造模式是由政府引导村民自行开发改造、不允许房地产商进入的模式。政府在改造中起着制定政策，出台优惠、扶持政策，积极引导的作用。改造的主体为村集体和村民，政府提倡按照“谁出资、谁受益”的原则，村集体和村民个人出资为主，区财政拿出一部分配套资金，由城中村自行改造开发，不允许房地产商介入。改造方式为重建、改建与维护相结合。拆迁补偿方式由各城中村根据具体情况自定。土地权属由集体土地转为国有土地。体制变更方面有撤村（委会）建居（委会）、村民变市民、村办企业改股份公司、村民变股东等。

3. 杭州模式

杭州的城中村改造模式是由政府统筹改造城中村的一种模式。政府在改造中起着组织作用，市政府负责城中村改造政策制定和工作考核，市规划局负责编制城中村改造的规划，区政府统一运作、统筹平衡本区城中村改造。集体土地转为国有后由政府招标建筑公司建设安置村民的农转居多层公寓，部分地块用于出让以解决建设资金平衡需要，这类地块由各区政府会同市土地储备中心整理成净地后，交市国土资源局公开“招拍挂”出让，土地出让金的35%上交市政府，65%返还各区政府用于全区城中村改造试点的整体改造。拆迁补偿方式为城中村居民原房屋评估定价，按建安价折抵购买新建多层公寓。城中村改造资金来源统一在区级城中村改造资金专户中安排，由各区政府“区内调控、自求平衡、包干使用”；各区城中村改造资金包干使用后有结余的，用于其他撤村建居村的农转居多层公寓建设和本区内撤村建居范围各项基础设施建设。体制变更方面有撤村（委会）建居（委会）、村民变市民、村办企业改股份公司、村民变股东等。

4. 深圳模式

深圳的城中村改造模式是政府引导、市场主导、多主体开发的模式。政府在改造中起着引导作用，主要表现为制定政策、出台扶持和优惠措施。改造的主体为房地产商（政府通过“招拍挂”出让土地给房地产商由其筹资开发）、城中村集体（城中村股份合作企业自行组织改造），以及以上二者的结合（城中村股份合作企业联合房地产商合作改造)。城中村改造资金来源为房地产商、城中村集体和村民,政府财政支持。改造方式为重建、改建与维护相结合。拆迁补偿方式以货币补偿为主、产权置换为辅,具体标准一村一策。土地权属由集体土地转为国有土地。体制变更方面有撤村(委会)建居(委会)、村民变市民、村办企业改股份公司、村民变股东等。

六、推进城中村改造的措施和建议

笔者认为,普遍意义上城中村改造的原则:不应进行大规模彻底消除性质的改造;改造应是一个综合性质的改造;同所处的工业化、城市化阶段以及整个城市的发展相互协调的改造;实施"自下而上"与"自上而下"相结合的改造;实施中小规模的、逐步的改造。城中村的改造应根据各地具体的情况,制定适宜的改造目标,选造恰当的改造模式。城中村改造涉及社会组织和社会管理、规划、拆迁(补偿)、融资、集体经济、就业和社会保障等一系列问题,政府应研究制定好各方面的政策措施。

(一)城中村改造的关键在于实现城乡一体化

城乡二元体制是城中村形成的根本原因,城中村改造的关键在于实现城乡一体化。

1. 实施城中村的户籍和经济社会管理体制的一元化管理

当前实施城乡二元隔离的前提基础已不存在,且它极大地阻碍了城中村改造的顺利进行。城市户口拥有的福利功能,把城乡居民区分成两个发展机会与社会地位不同的阶层。一方面,城中村村民同时享受着城市的基础设施与农村的福利待遇,阻碍了其自发进行身份转换的动机;另一方面,正是由于福利与社会保险机制的不健全,使城中村村民仍无法摆脱土地作为其赖以生存的基本生产资料的功能，而不得不依附于土地。因此，取消现有以世袭身份为准则的户籍制度，实施城乡统一的户籍，完善现有社会保障制度，建立城中村村民失业、养老社会保障制度，已成为改造城中村的根本措施。

2. 建立城市与城郊土地和房产的统一市场，化解土地二元制问题

实现农村集体建设用地与市地的平等发展权，是有效改造城中村的关键。城市郊区农村集体经济组织可以以土地入股的方式，将建设用地纳入土地市场进行流转，建立城市与城郊土地的统一大市场，以城市边缘农村集体用地的上市流转作为城市用地供给的来源，以消除农地征用的低成本与城中村改造补偿之间存在的价差，成为有效改造城中村的途径之一。从而不仅可以减少由于隐性市场的存在产生的土地无序建设与流转，提高城市边缘土地的利用效率，而且以合法途径规范了城市扩张用地的取得方式。

（二）城中村改造的主要操作方式

1. 城中村整治

除少量市政公用设施外，基本不涉及建筑的新建，通过多种手段改善城中村的居住环境，包括：历史文化遗存保护、建筑外观改善、公共空间改善、市政公用设施改善、公共配套设施改善和道路交通设施改善。解决安全隐患和市政基础设施不足问题是城中村整治的首要工作。

2. 城中村改造

通过建筑物的拆除和新建等手段彻底改造城中村的建筑形态和居住环境，原则上改造必须满足城市规划和建设标准，改造后按照相关规定可以取得完全产权，且城中村空间形态基本上和城市一般社区相同。城中村改造通过改变物质空间形态的方式促进城中

村社会组织形态等各方面的彻底改变，达到城中村与城市全面融合的目标。

（三）城中村改造的规划政策建议

1. 充实城市总体规划，将城中村改造作为重要专题和内容

城市总体规划应对建成区和城中村地区的建设做到统一规划管理，统筹安排城乡市政基础设施和教育、文化等公共设施，解决外来人口的生活和居住空间需求。

2. 妥善安排城中村改造项目的时序和规模

近期建设规划要综合考虑城市规划区范围内城中村的现状、农用地和集体建设用地的土地产权属性和范围、整治或改造需求及可行性，统筹安排城中村地区未来的用地结构和空间布局。统筹安排城中村整治或改造项目布局、规模和时序，防止项目安排的任意性。在空间上合理安排待改造城中村的安置场所和回迁住房建设，解决村民的后顾之忧。

3. 注重城中村改造调查以及规划制定中的利益协调

在城中村改造的规划拟定过程中，应注重对各方利益进行问卷调查，调查内容主要包括：城中村现状、问题及成因、村民改造的意愿、改造方式、资金筹集、运作模式、拆迁补偿安置要求和配套政策建议等。制定城中村改造规划及计划的编制技术规范，应包括：城中村现状、问题、改造的目标与功能定位、地块划分和规划控制指标、建筑功能和空间结构、实施时序安排、运作模式、拆迁补偿和配套政策等。

4. 实施城中村地区的动态监测

将城中村地区纳入动态监测，即时了解城中村空间资源的开发利用及其变化趋势，掌握城中村空间发展变化的状态，及时发现并纠正违法建设行为，避免新的违法建设活动进一步恶化城中村问题。

参考文献

1. 程志强、潘晨光主编:《城乡统筹蓝皮书:中国城乡统筹发展报告 2011》,社会科学文献出版社 2011 年版。
2. 陈湛:《城市化进程中的城中村问题研究》,云南大学出版社 2009 年版。
3. 厉以宁:《非均衡的中国经济》,中国大百科全书出版社 2009 年版。
4. 刘梦琴:《村庄终结:城中村及其改造研究》,中国农业出版社 2010 年版。
5. 万举:《转型中的土地产权冲突与融合》,经济科学出版社 2011 年版。
6. 王新、蔡文云:《城中村何去何从? ——以温州市为例的城中村改造对策研究》,中国市场出版社 2010 年版。
7. 轩明飞:《村(居)改制:城市化背景下的制度变迁——以济南市前屯改制为个案》,社会科学文献出版社 2008 年版。
8. 姚一民:《"城中村"的管治问题研究——以广州为例》,中央编译出版社 2008 年版。
9. 〔法〕H. 蒙德拉斯:《农民的终结》,社会科学文献出版社 2005 年版。
10. 〔美〕西奥多·W. 舒尔茨:《改造传统农业》,商务印书馆 2003 年版。
11. A. O' Sullivan, *Urban Economics*, 4e, The McGraw-Hill Companies. Inc. ,2001.
12. Tingwei Zhang, "Community Features and Urban Sprawl: the Case of the Chicago Metropolitan Region," *Land Use Policy*,2001,(18).
13. Tingwei Zhang, "Land Market Forces and Government's Role in Sprawl: The Case of China,"*Cities*, 2000,17(2).

(李旭鸿,北京大学光华管理学院)

浅析农村中小企业的发展与新型城镇化

潘 江 王怀豫

一、新型城镇化的路径选择

（一）什么是城镇化

“城市化”（urbanization）一词最早由塞尔达（1867）在其《城市化的理论问题》中提出，在上世纪70年代末80年代初由我国地理学家吴友仁引入社会主义城市化问题的研究；他指出，所谓城市化，就是指变农村人口为城镇人口的过程。事实上，国外并没有专门关于“城市化”与“城镇化”的用词区别，可以说，“城镇化”是我国二元结构及经济发展中所特有的概念，与西方国家的发展路径并不相同。所以,发达国家有关"城市化"的进程和经验也只能提供参考,我国的城镇化进程需要结合目前我国的实际国情和经济发展水平因地制宜地进行。

不同的专家学者从不同的研究领域对于"城镇化"的概念进行了定义,从经济学的角度来看,城镇化是由于社会经济发展而引起的人口分布以及相关产业经济要素与资源再分配的过程,是社会生产力发展导致的人类生产生活以及居住方式改变的过程。简单来说,城镇化是工业和农业、城市和农村发展的共同要求。从农业方面来说,农业生产力的提高使得农村产生了资源和劳动力剩余。同时,城市工业的发展需要更集中的资源分配和经济辐射,包括劳动力和相应配套的提供。连接城市和农村的城镇在这一过程中起到了桥梁的作用,最直接的体现是为城市发展提供了第二、第三产业的配套和吸纳了农村的人力资源,实现了产业结构的调整和人口布局的改变。

中国的城镇化被认为是21世纪世界经济发展的两大引擎之一(陆昊,2011)。我国在1950—2000年间主要是通过工业化来推进经济社会发展,以后经济发展方式将以推进城镇经济为主要推动力(王国刚,2010)。刘彦随(2010)指出,城镇化是我国经济增长的最大潜力,新农村建设则是我国最大的内需,城镇化不仅是城镇建设问题,更是统筹城乡发展的战略问题。

(二)我国城镇化取得的成就

城镇化是国家经济发展的产物,与国家工业化发展相伴随,是生产力发展的必然产物。城镇化问题是当代中国经济社会发展的重大课题,也是涉及国民经济协调发展的根本问题。城镇化率是衡量一个国家现代化程度的重要指标(厉以宁,2010)。所谓城镇化率,是指一个国家或地区城镇人口占其总人口的百分比。根据国家统计局提供的资料显示,1978—2005年间,中国城市从193个增加到660个，城镇数从2 173个增加到19 522个，城镇人口从1.72亿增加到5.62亿。1980年，我国城镇化率只有19.5%（姚士谋等，2011）。而根据《2011中国城市发展报告》，我国目前的城镇化率已经达到51.27%，人均GDP超过5 000美元。根据国务院发展研究中心的预测，到2020年，中国城镇人口扣除没有城镇户口的且在城镇居住六个月以上的人员以及未转入城镇户口的失地农民后的人口比，即净城镇化指数将达到60%，与中等发达国家的水平持平。总的来说，中国的城镇化建设在短短三十年中取得了巨大的成就，其速度远远超过了很多西方发达国家的水平，并且仍具有较大的发展潜力。

（三）我国城镇化存在的问题

如前所述，城镇化是一个国家经济发展水平的体现。但是，中国的城镇化水平落后于其经济发展水平（陆铭和陈钊，2004）。2010年，中国第二、第三产业占GDP比重分别为46.8%和43.1%，而同期的第二、第三产业的就业比重仅为28.7%和34.6%，城镇人口比重为50%。[1] 近8亿的劳动力中，第一产业仍吸纳了超过1/3的就业人口。另外，虽然目前我国的城镇化率较高，但是各地的城镇化水平参差不齐，差异较大。有学者认为，中国的城镇化水平落后于经济发展水平与长期以来的“城乡二元”经济政策有关，这种城乡二元结构的体制和户籍制度大大限制了中国城乡间和地区间的劳动力流动（蔡昉等，2001；陆铭和陈钊，2004）。已有的城镇化并未能与更好地解决“三农”问题紧密结合，其中一个直接的表现为，按现行的居住地统计的城镇化率与按传统的户籍统计的城镇化率相差达到21.57个百分点，这部分人口即为离乡半年以上的近2.9亿农业户籍人口，这部分人在城镇居住工作但缺乏相应的制度保障，

---

〔1〕《中国统计年鉴2011》。

难以带动农村地区的住宅格局和耕地使用的实质变化,这也是近年来快速城镇化背景下难以在整体上推进农业现代化的症结所在(陈锡文,2011)。

面对城镇化过程所取得的巨大成就,我们也要反思,以扩大城市规模、城市工业化和劳动力向城市集中为特点的城镇化也引发了一系列问题。一是城乡分割的户籍制度、就业制度、医疗教育等社会保障制度,使农民工没有机会融入城市,享受城市居民所享受的待遇。二是城市生活成本不断上涨,尤其是住房成本过高,成为了阻止农民工落户城市的主要障碍,使农民工即使在城市工作几十年,也很难在城市拥有自己的住房。据在山东、河南的调查显示,80% 以上的农民愿意进大城市打工,但选择回家盖房或城镇买房(刘彦随,2010)。三是"留守儿童"等社会问题逐渐凸显。据全国妇联 2008 年《全国农村留守儿童研究报告》显示,农村留守儿童的总数约 5 800 万人。留守儿童面临教育、心理、安全等问题,长期发展所积累的社会风险越来越大。四是城市企业发展过程中遇到劳动力供给瓶颈。在劳动力无限供给的情况下,城市企业得到了迅猛发展,但是这种低价劳动力供给状况不能一直存在,近年来东部沿海地区的很多企业都不同程度上出现了"民工荒"问题。五是近年来在很多城市里,随着城市建设和企业的快速发展,土地资源供给已经难以为继,与之伴随的城镇化与农用耕地之间的矛盾以及失地农民的利益机制等制度性问题日益突出。

(四) 我国城镇化的发展方向

目前世界上的城市化主要可以分为四种:一是西欧模式的集中型城市化,以英国为典型代表,指的是,农村人口和非农经济活动不断向城市聚集,并使城市得到不断发展的城市化;二是美国模式的扩散型城市化,即城市区域的人口、生产要素、经济活动和基本功能不断向外传导和辐射,将其周围的非城市区域,包括次级城市和城镇转化为城市区域;三是拉美模式的过度城市化,这是由于经济社会发展的二元结构,城市化大大超过了工业化,造成城市化与经济发展阶段相脱节,最典型的表现是由于缺乏统筹规划所造成的高失业率和城市贫困问题等;四是印度模式的滞后城市化,即城市化落后于工业化和经济发展水平,从而导致极大的贫富差距,典型的例子包括印度、埃及、巴基斯坦等国家(陈卫东和周景彤,2010)。不同国家和地区的城市化模式不尽相同,其城市化的模式既有自身的历史和物质原因,也有深刻的社会制度和价值文化的差异。

对于我国的城镇化水平,不同学者间观点存在较大差异(白南生,2003)。简新华和黄锟(2010)通过实证分析和国际比较,认为目前中国城镇化水平是滞后的,但速度是基本合适的。基于我国城镇化所取得的成就和目前存在的问题,政府对于中国城镇化提出了新的路径选择,即中国的城镇化是与工业化、农业现代化协同推进的城镇化。因此,中国下一步城镇化的路径不能是单一的城市化,而应该是城乡一体化,并且是双向城乡一体化。在这种城乡一体化的进程中,关键在于农村地区的发展,这就需要各种要素不仅要从农村流向城市,更要从城市流向农村,促进农村发展,推动农村新社区建设,推进农村工业化、农业产业化和农村第三产业的发展。

二、新型城镇化与农村社区化

中国的城镇化将在五个层面上展开:第一层面为打造如北京、上海等全球性城市;第二层面为发展区域性的大型中心城市,如南京、天津、武汉等;第三层面为依托省会城市,发展能够促进本省区经济发展并对周边省区产生重要影响的中心城市;第四层面为建设以本地市为经济中心的省内重点城市;第五层面则是各县镇乡,即城镇化的基础性层面,对于解决农村人口向城镇转移起着至关重要的作用(王国刚,2010)。所谓的新型城镇化,指的是"就地城镇化"。从地域上来说,依托当地农村的基础设施和条件进行社区建设。新型城镇化能够解决户籍制度障碍、社会保障制度障碍、土地制度障碍、公共住宅障碍、教育与培训障碍以及城市设置工作长期停滞等中国城镇化发展存在的六大直接的制度障碍(叶裕民,2006)。从人口布局来说,就地城镇化即将当地的农村人口通过社区建设的方式转变为城镇人口,从而减少大量的人口迁移和居住的重建成本。从产业布局来说,就地城镇化更便于因地制宜,充分利用当地资源进行工业产业的发展,有利于专业化分工与当地经济特色相结合,形成更适合当地发展的产业,同时也为未来农村第三产业的发展奠定了基础。新型城镇化主要包括以下几个方面的内容:

(一)农村新社区建设

著名经济学家厉以宁教授最近在"县域经济发展高层论坛"上指出:"中国的城镇化道路等于'老城区+工业新区+农村的新社区',这'三区合一'就是中国自己独特的城镇化。"其中,农村的新社区指的是经过改造的新农村,不再以村为建制而是成为社区建制。农村新社区的发展包罗万象,包括土地的改革、劳动力水平的提升、保障措施的改革、社区的规划建设等等,但是最主要的是农村产业发展,产业发展是农村新社区形成的关键。通过农村产业的发展,能够达到促进农民充分就业,提高农民收入,最终形成农村新社区的目的。通过建设农村新社区,除经济发展和产业布局外,城镇的文化、教育、医疗等各项公共服务也可同步向农村延伸,从而提高当地居住人口的生活水平和整体素质。如河南省目前推行的就地城镇化就是一个典型的例子,在洛阳市建造的新型农村社区,就是在农村按照村庄建设规划和土地利用规划建设的具有社区服务和管理功能的新型农村居住区，在该社区居住的居民除在居住条件等方面与城镇接近外，还能够以自住房屋进行贷款，解决融资难的问题。

（二）农村工业化

如前所述，中国城镇化的新型路径选择是与工业化、农业现代化协同推进的城镇化。这里所提到的工业化不仅仅是城市的工业化，也包括农村的工业化，因为早在上个世纪 90 年代初期，他就提出我国不能走从传统农业社会直接转变为现代工业社会的发展道路，而必须经历一个农业部门、农村工业部门与城市工业部门并存的三元结构时期。

新型城镇化的过程也是一个产业和人口逐步调整的过程。在城镇化的过程中，大中型城市将成为未来高端技术以及服务业的主要集聚地，而耗能相对较高、对劳动力素质要求相对较低的工业产业，尤其是制造业，将逐步转移到资源成本和劳动力成本相对较低的城镇区域和农村地区。另一方面，农村地区生产的初级产品要想经过初步加工和深加工以获得较高的附加价值，以及农业特色产业的发展，都需要农村工业化的发展。

农村的工业化可以吸纳农村剩余劳动力，提高劳动力工作效率，优化农村劳动力配置，同时也会给农村地区带来资金、技术、人才、信息等生产要素，不仅能够带动农村产业结构的调整，有效、快速、持续地提高农民收入，而且在一定程度上还可以实现更好地反哺农业，推动农业技术发展，提高农民技能，并进一步推动农业产业化以及第三产业在农村地区的发展。

（三）农业产业化经营

推进农业产业化经营，势必要促进农业生产经营更加专业化、标准化、规模化，从而提高农业生产效率。同时还要加大农业技术创新，进行机械化大生产，提高农业生产经营信息化水平，这样就需要走“公司＋农户”的道路，现在很多地方已经进行了非常好的尝试。例如海南东山羊的生产和销售，宁夏“中宁枸杞”的推广，都是采取了“公司＋农户”的模式，公司主要负责打品牌。农业产业化和规模化经营，更多新技术和新设备引入农业生产，提高农业生产效率和质量的同时，会有更多的农村剩余劳动力产生，其中一部分劳动力会向城市转移，甚至最终留在城市，但更大一部分在经历了外出务工后会回乡创业和就业，还有很多人会直接选择在家乡附近就业，这一部分农村剩余劳动力的消化和吸收，都需要农村中小企业的大发展。

（四）农村第三产业发展

从经济发展的总趋势来看，随着产业结构的调整，特别是产业的就业结构的调整，越来越多的农村劳动力要从第一产业中转移出来，城市的第二产业的一部分劳动力也会随着科学技术的发展和资本有机构成的提高转移出来，第三产业将会成为未来容纳劳动力较多的一个产业。第三产业的发展是与人们的收入水平和当地的城镇化率高度相关的。一方面，城市的发展需要大量的第三产业从业人员，尤其是经过技能培训的人员，作为劳动力“蓄水池”的农村地区，培训和提供城市所需的相关技能人员，不仅能够帮助农民增加收入，而且还能有效引导农村劳动力的就业，优化资源的配置。但是，与就业相关的培训、咨询、交易、金融等配套服务多数分布在城市，而不是劳动力集中提供的农村地区，因此将城市的相关产业辐射到农村地区，发展为城市发展配套的农村第三产业将是未来一个重要的方向。

另一方面，农村中小企业现在是以农村工业为主，集中在制造业方面，但是随着人民生活水平的提高，农村中小企业在第三产业发展方面也将大有作为。例如，成都市锦江区三圣乡的“五朵金花”、温江区的花卉休闲观光产业等，逐渐实现了城郊农业向现代乡村旅游的转型。

总之，农村产业发展对于中国走有中国特色的城镇化道路，妥善解决三农问题，避免拉美国家所经历的“城市化陷阱”有重要意义。产业的发展需要资金、技术、人才、土地等要素，最根本的是要以企业为载体，形成生产要素合理流动的局面。而且，农村地区地理位置分散和条件千差万别的特点，决定了很难由大企业来担负进入农村、推动产业发展的重任，因此农村中小企业的发展，是我国下一步城镇化的新路径，也是必然选择。

三、农村中小企业发展是必由之路

（一）农村中小企业的概念

经过近三十年的发展，中国中小企业群体日益壮大，在经济社会发展中的地位和作用越来越重要，农村中小企业作为中小企业的重要构成部分，其产值也呈逐年上升状态。2005 年，全国农村中小企业农产品加工企业实现增加值 5 100 亿元，同比增加 17%，高于全国农村中小企业工业增幅 3.92%。农产品加工业增加值占规模以上农村工业的比重为 31.2%，占全部农村中小企业的比重从 2004 年的 10.42% 上升到 2005 年的 10.94%，比上年提升 0.52%。农产品加工业已经成为农村工业的主要行业和重要增长点。[1] 以农村服务为重要内容的农村第三产业中小企业，2005 年实现增加值 10 200 亿元，比上年增长 10.56%，已经占到全部农村中小企业增加值的 21.89%，占农村服务业增加值的 80% 以上。[2] 农村第三

[1] 陈乃醒等：《中国中小企业发展报告 2006—2007》，中国经济出版社 2007 年版。

[2] 农业部：《2005 年全国乡镇企业经济运行分析》，2006 年 1 月 5 日。

产业中小企业在农村服务业中发挥着主要作用。

但是,对于农村中小企业现在并没有统一的界定。通常,较为大家所共同接受的概念主要是以地域分布为特点而定义的,即地处农村地区或者距离农村较近的中小企业。这类中小企业往往还具备以下特征,比如劳动力以农村剩余劳动力为主,或者原材料来源于农村地区,企业主要职能是服务于“三农”建设。因此,虽然农村中小企业在很大程度上主要指的是乡镇企业,但其概念和内涵比乡镇企业更宽泛。

(二)农村中小企业的发展历程

农村中小企业发展大概经历了三个阶段。1984 年以前,农村中小企业主要特征表现为创业型,被称为社队企业。1984 年,中央四号文件正式将社队企业改为乡镇企业,离土不离乡,进场不离村的乡镇企业正式踏上了促进农村经济发展之路。从 1984 年起,乡镇企业迅速发展,1988 年达到发展的高潮,然后逐步走向衰落。20 世纪 90 年代以后,乡镇企业的发展呈现出逐步远离农村、远离农业、远离农民的倾向,而且这种倾向随着乡镇企业的进一步发展在不断增强。出现这种变化主要是因为乡镇企业运行的环境产生了变化(梁世夫,2002)。随着市场的发育,个人信用和企业信用逐渐代替了政府信用担保,降低了企业对政府的依赖;工业园区逐步出现,乡镇企业向小城镇和工业小区日益集中;人民生活水平不断提高,对于产品质量和档次的要求不断提高,很多乡镇企业的产品不能够适应市场需求;政府控制资源的能力日渐衰退,市场成为了调配资源的主要手段,政府全面控制的乡镇企业与瞬息万变的市场情况很难匹配;随着政策逐渐宽松,个体私营经济蓬勃发展,乡镇企业政府主导的集体所有制度不适应市场竞争的弱势性格逐步显现。于是就出现了从承包制到股份合作制、股份制的改革,乡镇政府逐步退出了企业日常的经营活动,取而代之的是适应市场竞争的现代企业制度。中国农村形成了适应社会主义市场经济的新经济秩序。

（三）农村中小企业的重要性

1. 农村中小企业是新型城镇化的重要载体

从统筹城乡到城乡一体化需要三个重要环节：一是以工促农，以城带乡；二是工业反哺农业，城市反哺农村；三是城乡融合发展（王国刚，2010）。世界经济发展的经验表明，城市和农村在工业化的带动下融合发展是实现各种资源的高效开发和利用的重要途径（李程骅，2012）。企业是从事生产、流通或服务活动的独立经济核算单位，是市场经济活动的主要参与者，是社会生产和流通的直接承担者。新型城镇化中的产业布局的形成无疑是一个引导和促进企业发展的过程，农村中小企业是这一过程的重要载体和组成部分。民营经济是构成中小企业，尤其是农村中小企业的主体；发展农村中小企业，提供制度保障，将有利于引入大量的民营经济，有助于以市场经济体制解决发展中的问题。

需要指出的是，新型城镇化下的农村中小企业的发展不同于早期的乡镇企业。早期的乡镇企业的发展所需要的原始积累或初始资本都是由农业部门提供的，并不是工作发展到一定阶段对于农业的反哺需要，它只是在转移剩余劳动力方面提高了农业劳动生产率，其技术基础并没有发生根本性变化，而且其发展过程中对于农村地区的环境也造成了相当程度的污染和破坏（吴志军，1997）。而新型城镇化下的农村中小企业的发展是以保护农业和粮食、生态和环境为基本前提，以企业发展和鼓励农民创业的方式解决当地农民就业、居住和社会保障等问题，促进当地经济发展，增加农民收入，农村中小企业的发展与农业现代化并行不悖。发展农村中小企业，才能够实现“离土不离乡、就业不离家、进厂不进城、就地市民化”的美好愿望。

2. 发展农村中小企业有助于加快产业结构调整

目前农村中小企业三次产业结构基本稳定,第二产业占据主体地位,工业则是农村中小企业的主要组成部分,且呈现了轻工业比重降低、重工业比重提高的趋势,第三产业的迅速发展成为推动农村中小企业产业结构优化升级的重要力量(姜长云和王爱芝,2008)。

新型城镇化的核心问题是就地城镇化,即把城市的模式搬到农村地区,从地理位置上,这一过程就是一个建造中心城市、非中心城市区域、郊区和农村区域等不同层级的经济阶梯模式,这种"阶梯状"的经济圈也就是各区域专业分工且相辅相成的一个城市经济群(王国刚,2010),而形成这种经济圈的核心部分就是发展生产力,解决劳动力就业的问题。具体来说,农村地区的就地城镇化的过程就是建立市场机制和完善社会保障的过程,是新型农村社区建设的过程,是带动农村工业化和发展农村第三产业的需要。

目前,我国农村中小企业的产业结构矛盾突出,产业升级缓慢,推动农村中小企业的发展也是一个优化其产业结构的过程。在新型城镇化路径下,要帮助农村中小企业提高自主创新能力,以产业集群为半径建立区域创新服务中心,培养企业发展所需要的技术人员,推动技术创新成果的市场化、产业化和品牌化,提高农村中小企业的关键技术和核心竞争力。很多地区的发展经验都表明,龙头企业或"企业+农户"已成为农业产业化的重要推动力量。作为我国经济增长的重要组成部分,农村中小企业的发展将为我国经济结构调整和产业结构升级做出重要贡献。

3. 发展农村中小企业有助于增加农民收入和拉动内需

发展农村中小企业是提高农民收入和生活质量的重要途径。我国城镇化率每提高一个百分点,就意味着每年有1 000多万农民及其家属进城(厉以宁,2010),这一过程中,农民的安居乐业、社会福利、医疗保障、公共设施等都需要大量的资金和人员投入。发展农村中小企业有助于引入民营经济和社会资本，共同参与农村新社区的建设工作。由于新型城镇化以“就地城镇化”为指导思想，因此这不仅能够为当地直接创造大量的就业岗位，而且企业发展所提供的教育和培训的机会也能不断提高农民的知识和技能，从而全面提高农民的综合素质和生活质量。

目前我国的基尼系数已经超过0.45，收入分配差距已是目前我国经济发展中的一个非常重要的问题（陆昊，2011）。研究表明，农村中小企业，尤其是乡镇企业对于发展地域经济起到了重要作用，对地区间经济发展不平衡起着重要影响（万广华，2004）。2004年，农村中小企业创造了国内生产总值的31%和新增工作数的54%，农民收入中约44%来自于农村中小企业（宋海英和李海波，2007）。农村中小企业的员工主要是来自于农村当地剩余劳动力，新型城镇化下，农民可以实现在农村当地就业，发展农村中小企业有助于提高农民收入。

另一方面，发展农村中小企业能够帮助拉动内需。据国务院发展研究中心测算，我国每增加1个城镇人口，可以带动10万元以上城镇固定资产投资，可以带动3倍于农民的消费支出。工业化创造供给，城镇化创造需求。可以说，做好了城镇化的工作，也就抓住了扩内需、调结构、促转型、惠民生的结合点，也是促进经济又好又快发展的强大动力。在城镇化过程中，由于内需的扩大，中国的经济发展方式也会摆脱过去长时期内所形成的出口依赖型经济模式或投资依赖型经济模式，而转变为良性循环的内需为主的经济模式。摆脱出口依赖型经济模式，并不意味着进出口会减少，而是自主性增加了。这将是一种可持续的经济发展模式，即主要靠内需拉动的良性循环模式（厉以宁，2012）。

4. 发展农村中小企业有助于保障农民利益

虽然中国经济的快速增长得益于城镇化加速带来的第二、第三产业产值的增长，但同时，城镇化所引起的农地非农化和失地农民利益保障问题也日益凸显。据国土资源部等五部委的联合报告显示,2004 年,在全国 6 741 个开发区的清理整顿中,共有 4 735 个开发区遭遇撤并整合,比例高达 70%。目前,我国农地非农化产生的失地农民总量有四五千万人,预计到 2020 年,还会有 4 000 万人成为失地农民。同时,农民在农地非农化过程中利益受损,不仅所获得的补偿较低,农民也无权决定、谈判和参与自己的农地非农化过程,更无权享受土地的增值收益,农民失地已引发了许多社会矛盾。据中国社会科学院发布的《2005 年中国社会蓝皮书》统计,2004 年在全国 130 多起农村群体性突发事件中,就有 87 起是因为农民失地引发的,农民失地引发的社会矛盾已被预测为困扰社会稳定的首要问题。

无论是过去已有的和现在正在进行的城镇化,以及目前提出的新型城镇化,这一进程都必然与作为稀缺资源的土地,尤其是农业用地形成矛盾。发展农村中小企业,能够为解决这一问题、保障农民利益提供良好的途径。

新型城镇化实现的是农民的“离土不离乡、就业不离家、进厂不进城、就地市民化”。在这种前提下,发展当地农村中小企业首先为农民提供了就业机会,企业所提供的教育和培训机会也为农民提高自身素质创造了条件,使得为失地农民建立一个有保障的稳定的就业机制成为可能。其次,企业发展和社区建设等所需的土地资源虽然还是采用的农地非农化的方式,但是失地农民作为当地居住人口,亦成为利益的参与者和享受者。再者,在农村中小企业的发展中,通过建立健全财政和金融体制,农民还可以利用自己的土地使用权或是住宅作为抵押,获得融资,实现自主创业或是以入股的方式参与到企业的生产经营中去,从被动的失地农民成为主动的从业人员。政府也可以通过给予农村中小企业必要的税收优惠政策以鼓励农民创业和企业吸收失地农民。另外,由于就业机会和收入的增加,农民更加有积极性提高土地资源的利用效率,实现农业规模化和现代化生产,从而更容易实现土地的交易和转化过程,减少社会矛盾的产生。

有研究显示，纯市场机制和纯政府机制都无法使农地非农化达到最优秩序和社会福利优化状态，但在我国目前的形势下，市场机制在农地非农化中比政府机制更有效率，也就是说，市场作用下的农地过度非农化的数量和社会福利损失要小一些。因此，发展农村中小企业，有助于建立明晰的地权制度，形成“企业 + 政府 + 民主协商制度”的农地非农化配置机制和失地农民利益保障机制。

5. 农村中小企业有助于吸收就地农村剩余劳动力

增加就业对于促进经济发展、提高家庭收入、稳定社会等意义重大，而农村中小企业对于吸纳农村剩余劳动力、改变人口布局将起到重要作用。改革开放以来，我国从农业部门转移出来的2.3亿劳动力，绝大多数在中小企业就业。工业新增加的8 000万从业人员中，有75%在中小企业实现了就业。截至2004年年底，全国工业部门就业人数为1.5亿左右，中小企业就业人数为1.1亿左右，约占73%，其中吸纳的农村劳动力达5 438.9万人。截至2005年年底，全国规模以上农村中小企业中农产品加工企业达56 264个，比2004年增加了1 825个，吸纳农村劳动力达700万人，比上年增加10万人。农村第三产业中小企业2005年实现增加值10 200亿元，比上年增长10.56%，占全部农村中小企业增加值的21.89%，占农村服务业增加值的80%以上，安排农民就业占到农民就业安排的40%以上。

从全国情况来看，1978年农村中小企业152万个，实际增加值493.07亿元，实际固定资产原值229.58亿元，吸纳劳动力2 827万人，占当年农村劳动力总数的9.93%；1990年农村中小企业实际增加值2 504亿元，吸纳劳动力9 262万人，占当年农村劳动力总数的22.05%；2001年农村中小企业2 115万个，实际增加值29 870亿元，实际固定资产原值8 663.25亿元，吸纳劳动力13 086万人，占当年农村劳动力总数的26.65%；2004年农村中小企业2 213万个，实际增加值41 815亿元，实际固定资产原值47 872亿元，吸纳劳动力 13 866 万人，占当年农村劳动力总数的 28%，占社会劳动力的 19%；2005 年农村中小企业实际增加值 46 600 亿元，实际固定资产原值 56 000 亿元，吸纳劳动力 14 180 万人，占当年农村劳动力总数的 26%。

四、发展农村中小企业的对策研究

国外关于城市化的研究主要是围绕人口分布和经济增长两个方面进行，即人口在城乡之间的分布状况变化和城市化与经济增长的动态关系（王国刚，2010）。中国学者虽然也对国内城镇化的相关问题进行了许多研究，在农业方面，研究主要集中在城镇化对于耕地使用及土地制度的影响等，但关于城镇化和农村中小企业方面的研究还不多。

农村中小企业的发展意义重大，现在也正处在充满机遇的时期，但是农村中小企业天生存在很多竞争方面的劣势，比如集聚度不高，上下游配套厂商不完善，可抵押物较少，融资比较困难，地处相对落后的农村地区，人才招聘存在一定难度，企业整体素质有待提高等，所以农村中小企业发展也是任重而道远，需要政府、金融机构和企业形成良性互动，在政策层面对农村中小企业的发展给予更多的支持和关注，从企业发展三个要素入手，促进人才、资本和土地方面的改革和进步。基于此，我们提出以下几点建议。

（一）将农村中小企业发展纳入城镇化水平衡量指标，制定政策，鼓励农民创业和就业

目前中国城镇化的衡量指标单一，单一的城镇人口比重已不再适应目前衡量我国城镇水平的需要，就业水平和经济社会发展程度应当成为新的指标体系，其中人口布局是重要组成部分（王国刚，2010；陆昊，2011）。作为吸纳农村剩余劳动力主力的农村中小企业

的发展，也应当纳入到衡量各地城镇化发展水平的指标体系中。

同时，要充分利用三农方面的重大投资建设项目和基础设施建设吸纳返乡农民工，使农民工能够本地就业。加大农民工培训力度，让返乡农民工尽可能多掌握一些职业技能，提高就业机会。制定优惠政策和简化相关手续，提供市场和信息服务，鼓励返乡农民工自己创业。

（二）多渠道发展农村金融市场，吸引资本下乡

农村中小企业资金缺乏和融资困难是限制其发展的最大难题。这其中有农村中小企业自身的原因，如管理落后、缺乏创新能力、竞争能力不强等，但是，我国目前的法律和金融等环境亦有待完善。由于资金缺乏，农村中小企业在员工的教育和培训上缺乏投资，也难以吸引具有专业知识和技能的高级人才，资金困难还会影响企业创新投入，影响企业创新决策等。

在城乡一体化，特别是在双向城乡一体化的条件下，资本下乡、技术下乡、人才下乡总会相伴而行。其中，资本下乡最为关键，而且资本下乡是先行的。资本下乡需要良好的金融环境，大力发展村镇银行，鼓励私人创办农村小额贷款公司，把“民间金融”的资金吸引到小额贷款公司里来；成立农村资金互助组织，可以采取“银行资本＋农业资本＋民间资本”的方式；融资租赁、典当融资也都可以成为农村中小企业融资的手段。

（三）在保证农用耕地总量前提下，进行农村土地制度改革

下一步的土地制度改革，应该在确保耕地总量的前提下，适度放松农村耕地、宅基地和建设用地之间的转化管制，很多地方采取的“占一补一”的做法基本可行。另外，成都市提出的“三个集中”的经验也值得推广，即“指在贯彻国家宏观调控政策和市场机制推动下，工业向集中发展区集中；按照依法、自愿、有偿原则，土地向适

度规模经营集中;在产业聚集和城镇建设推动下,农民向集中居住区集中”。这样会有利于土地的集约利用,并促进农村中小企业的发展。成都市另外一个成功之处就是对于农村土地进行了确权发证,现在大概发了166万本集体土地使用权证,还有农村土地经营权权证180万本。经过确权发证的土地和房子就可以正常流转了。农民有了经过确权发证的房产,在银行也能够顺利地作为抵押物进行贷款,农民创业就不会再为缺乏抵押物而无法从银行或者其他金融机构得到支持而苦恼。同时,农民有了证的房子租售都会容易得多,有了财产性收入的农民的消费能力能够大大得到提升,会为农村消费市场的繁荣打开一扇门。

(四)提高农村干部素质,清理各种不合理政策和执法行为,为农村中小企业营造宽松的发展环境

我国大约有500万农村干部,这些干部的素质直接决定了农村经济发展以及农村地区投资环境的好与坏,所以要加大对农村干部的培训和监管力度,打造一支高效、廉洁、开放、敬业的队伍。同时还要加大改革农村执法体制,完善农村法律体系,清理各种有损投资环境的政策和法令,尊重企业的财产权和各项权利,为企业发展保驾护航。

我国城镇化进程发展到今天,双向城乡一体化是必然选择。在这一过程中,农村中小企业发展会在多个方面对这一进程提供动力。乡镇企业的发展和衰落,已经为当今发展农村中小企业提供了很好的经验;城市中小企业的发展,也为农村中小企业发展提供了较好的模式。在面临国际金融危机的影响,外需不足,国家着力提振内需,尤其是要撬动农村广大市场的需求之际,农村中小企业大有作为。它们的发展,必将促进农村资源优化配置和农村产业结构调整,必将成为改变城乡二元经济结构、统筹城乡发展、实现城乡一体化的突破口。

参考文献

1. 厉以宁:《厉以宁北京大学演讲集》,经济科学出版社 2002 年版。
2. 蔡昉、都阳、王美艳:“户籍制度与劳动力市场保护”,《经济研究》2001 年第 12 期。
3. 陈卫东、周景彤:“世界城市化模式与中国城市化道路研究”,《全球经济金融问题研究》2010 年第 28 期。
4. 陈锡文:“工业化、城镇化要为解决‘三农’问题做出更大贡献”,《经济研究》2011 年第 10 期。
5. 方烨:“确定农民土地权利,促进土地流转”,《经济观察报》2011 年 10 月 31 日。
6. 李克强:“论我国经济的三元结构”,《中国社会科学》1991 年第 3 期。
7. 厉以宁:“成都模式的探索与实践”,《经济研究参考》2010 年第 15 期。
8. 厉以宁:“论城乡一体化”,《中国流通经济》2010 年第 10 期。
9. 梁世夫:“乡镇企业为何远离农村、农业、农民”,《调研世界》2002 年第 9 期。
10. 刘彦随:“新农村建设与城镇化应是一体的”,《人民日报》2010 年 4 月 8 日。
11. 陆昊:“‘十二五’时期经济社会发展的几点思考”,《经济研究》2011 年第 10 期。
12. 陆铭、陈钊:“城市化、城市倾向的经济政策与城乡收入差距”,《经济研究》2004 年第 6 期。
13. 宋海英,李海波:“农村中小企业出口贸易的地区差异分析”,《农业技术经济》2007 年第 3 期。
14. 万广华:“解释中国农村区域间的收入不平等:一种基于回归方程的分解方法”,《经济研究》2004 年第 8 期。
15. 王国刚:“城镇化:中国经济发展方式转变的中心所在”,《经济研究》2010 年第 12 期。
16. 姚士谋、陆大道、王聪、段进军、武清华:《地理研究》2011 年第 11 期。
17. 叶裕民:“中国城市化发展存在六大直接的制度障碍”,《经济研究参考》2006 年第 71 期。

(潘江,北京大学光华管理学院;王怀豫,北京理工大学经济与管理学院)

加快新型农村社区建设，助推“三化”协调科学发展

孙运锋

2011年9月，国务院出台《关于支持河南省加快建设中原经济区的指导意见》（国发〔2011〕32号），标志着中原经济区正式上升为国家战略。《指导意见》提出：“积极探索不以牺牲农业和粮食、生态和环境为代价的‘三化’（新型城镇化、新型工业化、新型农业现代化）协调发展的路子，是中原经济区建设的核心任务。”随后召开的河南省第九次党代会提出，要以新型城镇化引领“三化”协调发展，强调要着力增强新型农村社区的战略基点作用，并指出“新型农村社区建设是统筹城乡发展的结合点、推进城乡一体化

的切入点、促进农村发展的增长点”。可以说,新型农村社区建设是一个符合科学发展要求、切合河南实际的重大战略决策,事关中原经济区建设、中原崛起、河南振兴大局,有着重大的现实意义和深远的历史意义。如何积极稳妥推动新型农村社区建设,探索走出一条农民市民化、就地城镇化的路子,是推动“三化”协调发展、加快中原经济区建设面临的重大课题。

一、新型农村社区建设的背景及意义

积极稳妥推进新型农村社区建设,首先要弄清楚城镇化、新型城镇化、新型农村社区的内涵及要求,进而全面、深入理解河南省委、省政府提出的以新型城镇化引领的“两不三新”(即不以牺牲农业和粮食、生态和环境为代价的新型城镇化、新型工业化、新型农业现代化)“三化”协调发展这一战略决策的丰富内涵,以及新型农村社区建设的重大意义。

(一)传统城镇化的弊端和不足

城镇化是指人口向城镇集中的过程。传统的城镇化有以下弊端和不足:一是城乡对立,城乡分割。主要表现为重大中城市的发展,轻中小城市、小城镇和农村的发展;农村和城市二元相互分割,不能形成相互促进、互动发展的格局。二是牺牲农民利益,“农村”支持“城市”。政府以尽可能低的价格从农民手里获得土地,以尽可能高的价格出让土地;重视城市建设,忽视农村建设。三是“城市病”严重。传统城市以经营城市为手段不断扩展城市规模,以二三产业的发展吸引农民进城,但又轻视文化教育、科技的发展和基础设施建设水平的提高,使城市的规模、人口、就业、就学、就医、交通等失去平衡,流动人口增加、就业压力增大、交通拥堵、环境污染、住房紧张等问题日益凸显。正是由于传统城市化存在诸多弊端和不足，因此，我们必须探索走新型城镇化特别是新型农村社区建设的发展道路。

（二）新型城镇化的主要内涵及引领作用

2002 年党的十六大报告提出，坚持走中国特色的城镇化发展道路。2007 年温家宝总理在苏南调研时提出，中国不仅要走新型工业化道路，也要走新型城镇化道路。2011 年 10 月召开的河南省第九次党代会提出，以新型城镇化引领“三化”协调科学发展，指出新型城镇化是城乡统筹、城乡一体、产城互动、节约集约、生态宜居、和谐发展为基本特征的城镇化，是大中小城市、小城镇、新型农村社区协调发展、互促共进的城镇化。可以说，新型城镇化是传统城镇化的拓展和提升，是更符合科学发展要求的城镇化。

新型城镇化对“三化”协调发展的引领作用主要体现在：一是为“三化”协调发展提供新动力。新型城镇化引领能够促进城乡产业的升级，一般性产业由中心城市向周边小城镇和外围组团转移，带动小城镇与新型农村社区提高发展水平；能够促进城市内涵发展、提高城市发展质量；能够促进农业现代化，通过建设新型农村社区可以促进农村生产要素和人口集聚，显著提高农业生产规模，实现农民就地转移与就业。二是为“三化”协调发展创造新条件。新型城镇化更加关注资源节约与环境保护，更加强调经济质量，更加侧重提高发展内涵，更加重视区域与城乡协调。比如，大城市和中心城市内涵提升将为高端人才集聚提供基础，新型农村社区建设将促进人才向农村汇集，促进农民向产业工人转变。再如，新型城镇化涉及土地制度、户籍制度、现代服务业发展等诸多领域，这些方面的改革必然会推动政府管理转型和服务型政府建设，这些都为“三化”协调发展创造了新条件。三是为“三化”协调发展带来新格局。以产城融合为特征的新型城镇化为“三化”协调发展带来新的城乡一体化发展格局，城镇与产业、农村的布局将更加协调。新型农村社区建设，改变了农业发展的格局，推动了农业规模化、产业化水平的提升。土地、资源、人口的集聚，将促进产业空间布局的优化，高端产业向中心地区集聚、一般产业向外围组团扩散，为“三化”协调发展提供强力支撑。

（三）新型农村社区建设的主要内涵及重大意义

新型农村社区建设，是河南省从全面推进中原经济区建设的高度，总结提升全省人民在加快城镇化进程中创造的成功经验，持续探索以新型城镇化为引领的“两不三新”“三化”协调科学发展之路而作出的重大战略决策，也是各地加快推进城乡统筹发展、一体发展，实现福民强市总体目标的必由之路。

新型农村社区，是指在城市规划区范围外的农村地区，按照城市社区建设管理的理念，将若干个行政村或自然村进行整合，统一规划建设的具有完善的基础设施、健全的公共服务、有效的组织管理和较强的产业就业支撑的农民就地城镇化的人口聚居模式。可以理解为按照城市社区的标准在农村建的社区，但又不完全是就社区而建社区。新型农村社区建设实质上是农村的重大改革创新，它不同于新农村建设，新农村主要是指居住环境的改善、农民精神风貌的改善，包括新房舍、新设施、新环境、新农民、新风尚等方面，是较低层次的农村社区；而“新型”农村社区，不仅能够改善居民居住环境，让农民群众享受与城市一样的基础设施、公共服务和社会保障待遇，而且通过产业支撑，把农业劳动力变成了一产、二产或三产的工人，推动农业生产方式和农民的生活方式转变，实现农民群众持续稳步增收、物质和文化生活质量显著提升。

建设新型农村社区的意义主要体现在以下六个“有利于”：一是有利于推进城市基础设施建设向农村延伸、城市公共服务体系向农村覆盖、城市组织管理模式向农村拓展，使城镇化成果更多地惠及广大农村；二是有利于促进人口合理布局，改变农村建房点多、面广、占地规模较大的状况，加快土地综合整治，实现集约节约用地，解决建设用地刚性需求与保护耕地硬性约束的矛盾；三是有利于转移农村富余劳动力，促进土地流转，实现农业适度规模经营，提高农业劳动生产率、土地利用率和资源产出率，确保粮食稳产增产；四是有利于发展壮大农村二三产业，创造更多的创业机会和就业岗位，拓宽农民增收渠道，持续增加农民收入；五是有利于扩大农村基础设施投资和建房消费，引导社区群众消费升级，把农村潜在的巨大消费需求转化为现实购买力；六是有利于改变农民生产生活方式，提高农民综合素质，提升农村文明程度，培养良好社会风尚，促进社会和谐稳定。

二、影响新型农村社区建设的几个关键问题

建设新型农村社区，要充分考虑广大农民群众的意愿，紧紧围绕提高农业规模化、专业化和现代化水平，促进“三化”协调发展而进行，应重点把握以下五个关键问题：一是农民愿意不愿意，二是社区建成建不成，三是老房拆掉拆不掉，四是指标卖出卖不出，五是目的达到达不到。

（一）农民愿意不愿意

随着经济发展水平的提高，绝大部分农民对建设新型农村社区是赞成和支持的。这种判断来源于三个方面：一是农民对生活品质的要求越来越高。目前，农民收入不断增加，生活逐渐富裕，他们对生活质量要求也随之提高，但与城市相比，农村的生活环境依然较差，基础设施建设比较落后，社会公共服务水平较低，用一位村民的话说就是，“白天有蝇子，晚上有蚊子，污水到处流，垃圾随便堆”，普遍存在“半个学校”、“半个医院”的现象。而新型农村社区基础设施及公共服务配套设施相对完善，普遍要求达到“五通六有两集

中”的标准。“五通”即:通四级公路、自来水、电、有线电视、宽带;“六有”即:有社区综合服务中心、标准化卫生室、连锁超市、文化活动室、科技文化活动中心、幼儿园(5 000 人以上的配建小学);“两集中”即:垃圾集中收集、污水集中处理。这样的建设标准,与城市小区没有什么区别,有些甚至要高于城市小区标准,农民搬进这样的新社区居住,可以彻底改善自己的生活环境。二是农民对土地的依赖程度越来越低。长期以来,土地是农民赖以生存的重要甚至是唯一的依托,但随着经济社会的快速发展,农民与土地的关系也在发生变化。在中原农区某市调研时,有三组数据很能说明问题。第一组数据:2009 年至 2011 年,中原某市土地流转面积分别为:49.5 万亩、68 万亩、78.8 万亩,占家庭承包经营总面积的比例分别为:21.5%、29.5%、34.2%,这说明农村土地流转的比例和规模逐年加大。第二组数据:2009—2011 年,农业纯收入占农民人均纯收入的比重分别为:46.2%、43.9%、42.3%,这说明农业收入在农民总收入中的比重不断降低。第三组数据:2009 年至 2011 年,全市 16—60 岁农村劳动力中,专职从事非农产业的比例分别为 30.6%、32.1%、34.3%;从 2011 年从事非农产业人员的年龄结构看:30 岁以下的为 27.3 万人,31—49 岁的为 14.2 万人,50 岁以上的为 2.7 万人,这说明农村劳动力从事非农产业的人数不断增加。从以上三组数据综合分析可以看出,农村土地流转的规模和比例越来越大,从事农业生产人员的比例越来越小,农民对土地的依附程度越来越低。三是农民建房负担重。目前的实际情况是,农村住房每 10 年左右就要翻建一次,农民的大部分收入都用在“建了拆,拆了又建”的轮番建房上了,陷于举债、建房、还债、再举债、再建房的恶性循环中,而且今年你建房,明年我建房,年年“只见新房,不见新村”,农村脏乱差的现象难以彻底改变。而搬入新型农村社区后,按照社区住房 50—70 年的使用寿命算,农民购买一次住房可供三到四代人居住,变“一代人建三次房”为“三代人建一次房”,在改善居住条件、居住环境的同时,也极大地减轻了农民的建房负担。

(二)社区建成建不成

新型社区建成建不成,关键是资金问题,核心是农民买起买不起。我们以中原农区某市为样本点,作了一个大概测算:全市共有1 200多个行政村,平均每个行政村429户、1 673人,户均建设用地1亩(包括村庄道路、荒坑等),新型农村社区户均用地0.23亩,除去预留当地非农产业发展用地,户均可节约土地0.6亩,旧村瓦房、平房、楼房拆迁补偿分别为300元/平方米、400元/平方米、500元/平方米,复垦土地户均1万元。按照800元的平均价格来估算,农民在社区购买一套建筑面积为120平方米住房,需10万元左右。金融机构提供的数据,该市农户的平均储蓄额是3万元。农户现有住房面积在70—200平方米之间,户均旧房拆迁补偿款3万元左右;按照每亩10万元的人地挂钩指标收益标准(该市最低保护价)计算,户均可得6万元,除去每户1万元的复垦费用及3万元的拆迁补偿,平均每户可返还2万元左右。总体估算,每户有8万元左右购房款,如果再通过小额贷款或亲友借款,绝大部分都能凑齐10万元的购房款。对困难户可通过配套建设小户型房、周转房等方式解决住房需求。事实上,农民群众在旧村建设的住房,其成本明显高于社区住房。因此,绝大多数农民能够买得起社区住房,新型农村社区完全可以建成。

(三)老房拆掉拆不掉

在新型农村社区建设过程中,实现土地的集约节约利用,老房拆除是一个重要问题。老房拆不掉,复垦就不可能,结余土地指标的收益就无从谈起。对此,我们的认识是,老房拆掉拆不掉,取决于拆迁补偿到位不到位、社区新房农民买起买不起;复垦出来的土地所有权归集体,收益人是农民。因此,要坚定不移地贯彻执行人地挂钩指标交易的保护价政策,并维护其进市场的权利,靠保护价来保值,靠进市场来增值。以中原农区某市为样本点测算:旧村户均占地1亩,通过社区建设,户均可节余0.6亩土地,通过人地挂钩指标交易平台,农村节余建设土地的每亩收益至少有10万元,这样每户平均可收益6万元,而户均拆迁费用3万元、复垦费用1万元左右,还有2万元的结余。因此,只要把人地挂钩指标的收益返还农民,旧村完全可以实现拆迁复垦。

(四)指标卖出卖不出

农民搬进社区,旧村拆迁复垦后,结余的土地指标如何卖出去,农民如何及时得到收益也是一大问题。结余指标可以通过人地挂钩指标交易平台进行交易,这就要考虑建立人地挂钩指标交易平台的问题,以及确定指标交易价格标准的问题。省里要建立人地挂钩指标交易平台,各地也要建立,还要明确合理统一的最低保护价,最大限度地保护农民群众的利益。各地城市扩张用地、产业集聚区用地以及房地产开发等商业用地,都需要大量建设用地指标,仅仅依靠省里下达的建设用地指标远远不够。只要保证地方城市发展用地指标不足部分以及商业用地指标通过人地挂钩指标交易平台购买,人地挂钩指标的"出口"问题就会迎刃而解。

(五)目的达到达不到

建设新型农村社区,首先是农民生活环境的改善,但绝不仅仅是上楼、用气、看病、就业等单纯生活条件的改善,而是对农民生活方式、农业生产方式和农民收入结构的全方位变革。一是农村变社区。新社区投用后,农民由分散居住向集中居住转变,基础设施得到改善、公共服务得以提升、社会结构发生巨变、管理模式得到创新,生活方式逐步实现由农村到城市的转变。二是农民变市民。实现农民由集体身份到职业市民的转变,最明显地表现在三点:第一,就业领域。农民从农村土地上解放出来,由原来单一从事一产,到现在可自由选择一二三产业。第二,收入渠道。通过责任田、宅基地、房产的发证确权及流通,使农民有了相对完整的财产权利和财产性收入;通过从事非农产业,使农民有了工资性收入。农民既可以通过土地流转得“租金”,又可以通过宅基地复垦得“股金”,还可以通过就近就业得“薪金”,这样农民收入结构由单一的农业收入向农业收入、财产性收入和工资性收入等多渠道转变。第三,社会保障。农民的养老、医疗、低保等各方面的保障,逐步享受和市民同等待遇,真正过上像城里人一样的生活。三是一家一户的小生产到专业化、社会化大生产。通过新型农村社区建设和产业集聚功能的提升,大多数农民到二三产业转移就业,这就能有效推动土地的流转、农业的规模化经营和专业化生产,可有效解决家庭生产规模不经济问题。总之,通过新型农村社区建设,使农民实现了“离土不离乡、就业不离家、进厂不进城、就地城镇化”。

三、新型农村社区建设中应把握好的几个关键环节

新型农村社区建设中,还要把握好以下六个关键环节。

(一)完善政策,强化引领作用

一项开创性工作的铺开和推进,首先要出台相关的政策。新型农村社区建设涉及面广、系统性强、任务繁重、要求紧迫,不是登高一呼楼群就拔地而起,不是建好了楼房农民就蜂拥而入,也不是农民一上楼就自动变成了市民,而是要靠出台政策破解建设资金问题,要靠出台政策解决产业支撑、多元就业、身份转换、住房产权等问题。可以说,建设新型农村社区,政策引领是一个关键。因此,在新型农村社区建设中,既要吃透上级的政策,又要因地制宜探索制订、完善本地的各类政策,重点制定出台着力破解土地、资金、规划、

产业、就业等瓶颈制约的政策，制定出台让农民群众实实在在得实惠、实现利益最大化的政策，真正调动农民群众参与新型农村社区建设的积极性和创造性，让农民群众有恒产、有恒业，更有恒心，真正实现其在新型农村社区“进得来、留得住、过得好”。

（二）尊重民意，维护群众权益

群众愿意不愿意，是新型农村社区建不建、如何建的前提。在新型农村社区建设启动之前就要与涉及村庄农户达成拆旧建新协议，把征求群众意见、引导群众参与贯穿社区建设全过程，坚持“四议两公开”工作法和“三榜公示”制度，确保社区建设符合民意、群众满意。在社区规划、质量监管、旧村拆迁、社区管理等各个方面，都要始终坚持以人为本，把保障群众权益放在第一位，充分发挥群众的主体作用，切实保障群众的决策权、参与权、监督权，特别是要尊重和保护农民以土地权益为核心的财产权利，统筹安排拆迁补偿、群众就业、社会保障等，确保群众从中得到最大受益。

（三）规划先行，做到高起点、高标准

规划是思路、是蓝图、是智慧、是资源、是先导、是龙头。新型农村社区规划要与当地经济社会发展规划、城乡规划、土地利用总体规划、综合交通规划、生态环境保护规划等同向同步、有机衔接。在具体的项目规划上要适当超前，按照50年甚至是100年不落后的标准进行编制和项目设计。在规划编制单位的选择上，要舍得投入，聘请国内一流规划设计单位，高起点、高标准、高质量编制县域规划、镇域镇区规划、产业布局规划和新型农村社区的控制性、修建性规划以及单体形象设计，确保规划的科学性和前瞻性。按照“因地制宜、严格标准、突出特色、彰显优势”的原则，充分挖掘各地的历史文化内涵和生态优势，做好整体规划和项目规划。建筑设计要体现当地自然和人文特点，形成聚散相宜、大小适度、错落有致、特色

凸显的建筑风貌。特色各异的新型农村社区建成后,结合乡村生态游,完全能够成为文化旅游的一个亮点。

(四)拓展创新,破解资金难题

新型农村社区建设需要大量资金,仅仅靠政府和农民群众投入都不现实,需要积极拓宽融资渠道,坚持多元化投入。一要加大财政支持力度。加大财政资金投入力度,地方各级政府都应设立新型农村社区建设专项资金,充分发挥财政资金引导作用和“四两拨千斤”的作用,吸引社会力量积极参与。二要建立新型农村社区建设投融资平台。建立针对新型农村社区建设的投融资平台,用足用活政策,积极向农发行、农行等金融机构融资,解决新型农村社区建设先期启动资金不足的问题。三要建立人地挂钩指标交易平台。2012 年 6 月,国土资源部与河南省人民政府签署了《共同推进土地管理制度改革促进中原经济区建设合作协议》。《合作协议》明确提出,“河南省在国土资源部指导和支持下,探索开展城乡之间、地区之间人地挂钩政策试点,在省域范围内实行城镇建设用地增加规模与吸纳进入城市定居的人口规模相挂钩,推进人口城镇化与土地城镇化协调发展,有效破解‘三化’协调发展用地矛盾”。按照这一要求,可以实行城乡建设用地增减挂钩。旧村拆迁复垦后,腾出的集体建设用地,在用于新型农村社区建设、预留当地非农产业发展用地后,节余的集体建设用地指标称为人地挂钩指标,可以调整到城市或产业集聚区使用,用于城市建设或产业集聚区发展。对节余的农村集体建设用地指标,要制定合理统一的指标交易最低保护价,通过人地挂钩指标交易平台,实现指标收益最大化,指标收益要全部返还农村,用于社区建设,切实维护群众的利益。四要整合支农专项资金。对各个渠道的财政支农资金进行整合,打捆支持新型农村社区基础设施及公共服务设施建设,发挥财政资金的最大效益。五要鼓励社会力量参与社区建设。在保证农民利益的基础上,制定有吸引力的政策，引导企业、个人等社会力量参与新型农村社区建设，形成共同投入、合作共赢格局。

（五）注重统筹，规范有序推进

新型农村社区建设是一个长期的过程，各地经济发展水平不同、资源禀赋不同、推进路径和进度不同，不能"一刀切"、"一窝蜂"推进，更不能一蹴而就，必须规范有序、循序渐进。在新型农村社区建设中，要强化统筹意识，坚持"四个重在"[1]实践要领和"三具两基一抓手"[2]的科学方法，坚持一体运作、科学运作、有效运作，统筹把握好新型农村社区建设建新和拆旧、占地和节地、建新区和兴产业、建设和管理、能力和进度、硬件和软件等方面。在推进过程中要精心部署，认真研究方法，合理安排进程，做到新型农村社区建设有方案、有步骤、有目标，确保积极稳妥、分步实施，严禁以行政命令的方式强行推进。要充分考虑农民实际承受能力，防止不顾条件盲目推进、大拆大建，严禁在农民不同意的情况下强拆强建，严禁在农村地区违背群众意愿盲目建高楼、强迫农民住高楼。

（六）强化就业，确保农民持续增收

就业是民生之本。新型农村社区建设是一项系统工程、民生工程，在农民入住社区的同时，要拓宽就业渠道，让农民有就业保障，解决后顾之忧，这样才能住得安心、住得舒心。保证新型农村社区居民充分就业，需要着力加强五个方面的工作：一是支持企业和个人围绕新型农村社区建设创业带就业。新型农村社区建设为"三

---

〔1〕 即中共河南省委书记卢展工所提出的重在持续、重在提升、重在统筹、重在为民。

〔2〕 此为卢展工书记所提的一种工作方法。"三具"就是做任何事情一具体就突破、一具体就深入、一具体就落实；"两基"就是切实抓好基层、打好基础；"一抓手"就是把实施项目带动作为抓手。

化”协调发展带来了发展空间和机遇,要注重吸引企业和个人围绕新型农村社区建设发展一二三产业,带动当地居民就近就业。二是加快推进土地流转。引导和支持群众流转土地承包经营权,交由现代农业公司、农业合作经济组织或种粮大户经营,促进其向二三产业转移就业。三是注重发展新型农村社区二三产业。统筹新型农村社区建设和产业发展,利用预留的发展用地发展二三产业,鼓励有特长、有资本、有意愿的农民创业,开办小型或微型企业,创造更多的就业岗位。四是通过产业集聚区建设促进农民就近就业。积极开展产业集聚区及新型农村社区合作共建活动,着力发展劳动密集型企业,优先为新型农村社区居民提供一定比例的就业名额,使更多的农业劳动力就地转化为产业工人。五是着力提升农民群众综合素质促就业。加强针对农民的高效种植、规模养殖等就业技能培训,积极引导其向专业农民的方向发展,向二三产业转移就业,特别是要有计划、有组织、有针对性地开展劳务输出,大力发展劳务经济,促进农民群众多渠道就业。

四、新型农村社区建设的保障措施

新型农村社区建设,是农村生产和生活方式的一次重大变革。因此,各级政府应强化主导作用,为新型农村社区建设提供强有力的组织领导、后续管理等方面的保障。

(一)强化组织领导保障

要把新型农村社区建设与项目建设、招商引资工作摆在同等重要的位置来抓,成立专门的新型农村社区建设领导机构,具体负责新型农村社区建设的统筹谋划、协调指导和督查落实。要建立健全党委、政府、人大、政协领导班子集中观摩、领导分包指导、部门帮扶、企业共建、年终考核评比的工作机制,把新型农村社区建设列入各级各部门领导班子工作实绩和领导干部政绩考核内容，作为“三农”工作年度考核、排名评先、以奖代补的主要依据。对新型农村社区建设实行目标管理，纳入各级政府责任目标考核体系，加强督导和考评。

（二）强化部门联动保障

新型农村社区建设牵涉到从规划到施工，从质量到安全，从拆迁到安置，从施工许可到竣工验收，从绿化、亮化到整个生活居住环境，涉及面广，任务繁重。各级各有关部门要结合职能，各司其职、各负其责，协调一致、形成合力，加快推进新型农村社区建设。比如，组织部门要负责指导社区的基层党组织建设；发改部门要负责产业布局和咨询；财政部门要负责涉农资金整合使用；国土部门要负责统筹安排社区建设用地和增减挂钩及结余建设用地指标交易；规划部门要负责指导和编制社区各项规划；城建部门要负责社区建设指导和质量监管；房管部门要负责房产确权登记和产权处置，其他各有关部门要围绕新型农村社区建设的总体要求，结合职能、发挥优势，分别制定相应的配套支持政策，积极主动参与新型农村社区建设。

（三）强化宣传引导保障

做好一项工作，必不可少的就是要搞好宣传发动，新型农村社区建设涉及广大农民群众的切身利益，需要各级各有关部门互动联动，尤其需要抓好宣传造势。在新型农村社区建设的全过程，要充分利用广播、电视、报纸、网络等媒体，通过多种形式大力宣传新型农村社区建设的重大意义、基本原则和具体政策，力争做到家喻户晓。各新闻媒体要开辟专题、专栏，及时报道新型农村社区建设中涌现出的好典型、好经验，激励引导广大农民群众和社会力量积极参与社区建设、社区事务和社区活动，努力营造全社会关心、支持和参与新型农村社区建设的良好氛围。

（四）强化社区管理保障

新型农村社区能不能实现可持续发展，一定程度上在于社区的管理和服务如何。社区建成后，要以城市社区的理念实施管理，强化精神文明建设，促进农民向市民转变。要抓好房屋产权制度改革，土地部门应及时为其办理相应的土地使用权证，房管部门应及时为其办理房产证，并积极探索社区房产保值增值的路子，确保农民群众的切身利益。要建立和完善社区的社会管理和服务功能，在不打破原有行政村建制的基础上探索设立社区党总支和管理委员会，并设立综合治理、物业管理服务机构，具体承担社区的管理服务工作。要深化户籍制度改革，强化社区居民的社会保障，对社区居民保留原集体土地承包权、集体收益分配权、仍享有农村居民应享有的政策收益，同时又可自愿登记为城镇居民，享受与当地城镇居民同等的就学、就业、医保、低保等待遇。要针对社区居民加强职业技能培训，优先推荐其向本地二三产业转移就业，保障社区居民顺利就业、持续增收。

邓小平同志在设计我国农村改革和农业现代化道路时，曾提出了著名的“两个飞跃”理论。他指出：“中国社会主义农业的改革和发展，从长远的观点看，要有两个飞跃。第一个飞跃是废除人民公社，实行家庭联产承包为主的责任制。第二个飞跃，是适应科学种田和生产社会化的需要，发展适度规模经营，发展集体经济。”通过以上分析我们发现，在当下的农村，已经出现了邓小平提出的“第二个飞跃”的雏形和实践。新型农村社区建设顺应了科学发展观的基本要求，顺应了新时期城镇化建设的必然趋势，顺应了做好“三农”工作的客观需要，顺应了广大农民过上更好生活的共同期待，是统筹城乡一体化发展的切入点和突破口，是破解钱从哪里来、人往哪里去、民生怎么办、粮食怎么保“四大难题”的有效抓手，是继家庭联产承包责任制之后农村发展的"第二次革命"。各级政府应当高度重视,大力支持,积极引导,以新型农村社区建设为契机,实现农村的二次飞跃,逐步打破城乡二元体制,在全社会形成"不论市民、农民,都是公民;不论工业、农业,都是产业"的共识,统筹城乡发展,推进城乡一体,繁荣农村经济,造福广大群众。

(孙运锋,河南省监察厅,九三学社河南省委)

新型城镇化建设中的金融支持研究

周小全

一、新型城镇化，“新”在何处

（一）背景：我国传统的城镇化发展模式遭遇困境

1. 城镇化本质上是一个“农民进城”的持续过程

“城镇化”与“城市化”是同义语，是对外来语“Urbanization”一词的不同译法。Urbanization一词，最早由西班牙工程师伊尔德方索·塞尔达（Ildefonso Cerdá）在17世纪中期提出。所谓城镇化，是指由社会生产力发展和社会分工引起的乡村城镇化的过程，即人口、生产方式等社会经济关系和城市生活方式、思维方式、价值观念在城市—乡村间集聚和扩散的过程，这一过程中往往伴随着人口的城镇化、土地的城镇化、非农产业的城镇化和城镇文明的有效溢出。

城市是与乡村相对应的人口居住及活动空间的概念，相对于乡村，城市有聚居、非农、共享三大特点，其中"聚居"是指众多人口密集居住在一个特定空间内，"非农"是指城市聚居人口不以农业为职业，"共享"是指城市聚居人口共享道路、绿地等基础设施及相关的公共服务。现代城市是由工业化引起的要素在特定空间点聚集形成的，现代工业对降低成本的需求及对基础设施共享的要求，导致产业和人口不断向该空间点聚居，从而形成城市。在这个过程中，原先滞留于农业并居住在乡村的人口会不断转变为工业劳动者和城市居民，从这个意义上讲，工业化、城镇化顾名思义就是"化"农民为工人、"化"乡村居民为城市居民的过程。就本质而言，城镇化就是一个"农民进城"[1]的持续过程，而这一过程中所涉及的利益分配方式及是否实现社会福利的帕累托最优，则取决于其发展模式。

2．我国城镇化发展模式的特征及弊端

从人类历史的发展来看，城镇化是世界各国经济社会发展的普遍现象[2]，是从城乡分离走向城乡融合的必由之路。新中国成立以来，我国的城镇化取得了举世瞩目的成就，改革开放以来的发展尤为迅速，截至2011年，我国的城镇化率（=城镇人口/全国人口）首次超过50%，达到51.27%，比1978年的17.95%提高了33个百分点。（见表1）但是，纵观我国城镇化的发展历程，不难发现，改革开放前的城镇化发展是以计划经济为背景的封闭及要素行政配置

〔1〕耿明斋："农民进城及相关问题研究——兼论新型城镇化道路"，《城镇化引领"三化"协调发展：理论思考与实践探索》，社会科学文献出版社2012年版。

〔2〕从1945—2008年，世界城镇化水平从27%左右提高到50%，完成了城镇化过半的伟大历史创举，人类进入普遍繁荣的城镇时代。

式，具有典型的“农业支持”特征；而在改革开放后则又表现为一种市场化进程中的无序拓展式[1]，并且表现出过度依赖“农地支持”的发展态势。

表1 1978—2011年全国城镇数量及城镇化率情况

年份	城镇人口数（万人）	城镇人口比重（%）	城市数量（个）	建制镇（个）
1978	17 245	17.92	193	2 176
1980	19 140	19.39	223	2 692
1985	25 094	23.71	324	9 140
1990	30 195	26.41	467	12 084
1995	35 174	29.04	640	17 532
2000	45 906	36.22	663	20 312
2001	48 064	37.66	662	20 374
2002	50 212	39.09	660	20 601
2003	52 376	40.53	660	20 226
2004	54 283	41.76	661	19 883
2005	56 212	42.99	661	19 522
2006	58 288	43.90	656	19 369
2007	60 633	44.94	655	19 249
2008	62 403	45.68	655	19 234
2009	64 512	46.59	650	19 322
2010	66 978	49.68	653	19 410
2011	69 079	51.27		

资料来源：国家统计局网站。

过度依赖于农业、农地的城镇化模式固然可以在短期内获得快速的发展，但其中存在的问题也逐渐凸显并正在演变为社会矛盾。

[1] 这以改革开放后我国长三角、珠三角等地区的城镇化模式最为典型，这些地区在20世纪80年代工业化加速发展时，城乡隔绝的二元结构尚未被打破，乡镇企业进不了城，只得聚集在村上镇上，人口和相应的服务业也随之聚集在这些村上镇上，村镇随之也就变成了大大小小的城镇。小城镇连片对接就使得这些大大小小具有城市形态的区域单元填满了整个空间，但却没有整个城市空间的规划，因此也没有强大的中心城区和完整的城市功能。

20世纪90年代中后期以来,随着土地有偿使用制度的推广,“土地财政”型经营城市的模式逐渐盛行,即通过土地开发与市政建设带动土地升值,再通过土地转让或拍卖,获得资金用于城镇化建设。在以地生财的利益驱动下,粗放式扩张的城镇发展方式在全国各地铺开,导致土地的城镇化快于人口的城镇化,从1999年到2007年,城市建成区的面积扩大了7.2%,但吸纳的人口只增长了4%。众所周知,土地是经济发展的重要资源,农村土地是一种极易被过度利用的不可再生资源,这就决定了过度依赖于“农地支持”的城镇化发展模式是不可持续的,这是一种成本高昂、不公平的发展方式。“成本高昂”尤其体现在全国耕地面积的大幅缩减[1]和资源环境条件的不断恶化,2011年全国城市数量达657个(直辖市4个、地级市284个、县级市369个)[2],其中有近400个城市缺水,约200个城市严重缺水,这反映了城镇的空间布局与资源环境承载能力的冲突日益突出。“不公平”则主要体现在大量“失地、失业”农民的增加,城乡差距也伴随着城镇化的加快而加大,城乡之间的人均收入比率(城镇居民可支配收入/农村居民现金收入)在改革开放以来持续增加,虽在2005年达到最高的3.22后略有回落,但在2011年这一比例仍处于高位3.13。(见图1)如果考虑其他因素,城乡收入差距将更大,社会上也因此而有了“城市像欧洲,农村像非洲”的形容。

(二)“新”的本质:城镇化发展模式的转型

随着国内学者、各界人士以及政府部门对传统城镇化发展模式的经济性和可持续性进行反思的深入,“新型城镇化”这一提法应

---

〔1〕 从2000年到2009年我国城镇化率由36.2%提高到45.7%,而耕地面积由2000年的19.24亿亩减少到2009年的18.26亿亩,城镇化率每提高一个百分点,耕地面积就减少1 000万亩。

〔2〕 民政部:《2011年社会服务发展统计公报》,民政部网站。

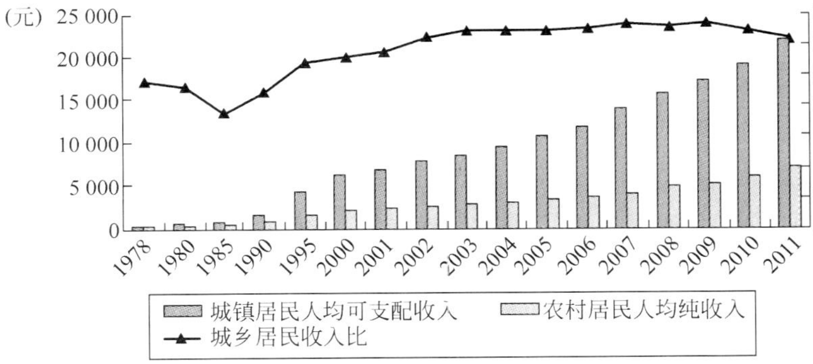

资料来源:国家统计局网站。

图1　改革开放以来的城乡居民人均收入对比

运而生。党的十六大、十七大报告中均明确指出要"走中国特色的城镇化道路";国家"十二五"规划指出加快社会主义新农村建设,加强农村基础设施建设和公共服务,实施区域发展总体战略和主体功能区战略,促进区域协调发展,积极稳妥推进新型城镇化。根据笔者所掌握的相关资料文献,可以归纳出,新型城镇化至少应有三大内涵:

第一,以科学发展观为引领,坚持以人为本,实现城乡统筹发展;

第二,以新型工业化为动力,推动城镇现代化、城镇集群化、城镇生态化、农村城镇化,全面提升城镇化的质量和水平;

第三,以统筹兼顾为原则,走集约高效、功能完善、环境友好、社会和谐、个性鲜明、大中小城市和小城镇协调发展的城镇化建设道路。

从中也可以看出,新型城镇化中的"新"体现于城镇化的发展模式,相对于传统发展模式,"新"模式中的城镇化发展是有规划的,是开放的,是集约的,更加注重内涵提升、注重经济社会协调发展、注重城乡统筹发展。因此,从本质上来看,新型城镇化中的"新"是指城镇化发展模式的一种转型,这一转型的现实意义在于:从根本上解决我国日益凸显"三农"问题,促进"三化"(工业化、城镇化、农业现代化)协调发展,实现城乡统筹发展。

二、金融如何支持城镇化发展

（一）金融发展与城镇化发展的相关研究综述

关于城镇化和金融发展的研究大多数是基于产业的视角，通过检验城市化进程中金融发展对城市经济中产业发展的影响来间接论证城市金融发展对城镇化的影响。如，A. 塔斯基（A. Tarski，1997）认为城市化进程中存在大量的城市基础设施和城市住房的融资行为，城市金融体系的完备性对这些融资具有非常重要的意义，因此，如何通过金融产品的创新、金融市场的规制设计出一个与城市化发展过程相匹配的金融系统是城市未来发展中一个亟待解决的问题。国内学者关于城镇化与金融支持的研究主要集中在以下几方面：

1. 对城镇化与金融发展的数量关系问题的研究，研究的主流结论是我国的城镇化建设与金融发展水平存在显著的正相关关系。

如：郑长德（2007）认为金融中介发展可以促进城镇化的发展，城镇化水平的提高又可以通过生产要素的不断集聚，使市场规模得以扩大，从需求和供给两个方面促进金融中介的发展；郑枚、傅强（2008）认为，保费收入、存款余额、贷款余额、金融机构的现金收入四个指标的增加都将促进城镇化率的提高。

2. 对金融支持城镇化建设效果及方式的研究，研究普遍认为，我国城镇化过程中的金融支持明显不足。

如：胡斌（2002）认为，政策性金融是支持城市基础设施建设的有效手段；伍艳（2005）认为，在中国城镇化进程中，金融抑制现象长期存在，其主要表现为：利率管制、金融市场结构缺乏效率、金融机构结构不完善和资本形成机制不健全；罗明忠（2008）认为城镇化过程中的农村劳动力转移会受其自身所能支配和拥有的金融资源约束，金融资源的多少影响劳动者转移前的技能培训、劳动者工作搜寻的过程、劳动者转移过程中的家属安置及其转移方式；陈刚、尹希果（2008）以各省1996—2004年的面板数据进行计量分析后指出，中国金融中介增长显著地制约了农业劳动力的转移；张正斌（2008）认为，金融是通过支持当地经济发展、增加农民收入来带动城镇化的发展；周启清（2010）认为农村土地流转不仅需要农村金融总量的扩张，而且对金融产品的种类、期限和服务方式都提出了新的要求。

3. 对国外金融支持城镇化情况的研究，研究表明，发达国家顺利实现城镇化的关键在于能否有效运用政府财政性资金的引导功能和资本市场的筹集资金、优化资源配置的功能。

如：陆岷峰、马艳（2009）在总结法国、日本、韩国等金融支持城镇化建设经验的基础上指出，国外城镇化建设的成功，关键在于有效地运用了各种金融支持手段而且充分实现了金融支持中资金主体多元化、资金来源多渠道及投资方式多样化，从而保证了资金的有效供应。郭新双（2010）认为，西方发达国家无论是以英、美为代表的资本市场主导的金融体系，还是以日、德为代表的银行主导的金融体系，支持城市化发展的金融工具和产品十分丰富，金融市场的资金配置在政府财政性资金的示范和引导下，金融机构参与市政建设融资的地位普遍十分重要；同时，包括市政债券、基础设施投资基金、资产证券化等在内的市场化融资手段十分丰富和发达，而且随着资本市场的发展，直接融资所起的作用越来越大。

（二）金融支持城镇化发展的基本逻辑

城镇化进程是一个长期的、复杂的、庞大的系统工程，涉及道路交通、公共服务等方方面面的基础设施建设和农业剩余劳动力的转移，这些都离不开巨额资金的投入，而如何筹措资金并且提高资金的配置效率正是金融的基本功能，这也是金融支持城镇化发展的基本逻辑。金融作为现代经济的核心，对城镇化持续推进中的支持主要体现在：为城市基础设施建设、农业产业化、农村城镇化和农村剩余劳动力转移提供资金支持、市场风险分散、社会保障等多方面的金融服务。

要真正有效发挥金融对城镇化建设的支持作用,需要有一个完备的金融体系、一系列丰富的金融产品和多层次的服务模式。区域金融体系的完善首先是为城镇化进程中的经济体系运行提供了一个高效、完备的支付系统,提供了一个畅通的资金融通渠道。其次,区域内金融机构的发展、金融产品的丰富以及金融体系的完备,有利于促进城镇化进程中储蓄的提高,为城镇化的进一步发展提供必要且有力的资金支持;有助于降低城市投资中的信息成本和交易成本,分散城市投资中的投资风险,增加城市投资的有效性。最后,金融优化资源配置功能的充分有效发挥将影响城镇化建设过程中资金的需求和供给水平以及资金配置的结构和方式,进而推动城市经济中城市产业结构的调整。

(三)发达国家金融支持城镇化发展的经验总结

从世界各国城镇化发展的历程来看,金融在其中发挥了不可替代的支持作用,城镇化战略与现代金融是互为依托、相互支持的,二者不可割裂。具体而言,发达国家针对城镇化建设的金融支持实践大致可以归纳为以下三方面:

1. 充分发挥政策金融的引导作用,本着“谁投资、谁受益、谁承担风险”的市场化原则,支持和引导非政府部门、非国有机构或企业和社会资金(包括民间资金)参与到城镇基础设施建设中。

如,1951 年日本政府成立的中央政府全资拥有的“开发银行”,主要功能就是向国内能源、交通等基础设施部门提供长期低息贷款,该银行的资金大部分来自财政投融资计划,同时也在国际债券市场上发行由中央政府担保的债券。在实践中,日本政府还通过“筑巢引凤式”、“联合投资式”两种方式来实现政府资金对民间资本的引导,前一方式是用小量的政府投资为民间资本营造有利的投资条件，以吸引民间资本参与到城镇基础设施建设中；后一方式是由中央政府、地方公共团体和民间企业共同投资建设基础设施。韩国政府则是通过设立国民投资基金的形式来吸引民间资本介入到城镇基础设施建设中，并且制定了《基础设施吸引民间资本促进法》、《扩充基础设施对策》等政策法规，使得企业可以获得银行较低利率的贷款（由财政向银行贴息）并投入基础设施项目。

2．不断创新金融工具，充分利用资本市场改革基础设施建设投融资方式，大力发展各种形式的直接融资，拓展城镇建设的资金来源，尤其是中长期资金来源。

如，美国政府在纯公共物品性质的基础设施领域中，主要是依托发行市政债券和政府采购的方式发挥主导作用。美国的市政债券起源于19世纪20年代，现在市政债券市场已经成为美国经济发展融资的重要组成部分。市政债券分为一般责任债券和收益债券，卫生保健、高等教育、交通和公用事业等项目主要发行收益债券，而会展中心、路灯系统等收益不足偿还债务的建设项目则发行一般责任债券，通过特定的销售税、燃料税或两者结合起来偿债。州和地方政府每年通过发行长期债券为公共资本支出提供60%左右的资金，在城市基础设施建设中发挥了极其重要的作用。比如水务市场（含供水、污水处理、污水管网、河道疏浚等），每年的建设性投资需求为2 300亿美元，其中85%来自市政债券。此外，还积极利用资产证券化、基础设施投资基金等方式为城市建设融资。美国的基础设施投资基金品种很多，包括电力建设基金、通讯建设基金、公路建设基金和航空建设基金等。

3．探索并构建职责明确、分工协作的多层次农村金融体系，充分发挥政策性、合作性以及商业性三种金融组织的相对优势，为农业现代化和农村剩余劳动力转移提供有效的金融服务。

以美国为例，其农村金融体系以私营机构及个人信贷等农村商业金融为基础，以农村合作金融的农业信贷系统为主导，以政府农贷机构等政策性金融为辅助，商业性、政策性和合作型金融之间层次相当分明，三者之间分工协作、互相配合，被学界称作“多元复合模式”。美国这一复合型的合作金融体系形成于20世纪初期，其中的农村商业金融体系主要包括商业银行和保险公司。根据于海(2003)的分析，美国近90%的商业银行经营农贷业务，尤其是设在小城镇的四千多家商业银行，农业贷款一般占其贷款总额的50%以上；现行的美国农业保险完全由商业保险公司经营和代理，但政府会在经营管理费和保险费补贴等方面给予商业保险公司有力支持。美国的农村合作金融机构主要通过对农业相关组织及农业发展项目放贷，以扩大农业可用资金的来源，改善农民工作条件和福利。美国政策性金融机构的资金主要来源于政府提供的资本金、预算拨款、贷款周转资金和部分借款，主要用于办理商业金融不愿办理的农村基础设施建设贷款等与农业生产有关的信贷资金和服务，并通过信贷活动调节农业生产规模和发展方向。

三、我国城镇化建设中的金融供给分析

（一）金融供给概况

城镇化发展中的金融需求主要来自城市基础设施建设、农业产业化、农村城镇化和农民城镇化，因此，我国城镇基础设施建设中的资金供给情况和农村金融的供给情况，也基本可以反映我国城镇化建设中的金融供给情况。

1. 城镇基础设施建设的资金来源主体单一，面临巨额的资金缺口

目前，我国城市基础设施建设的融资模式主要包括财政投融资模式、银行贷款、利用外资和民营资本、其他融资等，但其中占据主导的是财政拨款和银行信贷。统计数据显示，1999—2007年间，我国城市建设资金来源中财政拨款、国内贷款和自筹资金各占1/3，

考虑到自筹资金中有相当一部分实际是银行贷款，因此，城镇建设的资金投入中大约有50%来自银行信贷，而另外近50%的资金则来自政府投资（包括国家预算内资金、中央和地方财政拨款、地方税收、公用事业附加费、城市基础设施有偿使用收费、土地收入以及出售资产所得收入等）。

根据国内学者对城市化率提高与城镇固定资产投资增加之间的定量研究〔1〕，考虑到“十二五”时期我国仍将处于快速城市化时期，假设城市化率每年仍以1.2个百分点或是城镇人口年均增加2 000万的速度提高，那么可以初步估算“十二五”时期城市化将带动城镇固定资产投资高达40—50万亿。如此巨额的投资需求，如果单靠政府的财政投入和银行信贷支持显然是难以满足的。

2. *农村金融发展滞后，针对“三农”的金融支持明显不足*

我国农户和中小企业融资难、农村经济社会发展中“资金严重匮乏”的问题由来已久，这也说明了我国农村金融发展滞后、金融支持农村发展严重不足的现实境况，而这也正是农村大量非正规金融存在的主要根源。中央财经大学课题组2004年的调查分析表明，2003年我国非正规金融规模近八千亿元，农户通过非正规金融机构取得的贷款占到贷款总额的56.78%。也即农户借贷资金中来自银行、信用社等正规金融机构的部分还不足总额的一半，大部分都是通过非正规金融途径获得。〔2〕此外，笔者曾在2010年年底对河

〔1〕谢晶晶等（2004）根据1985—2001年我国城市化率与城镇固定资产投资之间的关系，得出短期内城市化水平每提高1个百分点，将带动8.9931%的城镇固定资产投资需求增加。李通屏、成金华（2005）基于1980—2004年全国30个省份的截面数据计算，投资相对于城市化率的弹性系数是1.97，即每增加1万城市人口相应的全社会固定资产投资增加1.97万元。王建（2009）估算，从2003—2008年，每增加一个城市人口大约会引出50万元的城镇固定资产投资。

〔2〕李建军：《中国地下金融调查》，中国金融出版社2006年版，第117—131页。

南省新乡市进行实地调查发现，尽管该市近年来在新型城镇化推进中走在全国前列，其中的农村金融支持也存在一些亮点，但资金问题仍是该市在实践中面临的三大难题之一，这主要体现在：(1)基础设施和公共服务设施建设投入不足。据试点测算，平均每个农村社区基础设施和公共服务设施建设投入953万元(按每个社区1 500户、6 000口人左右规模，人均1 600元左右)，单靠地方财力难以完全解决。(2)涉农项目资金整合难。现行切块下拨的项目资金管理体制，整合难度较大。(3)金融贷款难。目前农村资金流失严重，贷款困难，门槛高，且农民的资产要素市场化程度低，一定程度上制约了农村发展。[1]

相关研究也表明[2]，改革开放三十多年来，我国农村已形成包括商业性、政策性、合作性金融机构在内的，以正规金融机构为主导，以农村信用社为核心，以非正规金融组织为补充的农村金融体系，这一体系对于促进我国农村经济发展、解决"三农"问题功不可没，但较之城镇化推进过程中农业现代化、农村城镇化的资金需求仍存在金融供给不足的突出问题。究其原因，主要在于：(1)正规金融体系的功能趋于弱化，商业性金融大量撤离农村[3]；(2)农村

---

[1] 新乡市委、市人民政府："国家发改委座谈会汇报材料"，《新乡市工作汇报》(2010年6月9日)。

[2] 曹晨光(2007)认为：金融供给不足已严重制约着当前农村经济的可持续发展；宋超英等(2009)提出：中国农村金融体系呈现出供给抑制的特征，表现为供给结构性失衡和总量不足，对农村经济的促进作用不明显。笔者此前的研究也发现，由于我国农村金融体系的不完善，使得金融发展仅在一定程度上促进了农村经济的发展、农民收入的提高，而在金融规模效应发挥和金融效率提升方面并未发挥显著作用(周小全：《统筹城乡发展中的农村金融与农地制度创新研究——以河南省新乡市为例》，北京大学光华管理学院博士后出站报告)。

[3] 以农行为例，1998年之前，农行在全国的分支机构与营业网点基本保持在6.5万个左右，但到了2005年，已经缩减至28 234个，2009年进一步缩减至23 624个，大量原来布局于县级以下的分支机构被撤离至城市。

政策性金融机构的资金来源单一且成本高，制约了其对“三农”的支持力度；(3)以农村信用社为主的合作性金融官营性质浓厚，且在实际经营中忽略了弱势群体的贷款需求，合作特性有待发挥；(4)小额贷款公司、村镇银行、农村资金互助社等“草根式”新型农村金融机构的发展面临诸多障碍；(5)尽管国家在农业保险方面出台了大量的扶持政策和优惠措施，部分保险公司也在尝试农业险种，但农业保险的政策性与保险公司的商业化运作之间的矛盾，使得承保机构缺乏动力与积极性，从而导致农业保险品种单一、覆盖面狭窄、投保条件苛刻等一系列问题。

(二) 金融供给的实证分析

本部分基于中国改革开放之后的相关时间序列数据，采用现代金融计量方法来定量分析我国城镇化推进中的金融供给情况及金融支持成效，样本范围设定为1981年—2011年[1]，数据源自历年《中国统计年鉴》、《中国金融年鉴》以及《中国证券期货统计年鉴》。

1. 指标设计与样本选取

对于城镇化，可选用的度量指标较多，如人口比重指标法、城镇土地利用指标法、调整系数法、农村城镇化指标法和现代城市化指标法。[2] 这里采用学术界较为通用的人口比重指标法：即城镇化率 = 城镇人口/全部人口，指标用 Y 表示。

对于金融发展，本部分参考金和列文(King and Levine, 1993)[3]的研究视角，将银行等金融中介的规模、结构、资源配置效

---

[1] 之所以选定1981年，是因为自该年起中国恢复国债发行。

[2] 姜爱林：“城镇化水平的五种测算方法分析”，《中央财经大学学报》2002年第8期，第76—80页。

[3] Robert King, Ross G. Levine, “Finance and Growth: Schumpeter Might Be Right”, *The Quarterly Journal of Economics*, MIT Press, 1993, Vol. 108(3), pp. 717-737, August.

率作为衡量金融中介发展水平的指标。其中：

（1）金融规模。金融资产规模相对于国民财富的扩展，是金融发展水平提高的一个重要表现。有学者采用麦金农1973年提出的M2与GDP比率这一指标，即货币化指标进行度量，但列文和塞沃斯（Levine and Zervos，1998）认为货币化指标既不能度量负债的来源，也不能度量金融系统的资源配置，他们认为银行信用是度量金融发展的有用指标。在国内，王毅（2002）认为应该采用金融相关率指标（FIR）[1]进行衡量，笔者采用这一思路。从融资层面看，金融资产主要源自银行信贷、债券融资与股票融资，基于此，笔者构建金融规模指标为：（银行贷款余额＋债券余额＋股票市值）/GDP，用 X_1 表示。

（2）金融结构。金融结构是指构成金融总体的各个组成部分的分布、存在、相对规模、相互关系与配合的状态。王志强、孙刚（2003）认为，金融发展的结构调整可以用与资本市场相关的证券余额占全部金融资产总量的比率来表示[2]，但笔者认为：各项资产余额并不能直观反映资金的来源问题。鉴于此，笔者以三大金融市场的年度融资额来代替余额，改进后的指标为：（年度股票融资额＋年度债券融资额）/（年度新增信贷＋年度股票融资额＋年度债券融资额），用 X_2 表示。

（3）金融效率。金融发展理论认为，把信贷提供给效率相对较高的非国有部门表明对金融资源进行更加有效的配置，因而对于金融效率的度量，一般采用以非国有经济获得银行贷款的比率表示，但王志强、孙刚（2003）基于国有经济在整个中国经济中的地位，指出这种指标设计方法是有缺陷的。他们认为，可以用储蓄与贷

---

〔1〕　金融相关率：全部金融资产与GDP的比值。

〔2〕　王志强、孙刚：“中国金融发展规模、结构、效率与经济增长关系的经验分析”，《管理世界》2003年第7期，第13—20页。

款的比值来衡量金融中介将储蓄转化为贷款的效率。[1] 本文采用这一做法，构建金融效率指标为：居民储蓄存款/银行贷款，用 X_3 表示。

2. 实证分析

为使得构建的模型更具经济涵义，且平滑数据异常波动，笔者对原始数据进行对数化数据，转化为金融计量中常用的经济弹性模型。从散点图来看，城镇化与金融发展的三项指标均呈现一定的线性相关，但这可能是由于金融时间序列数据特有的漂移特性所致，也即存在“伪回归”的可能。进一步的单位根检验也确实表明四个金融序列均存在单位根过程。

表 2　序列的平稳性检验

检验序列	滞后期数	t 统计量	P 值	结论
$\ln y$	0	3.09	0.99	不平稳
$\Delta\ln y$	1	-3.58	0.00	平稳
$\ln x_1$	0	0.47	0.81	不平稳
$\Delta\ln x_1$	0	-4.05	0.00	平稳
$\ln x_2$	1	-1.21	0.20	不平稳
$\Delta\ln x_2$	0	-6.46	0.00	平稳
$\ln x_3$	0	-0.35	0.54	不平稳
$\Delta\ln x_3$	0	-3.25	0.00	平稳

不过，由于 4 个序列均为 1 阶单整，我们仍可通过构建协整方程来研究变量间是否存在长期均衡关系。所谓协整，实际上是对非平稳经济变量长期均衡关系的一种统计描述，非平稳经济变量之间存在的长期稳定关系即为协整关系。[2]

Johansen 检验是一种基于 VAR 系统的协整检验技术，不仅可

[1] 王志强、孙刚：“中国金融发展规模、结构、效率与经济增长关系的经验分析”，《管理世界》2003 年第 7 期，第 13—20 页。

[2] 张晓峒：《计量经济学基础》，南开大学出版社 2007 版，第 335 页。

以用于协整检验，还可用于非平稳序列间的格兰杰因果关系分析，本文采用这种方法。

Johansen 构建了两个秩统计量可用于协整检验，分别如下：

$$\lambda_{trace}(r) = -T\sum_{i=r+1}^{k}\ln(1-\hat{\lambda}_i)$$

$$\lambda_{\max}(r,r+1) = -T\sum_{i=r+1}^{k}\ln(1-\hat{\lambda}_{i+1})$$

前者称之为迹统计量，后者称之为最大特征根统计量。

以迹统计量为例，原假设与备则假设为：

$$H_{r0}:\lambda_r>0,\lambda_{r+1}=0$$

$$H_{r1}:\lambda_{r+1}>0,(r=0,1,\cdots,k-1)$$

倘若接受原假设，则表明有 k 个单位根，无协整向量存在。倘若拒绝原假设，则表明至少有一个协整关系存在，此时需要继续进行假设检验，直到接受某个假设条件。

根据上述思路，笔者首先构建了一个 VAR 模型，根据赤池信息准则，滞后期数设定为 2，协整检验结果如下：

表 3　协整检验结果（迹统计量）

原假设	统计量	0.05 显著性水平下临界值	P 值	结论
无协整关系	67.83	47.86	0.00	协整关系存在两个
最多一个协整关系	30.64	29.80	0.04	
最多两个协整关系	11.88	15.49	0.16	

表 4　协整检验结果（最大特征根统计量）

原假设	统计量	0.05 显著性水平下临界值	P 值	结论
无协整关系	37.19	27.58	0.00	存在一个协整关系
最多一个协整关系	18.76	21.13	0.10	
最多两个协整关系	11.84	14.26	0.12	

统计量检验结果表明存在两个协整关系,但最大特征根统计量检验结果表明仅有一个。谨慎起见,笔者仅构建1个协整方程,直接采用OLS回归,模型估计结果如下:

$$\ln Y = 3.26 + 0.41\ln X_1 - 0.07\ln X_2 + 0.57\ln X_3 \quad \overline{R}^2 = 0.96$$

模型整体估计结果良好,调整后的拟合优度高达0.96,说明金融发展能够较好地解释城镇化进程,各估计参数的经济涵义如下:

对于金融规模,从长期看对城镇化具有显著的正向促进作用,金融规模每增加1%,将提升城镇化0.41个百分点;对于金融效率,其对城镇化的长期促进作用更加显著,金融效率每提升1个百分点,将导致城镇化率提升0.57个百分点;对于金融结果,估计参数显示其对城镇化的作用并不显著,仅有0.07,且呈现反向作用,这一定程度反映了当前以信贷为主导的间接融资结构的低效性。

基于变量间的协整关系,笔者进一步采用误差修正模型研究金融发展与城镇化间的短期引导关系。

表5　格兰杰因果关系检验

原假设	Chi-sq 统计量	P 值	结论
$\Delta\ln x_{1,t}$不是$\Delta\ln y_t$的原因	0.82	0.67	无法拒绝
$\Delta\ln x_{2,t}$不是$\Delta\ln y_t$的原因	0.89	0.64	无法拒绝
$\Delta\ln x_{3,t}$不是$\Delta\ln y_t$的原因	10.37	0.01	拒绝

从检验结果来看:金融规模对城镇化并未通过格兰杰因果关系检验,这说明仅靠金融规模的扩张,短期并不能有助于城镇化率的提升,结合前文协整分析,模型表明金融规模的扩张对于城镇化率的提升是一个长期过程,但短期效果并不显著;金融结构对城镇化率的短期影响不显著,而前文协整分析则表明,长期也无明显效果,甚至是消极影响(协整方程中金融结构的模型估计参数为负);金融效率对城镇化的短期影响较大,P值高度显著。通过方差分解技

术可以发现：金融效率的波动，在次年就开始对城镇化率产生积极影响，并于第三年迅速提升，这就更直观地说明金融效率的提升不仅长期有助于城镇化率的提升，且短期作用也是立竿见影的。

表6　金融效率对城镇化影响的方差分解

时期	标准误差	$D(\ln Y)$	$D(\ln X_3)$
1	0.008 3	100.000 0	0.000 0
2	0.008 8	96.677 1	3.322 9
3	0.011 4	66.835 0	33.165 0
4	0.011 9	61.592 1	38.407 9
5	0.012 7	55.247 9	44.752 1
6	0.012 8	54.279 7	45.720 3
7	0.012 9	53.431 6	46.568 4
8	0.012 9	53.441 4	46.558 6
9	0.012 9	53.414 3	46.585 7
10	0.012 9	53.418 4	46.581 6

3. 分析结论

结论一：金融规模对于城镇化的促进作用是长期而缓慢的，短期内并无明显提升，这说明仅靠规模扩张的金融发展模式，至少在推动城镇化进程方面，是低效的。

结论二：我国当前以信贷为主导的融资结构在促进城镇化建设方面呈现低效性。我国以银行信贷为主导的金融结构体系存在内生弊端，甚至阻碍了城镇化进程的推进，且这一金融结构也决定了金融资产的扩张主要体现为银行信贷的扩张，而较之债券、股票等直接融资模式，间接融资的主要问题在于融资成本的高昂以及中小企业的较难获取等，而中小企业尤其是乡镇企业恰恰是推动城镇化的重要动力，这就是为什么模型显示金融规模的扩张对城镇化的提升仅是一个长期过程，而短期效果不显著的原因所在。

结论三：较之金融规模、金融结构，金融效率（金融中介将储蓄转化为投资的能力是其重要表现)对城镇化进程影响重大,不仅存在较大的长期影响,且短期影响也较为显著。这恰说明金融资产配置的效率提升是发挥金融体系对城镇化支持作用的核心与关键。

四、如何提升金融支持新型城镇化发展的力度和成效

新型城镇化实质上是传统城镇化发展模式的一种转型,结合金融支持于城镇化发展的内在机理,笔者认为,相对于传统无序式拓展、粗放式扩张的城镇化发展,金融对于新型城镇化发展的支持应体现在:一是通过引导资金流动来强化城镇化建设中的统筹规划,在土地、资金等资源有限的条件下建成功能完备、适宜居住的城市体系;二是通过金融创新,为农业产业化、农民进城提供有效的资金支持。为此,要改变我国城镇化发展中金融供给不足的现状,要充分发挥金融对于推进新型城镇化的重要支持作用,至少可以从以下五方面着手:

(一) 大力发展资本市场,为建设新型城镇化提供充足的中长期资金支持

城镇化至少包括两重含义:一是大量城市基础设施的建设;二是产业由以农业为主的社会结构模式向以工商业为主的有效转化。其核心是非农业就业人口比重的大幅提高,而依附于现代化工业体系之下的为数众多的中小企业的发展正是吸纳和消化城镇化所带来的就业压力的有效途径之一。在现实中,城市基础设施建设项目普遍具有的投入量大、建设周期长、沉淀成本高、需求弹性小以及融资周期长(往往在 10 年以上)等特点与商业性金融追求短期盈利、资金来源期限短(主要来自于居民和企业储蓄资金)的特点并不一致,这就直接限制了商业性金融介入这一领域的动力和能力;而中

小企业由于缺乏必要的担保、信息不对称以及信用基础薄弱等原因，商业性金融机构往往也不愿为中小企业提供信贷支持。因此，无论就主观意愿而言，还是就客观能力而言，以银行信贷为主的间接融资方式都难以满足城镇化建设中的资金需求。另一方面，以银行信用为主的间接融资是一种软约束信用，相比而言，以资本市场为主的直接融资在资源配置中引入市场机制使其具有更强的利益约束能力，这将有利于提高城镇化发展的金融支持效率和效益。此外，发达的资本市场还将在欠发达地区的经济发展拉动、企业发展与人才吸引路径创新、新兴产业发展促进、招商引资方法及观念创新、技术创新效率提升等方面发挥重要作用，进而促进城乡之间的统筹发展。

因此，我国必须大力发展资本市场尤其是要加快欠发达地区资本市场的发展：

1. 要逐步形成包括主板市场、中小板及创业板市场、场外交易市场在内的多层次资本市场体系，针对我国中小企业融资难的突出矛盾，当前更需要积极探索区域性场外交易市场的建设和发展。

2. 在当前股票市场初具规模的基础上，应高度重视债券市场尤其是企业（公司）债券、地方政府债券市场的发展，为长期推行市政债券以根本解决城镇建设融资问题的创造基本条件。

3. 在融资产品创新方面，还应着眼于夯实制度基础，为发展资产证券化、基础设施投资基金等创新的融资产品创造有利的制度环境。资产证券化方式利用经营性城建基础设施具有稳定现金流的特征，可以吸引更多的资金主体介入这一领域，而基础设施投资基金作为一种权益性资本投资将是吸引保险资金、邮政储蓄资金、社保基金等中长期资金来源的重要渠道。

4. 针对欠发达地区资本市场发展显著滞后于全国整体水平的情况，还应积极培育欠发达地区后备上市企业，并给予必要的政策优惠；做大做强已上市企业，充分发挥已上市公司在欠发达地区的辐射带动作用。

(二)以城镇化发展的金融需求为中心,建立一个包容性的金融体系

人人都应享有公平的信贷机会和公平的金融服务的享用权,这是金融机构和金融体系的社会责任,也是和谐社会所必需。因此,完善的金融体系应是包容性的、普遍惠及于人类各阶层群体的。包容性金融体系,旨在形成多种金融机构共存,将针对弱势群体、贫困阶层的金融服务纳入其中,使其有机地融入到微观、中观和宏观三个层面的金融体系。[1] 也即,包容性金融体系是多层次的,其核心是有效、全方位地为社会所有阶层和群体提供金融服务,尤其是那些被传统金融忽视的农村地区、城乡贫困群体、微小企业。构建包容性的金融体系应坚持需求导向、多样化、政府扶持、适度监管四大原则。

针对我国"三农"在城镇化发展中的重要性以及农村金融发展滞后的现实情况,笔者认为,在我国建立包容性金融体系的核心所在和必要之举,是构建一个以商业性金融、政策性金融、合作性金融为主导并与其他金融相衔接,适应城镇化发展的多元化农村金融体系。其中的具体措施至少包括三方面:

1. 整合并完善农村正规金融体系。要扩大农业发展银行的支农力度,使其将业务重心由目前的农产品流通领域转向农业生产领域,从主要提供短期资金转向主要提供中长期农业开发资金;农业银行、中国邮政储蓄银行等商业性金融机构,要积极在商业化运作

---

[1] 微观层面是指零售金融服务商,包括从民间借贷到商业银行以及介于两者之间的各类金融中介机构;中观层面是指基础性的金融设施和一系列促进金融中介机构降低交易成本、扩大服务规模和深度、提高技能的制度规范;宏观层面是指由中央银行、金融监管当局、财政部和其他相关政府机构制定的"顶层制度"层面的法规和政策框架。

和服务“三农”之间寻找平衡点；要深化农村信用社改革，增加农村合作金融的供给。

2. 培育农村本土内生的金融力量，发展多元化的农村金融组织机构。要按照市场经济规律和当地经济发展要求，科学规划、合理布局、完善机制，进一步明确定位，充分发挥村镇银行、小额贷款公司和农村资金互助社在服务农村金融中的作用，全力推动新型农村金融机构的健康有序发展；要正视民间金融市场在农户生产和生活中发挥的积极作用，引导地下钱庄、农村合作基金会等相对健康的非正规金融组织逐步走向合法化、阳光化，使其成为农村金融服务体系的重要组成部分。

3. 建立健全适合国情的政策性农业保险制度。要运用政府和市场相结合的方式，拓宽政策性保险机构的融资渠道，同时鼓励商业性保险公司开办涉农保险；利用财政、税收、金融、再保险等经济手段进一步加大政策扶持力度，稳步提高农业保险覆盖面；尽快建立巨灾风险基金，对因重大自然灾害形成的大额赔付，由风险基金给予一定比例的补偿，逐步形成农业巨灾风险转移分担机制。

（三）充分发挥中长期金融机构的信贷支持，积极探索开发性金融的市场化运作模式

开发性金融是指国家或国家联合体通过建立具有国家信用的金融机构，为特定需求者提供中长期融资，同时以建设市场和健全制度的方式，推动市场主体的发展和自身业务的发展，从而实现政府目标的一种金融形式。[1] 较之商业性金融和传统的政策性金融，开发性金融在发展战略上更关注市场失灵或制度缺失的领域。

作为我国开发性金融的重要机构，国家开发银行成立至今，通过政府组织增信作用，着眼于建设市场、建立机制、建设信用，进而

〔1〕 陈元：“开发性金融与中国城市化发展”，《经济研究》2010 年第 7 期。

搭建国家、社会、公众目标和市场之间的桥梁，在政策性金融机构如何为城镇化建设提供有效金融支持方面进行了积极的探索，初步摸索出一套金融支持城镇基础设施建设和中小企业发展的运作模式[1]，也真正成为实现国家宏观经济和产业结构调控目标的重要工具。

在我国目前的金融体制下，短期内资本市场还无法解决城市建设所需要的集中大额资金，国家开发银行等中长期债券类金融机构提供的信贷融资仍将是城镇建设巨额资金需求的主要来源。因此，当前要满足我国新型城镇化建设的巨大金融需求，应继续深化政策性金融机构改革，积极探索开发性金融支持城镇化的市场化运作模式，一方面充分发挥中长期金融机构的信贷支持，另一方面充分发挥开发性金融的导向效应，借助国家信用，合理引导资金参与到城镇化建设领域中，缓解城镇化进程中的资金供求矛盾，以更加有效地支持新型城镇化的建设。

（四）积极探索农地金融的运作模式，为新型城镇化建设中有效整合土地、劳动力、资本三大生产要素提供有效的金融支持

农地金融（也称“农村土地金融”）是一种以农村土地为抵押品、作为信用保证，围绕农地的开发、生产和经营，并通过各种金融工具而进行资金筹集、融通、清算等的金融活动。农地金融旨在为

---

〔1〕 在城镇基础设施建设中，国家开发银行通过信用建设、培育贷款主体和引入政府协调与增信等手段，形成了一套“政府入口—开发性金融孵化—市场出口”融资模式，这在一定程度上降低了市场交易成本、提高了资金配置效率；在中小企业融资方面，国家开发银行以政府推动、平台融资、信用建设和市场化运作为基本思路，初步形成了以“三台一会”——工作平台、贷款平台、担保平台和信用促进会为基础的融资模式，这在一定程度上有效的支持了中小企业的发展。

农业生产经营者提供中长期资金融通,以解决农户的资金缺口,实现农业收入的持续增长,促进农业的现代化进程。发展新型城镇化的最终目的是要实现城乡统筹发展,首先要解决的其中必然涉及农村土地、农村劳动力、资本三大生产要素的整合和统一,而围绕农地开发、生产、经营所进行资金融通的"农地金融"正是针对上述三大生产要素的一种有机结合。

农地金融兼具商业金融和政策金融的双重属性,其直接作用在于:充分发挥土地的财产功能,盘活固定在土地上的呆滞资金,使其转化为流动的开发经营资金,实现社会资金的合理聚集,为农业发展提供更多的资金支持;其间接作用体现在:通过对土地进行市场化定价,形成一种促进农地流转、提高农业比较效益的机制,进而优化农地资源配置、有效分散农业生产经营风险,同时还可以在一定程度上保护失地农民的合法权益。

在近年来的中央"一号文件"中都提到了要积极探索集体非农建设用地进入市场的途径和办法,在依法、自愿、有偿基础上的健全土地承包经营权流转机制。《中华人民共和国物权法》第一次在用益物权中规定了承包经营权,为我国农村土地流转和农地资本化提供了基本的政策支持和法律依据,进而为农地金融的推进奠定了较好基础。因此,要借助这一有利时机,在新型城镇化的推进中,围绕提升农地交易效率和农地资源配置效率以及由此衍生的土地定价问题,积极探索农地金融的运作模式和发展途径,大力发展地票交易、农地信托、农地入股、农地证券化等多种具有一定创新意义的农地金融产品,为新型城镇化的发展提供有力的金融支持。

(五)充分发挥政府调控和引导的积极作用,为金融支持新型城镇化建设创造有利条件

新型城镇化的建设是一个系统性的工程,要有效推进的关键是要发挥市场配置资源的基础性作用和政府对经济社会发展的宏观

调控、主导作用。发挥市场基础性作用,统筹城乡资源配置,就是要统筹城乡之间的各种生产要素,引导土地、资本、劳动力、技术、人才、信息等资源在城乡之间合理流动,营造城乡各类经济主体平等使用生产要素的环境。政府调控和引导的重要作用在于:一是要因地制宜地以超前谋划、立足长远的理念来规划城镇建设,坚持规划的引导作用,充分发挥市场机制在人口向城镇迁移、要素向城镇集聚以及城镇内部结构调整和外部扩张等方面的基础性作用,以保证快速推进的城镇化有章可循,集约合理;二是要充分利用政策的导向作用,增加制度供给,破除影响城乡协调发展的体制障碍,制定城乡互动、市场互动、人才互动、资源共享的协调发展机制,真正建立起财政支持和反哺农业的稳定而长期的投入机制、建立起城乡统一的社会人口流动机制与就业机制。从中可见,政府合理的调控和引导,将极大促进金融支持城镇化建设的效率和效益。

参考文献

1. 李建军:《中国地下金融调查》,上海人民出版社 2006 年版。
2. 耿明斋:“农民进城及相关问题研究——兼论新型城镇化道路”,《城镇化引领“三化”协调发展:理论思考与实践探索》,社会科学文献出版社 2012 年版。
3. 周小全:“统筹城乡发展中的农地金融问题探析”,《金融理论与实践》2012 年第 5 期。
4. 左晓慧:“城镇化的金融支持研究”,《福建论坛——人文社会科学版》2012 年第 3 期。
5. 何静、戎爱萍:“城镇化中的金融创新研究”,《经济问题》2012 年第 1 期。
6. 项继权:“城镇化的‘中国问题’及其解决之道”,《华中师范大学学报(人文社会科学版)》2011 年第 1 期。
7. 中国人民银行长沙中心支行金融研究处课题组:“金融支持农村城镇化发展研究:一个文献综述”,《金融经济》2010 年第 24 期。
8. 郭新双:“‘十二五’时期金融支持我国城市化进程的路径”,《中国投资》2010 年第 7 期。
9. 陈元:“开发性金融与中国城市化发展”,《经济研究》2010 年第 7 期。

10. 陆岷峰、马艳:“以金融支持推进中国城镇化进程的新思考”,《苏州教育学院学报》2009 年第 1 期。
11. 张宗益、许丽英:“金融发展与城市化进程”,《中国软科学》2006 年第 10 期。
12. 杨涛:“城市化进程如何突破金融约束负面影响”,《上海证券报》2006 年 7 月 10 日。
13. 姜爱林:“城镇化水平的五种测算方法分析”,《中央财经大学学报》2002 年第 8 期。
14. 王志强、孙刚:“中国金融发展规模、结构、效率与经济增长关系的经验分析”,《管理世界》2003 年第 7 期。
15. 胡斌:“政策性金融与我国城镇化发展战略”,《中国金融》2002 年第 10 期。
16. Robert King, Ross G. Levine, “Finance and Growth: Schumpeter Might Be Right”, *The Quarterly Journal of Economics*, MIT Press, 1993, Vol. 108(3), pp. 717-737, August.

（周小全,北京大学光华管理学院）

城镇信息化建设与物联网技术的应用

张全升

一、引言

城镇化的主要目的是改善居民的居住环境和社会保障体系，提高城镇的运营和资源配置效率。城镇化也将带来农业的产业化和农民生活方式的改变，不同于欧美发达国家的城镇化是在工业时代完成的，处于信息时代特别是物联网时代的我国城镇化的建设具有其独特性和优势，应当把城镇信息化与城镇基础设施当成一个有机的整体进行建设，充分应用物联网技术可以为农村城镇化的建设提供良好的居住环境、教育环境、医疗环境、就业环境，从而增强城镇的就业吸引力,留住农村就业人口,分担城市的就业压力,避免大城市人口过快膨胀。

城镇信息化的高度发展也必将拉动我国高端制造业和信息产业的需求,能够促进我国产业结构的调整,拉动内需,有利于经济发展模式的转型。

城镇信息化应当以改善农民的居住环境、就业环境、社会保障体系为出发点,其一,在居住环境和社会保障方面应当首先构建围绕智能医疗养老、智能远程教育系统;其二,在就业环境和产业支撑方面,因中西部地区还主要是农业的产业化和食品业的初级加工,应当建设精准绿色农业系统、"农超对接"和食品安全溯源系统以及环境保护系统。通过这些系统的建立,能够在短时间内提升城镇的就业率和综合竞争力。

二、基于物联网技术的居住环境与社会保障信息系统的建设

城镇基础设施建设的同时,应当同时完成智能医疗养老健康管理系统、智能远程教育系统和环境监测传感系统,良好的居住环境和社会保障信息系统的构建,可以更好地使城镇化、土地集约化后的农民能够更好地适应和接受生活方式的改变,安居乐业。

(一)智能医疗养老健康管理系统

城镇较低的医疗水平是留住和吸引就业人口的短板之一,建立基于物联网的城镇医院与地市级大医院结合的智能远程疾病诊断治疗信息化系统,可以迅速提高城镇医院的医疗水平,得到患者的信赖和依靠。智能医疗系统从功能上分为两个部分:一是病人患者在城镇医院根据病情需要借助远程智能疾病诊断系统接受更高级

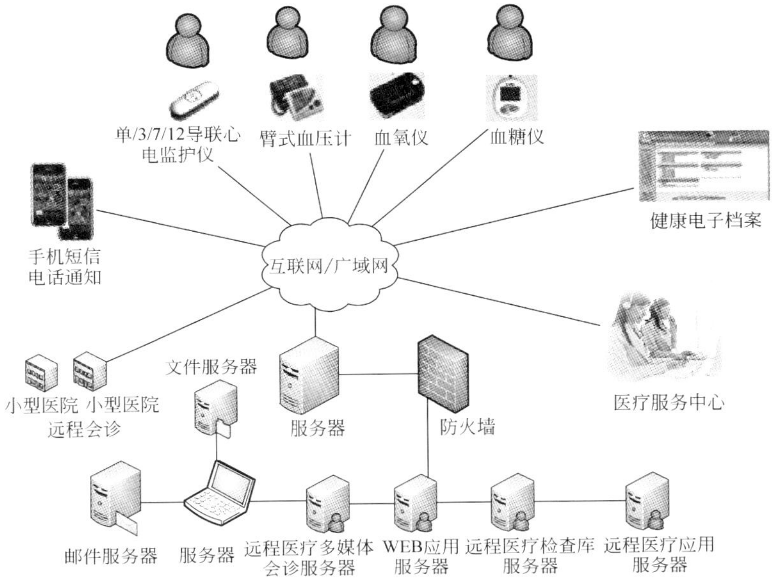

图 1 智能医疗养老健康管理系统

别的医院的专家会诊，并接受治疗。二是对原居住在城镇的老人或从城市来城镇养老的老人中有心血管、糖尿病等病史的，可以通过远程健康管理系统对这些老人的健康状况进行实时监控，建立健康管理电子档案，预警老人身体状况的突变，防患于未然，同时与急救中心、医院实时联动，对发病老人及时抢救治疗。城镇医疗水平的提高，不仅能够对乡镇原有技术人才、劳动力起到截留的作用，也能够吸引城市退休老人到城镇居住养老，拉动消费，促进城镇经济发展。

（二）城镇远程智能教育信息系统

基于物联网的远程教育系统特点在于实时性、互动性、针对性强等特点，从功能范围上应当划分为义务教育和职业技术培训。以现有的学校教育场地为基础，通过改造或新建后形成满足实时

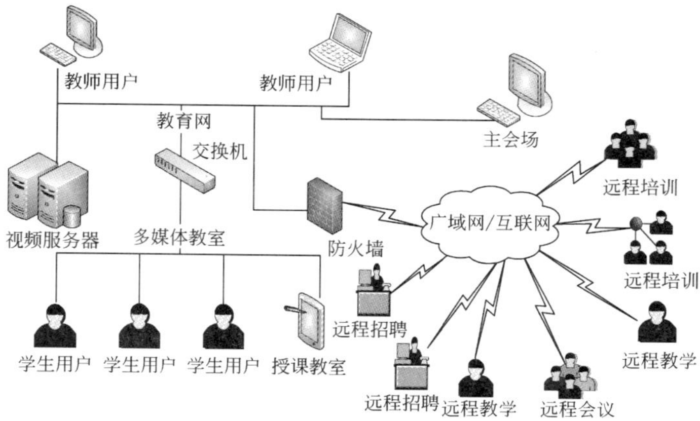

图2　城镇远程教育信息系统

互动的多媒体教室，由上级教育部门统一组织教育资源与之对接，城镇的学生可以共享高水准的城市优秀教师的授课、辅导、作业批改等。

教育是城镇经济持续发展的保证，能够提高农民的综合素质，为农村建设提供可持续的专业技术人才和知识型劳动力。农民可以通过特定的授课教室、电脑终端、智能手机获得培训和咨询。如在田间蔬菜种植过程中遇到问题，可以通过手机语音或短信及时咨询农业技术人员，迅速得到解决。

良好的教育环境也是吸引城市的人才、资金流向城镇的重要影响因素，越来越多的大城市的投资者，基于粮食和蔬菜需求市场的巨大，愿意到城镇投资创业，但担心农民的知识结构、总体素质较低，苦于人才的短缺，而不敢涉足。比如，商务部、农业部为了提高农民的直接收入，正在主推“农超对接”，由农户向超市、菜市场和便民店直供农产品，为此中央财政对农村专业合作社提供了大力支持，而合作社经营管理现状并不乐观，主要原因就是农民中懂得农产品种植的往往不懂电子商务和物流，复合型人才很难寻找。目前有一个“阳光工程”是专门提高合作社成员的农民的培训机构，如果采用物联网技术便可以使全国已成立的40万家农村合作社成员在短期内迅速得到提升，还可以实时与兄弟城镇合作社进行经验交流，相互借鉴共同提高。

三、基于物联网技术的农业产业化信息系统的建设

城镇化必然推进农业产业化的进程，初级加工工业如食品加工业也将更多地向城镇转移，城镇需要有优势的产业来支撑，经济才能良性发展。建立基于物联网技术的精准农业信息系统、食品安全溯源信息系统、“农超对接”系统能够使城镇产业更安全高效地参与市场竞争，为社会和城镇居民创造更大的经济效益。

（一）基于物联网的精准绿色农业信息系统

我国18.3亿亩的耕地红线，以及紧缺的水资源，环境污染的紧迫性，决定了发展精准农业、绿色农业的必要性。通过在农田里布置土壤元素、温度、湿度等传感器，精确地为农作物定点定量地浇水、施肥，减少水资源的浪费，增强农作物对肥料的高效吸收。各级政府农业技术服务部门可以根据传感器采集来的数据进行综合分析，有针对性地制定肥料配比、虫害防治、温度控制的科学的方案和预案。农民通过手机、电脑、广播电视及时地得到指导，保障农作物的科学播种和良好生长。

（二）食品安全溯源系统

1. 食品安全可追溯的意义

从其他各国进行的食品安全追溯来看，对食品安全进行可追溯管理是确保食品安全的有效工具。食品安全可追溯不仅是保

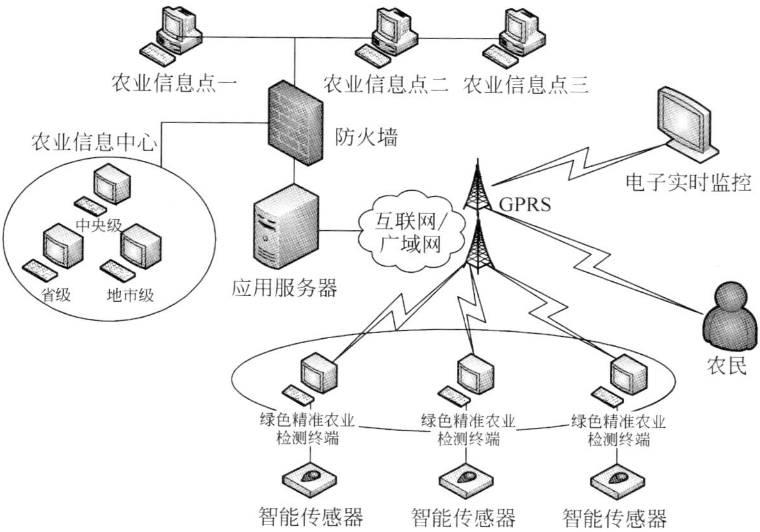

图3 精准农业绿色信息系统

护消费者的有效方式，也是企业行之有效的自我保护方式，同时还能提高政府对食品安全突发事件的应急处理能力。可追溯系统对当地动物品种、饲养、防疫等信息进行了详细记录，为流行病学提供了直接的信息数据，能有效控制动物疾病，减少食源性疾病的发生。

总体来看，城镇企业可以通过可追溯系统的信息化管理，更准确地把握市场反馈，提供更好的产品和服务；社会可以获得安全的食物，减少了不必要的损失；政府可以做到良性监管，安全预警，而不是事后整改。

2. 实施食品安全可追溯的关键技术

从可追溯的基本概念可以看出，食品的可追溯系统就是食品供应体系中食品生产、加工与流向的信息记录与查询系统。只有在食品供应链的相应环节建立信息的标识、采集、传递和关联管理，才能实现信息的整合与共享，实现可追溯。

(1) 信息标识技术

当前国际上普遍采用的是由 GS1 开发的 EAN-UCC 系统来进行商品信息的标识、采集和传递。EAN-UCC 系统是以对贸易项目、物流单元、位置、资产、服务关系等信息内容的编码为核心,集条形码和射频等自动数据采集、电子数据交换、全球产品分类、全球数据同步、产品电子代码(EPC)等技术系统为一体的,服务于物流供应链的开源标准体系。

目前,该系统已经成为国际上食品安全可追溯的通用技术体系,全球共有一百多个国家和地区的来自工业、商业、物流、金融保险和服务业等行业的超过 100 万家的企业使用 EAN-UCC 系统对物品进行信息标识和供应链管理。虽然没有明确界定,但该系统已经成为事实上的国际标准。

EAN-UCC 系统主要包括以下三个方面的内容:编码体系、数据采集、数据交换。

(2) 数据采集技术

常用的数据采集技术有条形码技术,RFID 技术和 EPC (Electronic Product Code)技术。随着物联网技术的深入发展,RFID 和 EPC 技术应用愈来愈广泛。

a. 条形码技术

条形码技术利用光电扫描设备识读条形码,并准确地将信息录入到数据中心进行处理。利用条形码技术采集信息具有速度快、可靠性高,兼具灵活、实用等特点,可以快速建立产品的可追溯标签。

条形码技术成本低廉,操作简单,信息采集速度较快,录入可靠性较高。但是,条形码技术的扫描速度和精度很难满足现代社会中广泛存在着的规模化工业生产的需求,严重制约了工程效率的提高。

b. RFID 技术

RFID 是一种非接触式的自动识别技术,通过射频信号自动识别目标对象并获取相关数据,对工作环境和人工辅助的要求较低,兼具极高的数据保密性。并且,RFID 技术还可以同时识别多个高速运动物体的标签,识别的距离可至数米。

在 RFID 的可追溯应用中,由食品行业上游企业进行 RFID 标签加载,并写入生产过程、产地、出产日期等基本信息内容;食品加工厂在加工、包装后负责将加工与包装信息写入标签;在物流仓储阶段,物流公司负责将物流配送、环境监控等信息写入标签,再出库分销到地方代理机构,直到超市、餐饮、快餐以及饭店等终端,最后食品到达餐桌。经过这个流程,RFID 记录了从产地到餐桌的整个流程信息,通过为每一个产品单元提供单独的身份识别及储运历史记录,得以从一个详尽而独特的视角对目标进行跟踪和追溯。

c. EPC 技术

EPC 是为了提高物流供应链管理水平、降低运营成本而发展起来的一项新技术。该技术由 EPC 编码体系、射频识别系统及信息网络系统三部分组成,实现了对所有实体对象(包括零售商品、物流单元、集装箱、货运包装等)的唯一有效标识,为产品对象建立了全球的、统一的、开源的标识标准。

EPC 实现了对单个物品全球唯一的标识,并利用 RFID 的技术优势以及互联网的便捷,为构筑“物联网”提供了一个基础的平台,对加强供应链跟踪与追溯、提高供应链管理效率带来了革命性的影响。

d. 数据交换技术

在食品供应链的每个环节建立了可追溯标签并进行数据采集之后,还需要在各个环节之间建立无缝链接,实现标签信息的无损传递和交换,并进行关联管理,这样才能实现对供应链的全程跟踪和追溯。

（三）“农超对接”信息系统

简单的说，“农超对接”就是由超市、中间服务商来确定农产品的质量、数量和种类等要求，然后由各型农产品专业合作社按要求进行标准化生产，通过使用仓储运输系统、信息服务系统、冷藏物流系统来保证产品最终直接进入超市和各销售终端。这样的模式实现了农产品生产端与销售端的直接对接，市场需要什么农产品、需要多少农产品的信息都能较好传递到初始生产端，避免了生产的盲目性、错位性，能够有效稳定农产品的生产、销售渠道和价格，同时还可以减少中间流通环节，避免中间商层层加码的难题，增强农产品的可追溯性，较好地满足消费者对食品安全的要求。

随着时代的发展，我们已经远远不能将“农超对接”视为一项“菜篮子”工程。如若将物联网技术、资本市场金融创新与现行“农超对接”的基础性条件进行融合创新，不仅现行“农超对接”的优势能得以保留，其面临的诸如农产品深加工增值能力弱、鲜活农产品物流效率低、产品信息无法追溯、社会福利无谓损耗较大等问题也能得到有效解决，甚至可以借助物联网等战略新兴产业发展的东风，将“农场对接”所涉及的相关产业进行协同带动，协助加速推进农业产业化、标准化、现代化。同时，资本市场金融创新的参与也能优化不同区域间的资源配置以减少社会总体无谓损耗，明晰农产品生产营销链各环节的定价机制以抑制农产品价格异常波动，实现跨区域、跨产业的协同发展与社会总体福利的大幅提升。

现行的“农超对接”试点发展模式虽然也大力提倡发展现代物流，但是依然是根植于传统物流，更多的是将注意力放在缩短流程链条，在相对数量上减少物流环节以减少物流成本与物流损耗。而物联网作为国家战略规划将在“十二五”期间得到重点推动，如果能将“农超对接”作为切入口，在物联网技术背景下发展现代智能农产品物流，不仅能够在原来基础上继续减少物流成本和物流损耗,提高物流效率和物流质量,还能借此机会推动物流产业的现代化、智能化,并通过物联网的应用与相关产业的联动发展,创造更多的就业机会。

同时,物流体系的智能化进步也必然要求农业生产合作社的智能化程度与之相配合,通过互联网、移动互联网、RFID 射频技术、卫星定位技术等的运用,广泛建立包括农产品智能订单处理、冷链库存设计、农产品生产智能监控、农产品信息智能追溯等智能系统,最终实现生产优化、全程控制、数字化仓储、智能商务服务管理和智能物流信息管理。

国内的农产品冷链系统多数是简单低温物流系统改造形成,温度无法长时间精确控制,损耗较高。通过引入智能冷链系统,由于系统要求对运输对象即农产品进行一定的初步加工,如对植物根部切除、清洗等初步加工,还可以进行罐头、蜜饯、果脯、果汁提取等深加工,加工后的农产品经济附加值可增加 50% 以上,农业产业化、规模化能得到较大幅度的提振;经过初步加工后的鲜活农产品可以使用数字标签标记的包装工具进行打包入库,进入冷链库存,同时建立共享信息数据库,将每一个系列的农产品进行信息记录并进行全流程跟踪;通过物联网技术、智能运输环境控制系统等集成系统在远端控制中心对所有运输标的物的实时环境信息进行监控与分析并作出自动控制与信息反馈;在销售终端同样建有配套的冷链仓储系统,可以实现对生产淡季的提前储备,保证鲜活农产品上市的新鲜度与及时性。冷链仓储系统是应对很多鲜活农产品的季节性问题的有效措施,通过对超额生产的鲜活农产品进行智能化的冷链保存,最大限度地保存其鲜活性。共享信息数据库的建立运行则可以对农产品的整个流程进行监控,能够做到有效追溯,同时还方便消费者对所买农产品的质量信息进行全面了解,有利于增强消费者的购物满意度。

四、结语

城镇化是我国实现城乡统筹发展，提高农民福利和社会保障水平，从而拉动内需，保持GDP合理增长的长远战略。在城镇化建设发展过程中，以物联网为基础的城镇信息化应当作为基础建设的重要组成部分得到各级政府的充分重视，通过构建相关的城镇信息化系统，能够为城镇居民提供良好的居住环境、社会保障体系和产业支持体系。城镇信息化的进程也必将带动我国信息产业和高端制造业的快速发展，有利于我国产业结构的调整，为全社会信息化的建设奠定基础。

（张全升，北京大学光华管理学院）

实践篇

统一户籍背景下农村人口向城镇转移问题研究——以成都为例

程湛恒　郑少武

一、研究背景

农村人口实现自由迁徙和向城镇转移，是我国加快新型城镇化进程、完善统筹城乡发展体制和构建和谐社会的必然要求。作为全国统筹城乡综合配套改革试验区，成都户籍改革的经验借鉴和理论意义十分重要。要实现居民自由迁徙的目标，就必须全面深入回答三个问题：对成都乃至全国而言，决定农村人口向城镇转移的根本且可变因素是什么？这种因素对农村人口向城镇转移产生什么影响和问题？怎样从这种因素着手解决农村人口转移中的问题？

二、2004 年以来成都的户籍改革

从 2004 年以来,成都市户籍改革呈现出转移飞跃以及四元结构一元化转型的特点。首先,制度接纳是这个阶段的转移制度性质。这种制度性质的实质是使农村劳动力转移的成本约束大幅减少,其劳动要素供给曲线大幅向右移动。这里以解决农村劳动力最迫切的工资问题的相关制度为例,通过相关管理部门着力抓的四项制度,即工资支付保证金制度、最低工资制度、劳动合同制度和企业工资集体协商制度,农村劳动力转移的机会成本被实质性降低。具体而言,可以体现为 2004 年以来成都以户改创新在中国四元结构一元化转型中实现飞跃和引领(见表 1)。

表 1 2004 年以来成都的户改进程

改革过程	标志性政策	主要内容和意义	发布时间
第一个过程:2004—2008 年	关于推行一元化户籍管理制度的实施意见	打破沿袭半个世纪的二元户籍登记制度,取消农业户口和非农业户口划分,统一登记为“居民户口”	2004 年 4 月
	关于深化户籍制度改革深入推进城乡一体化的意见(试行)	实现本市农民租住统一规划修建的房屋可入户	2006 年 10 月
	关于促进进城务工农村劳动者向城镇居民转变的意见	实现本市农民租住私人住房可入户	2008 年 4 月
第二个过程:2009 年至今	关于全域成都城乡统一户籍实现居民自由迁徙的意见	实现户籍和居住一元化管理	2010 年 11 月

在本阶段户改的第一个过程中,成都以一元化户籍管理制度在中国四元结构一元化转型中实现飞跃。从 2004 年到 2008 年,成都

户改以全面启动和逐步深化为特征，特别是在2004年2月6日，成都市委市政府通过颁布和落实统筹城乡综合配套改革的纲领性文件——《关于统筹城乡经济社会发展推进城乡一体化的意见》，取消了农业户口和非农业户口划分，统一登记为"居民户口"，打破了成都乃至全国沿袭半个世纪的二元户籍登记制度。在2004到2005年之间，成都的城乡四元结构一元化进程出现重大转折[1]，大规模的农村剩余劳动力在短时期内大比例转变为城镇居民，成都农村户籍从业人员（由农民和农民工组成，亦即统计上的乡村从业人员）减少了36.7万人，减速同比加快了6.7个百分点，占全市城乡从业人员的比重下降了10.1个百分点（见图1）。

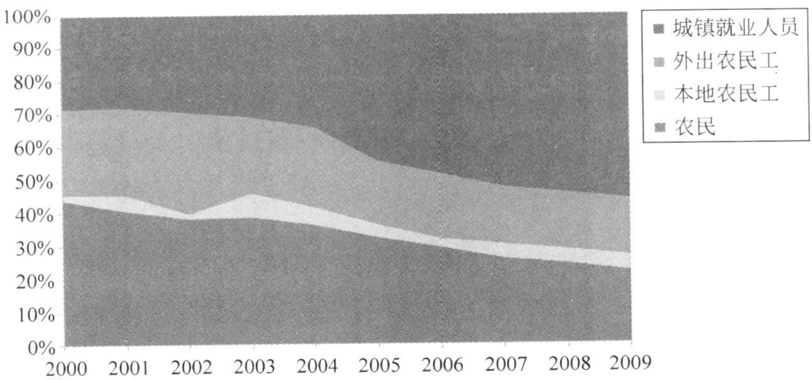

数据来源：历年《成都统计年鉴》。

图1　2004—2005年间，成都的城乡四元结构一元化进程出现转折性的飞跃

[1] 这里为了克服统计数据的不完善，同时为了方便从农村劳动力转移的角度观察城乡四元结构变迁，先对官方数据进行技术处理。由最新的《2010成都统计年鉴》，农民数量的数据来自乡村从业人员中的农、林、牧、渔业从业人员，本地农民工数量的数据是农村从业人员和乡村从业人员中的农、林、牧、渔业从业人员的相减数，外出农民工数量的数据是乡村从业人员和农村从业人员的相减数，城镇就业人员数量的数据来自城镇从业人员。

在本阶段户改的第二个过程中，成都以全域统一户籍在中国四元结构一元化转型中创新路径。从2009年至今，成都户改以重点攻坚和全面放开为特征。尤其是在2010年11月9日，市委市政府颁布了《关于全域成都城乡统一户籍实现居民自由迁徙的意见》，明确到2012年实现全域成都统一户籍，从而使成都在全国率先实现户籍和居住一元化管理。

全域成都统一户籍改革促使成都的城乡四元结构转型开始探索与全国传统路径不同的创新之路，甚至在某种程度上可以说，成都新户改有可能在未来重塑中国城乡四元结构一元化转型的路径（见图2）。首先，成都的全域城乡统一户籍改革的特别之处在于，通过建立户口登记地与实际居住地统一的户籍管理制度，既保障了向城镇转移的农村劳动力的承包地、宅基地等财产权；也使得他们获得应有的基本公共服务和社会福利的平等待遇。这主要体现在四个方面：一是在社会保障方面，农村转移劳动力获得了平等的就业失业登记权利和失业保险待遇标准，获得了平等的城镇职工社会保险，获得了区域内平等的住房保障待遇，获得了平等的低保标准；二是在教育方面，农村转移劳动力

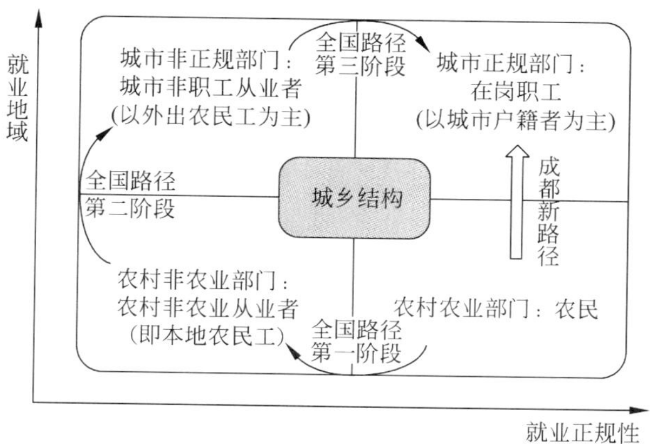

图2　新阶段的成都户改创新城乡四元结构一元化转型路径

获得了平等义务教育待遇，获得了平等的中职学生资助标准；三是在政治方面，农村转移劳动力获得了平等的选举权、被选举权和民主管理权利；四是在其他方面，农村转移劳动力获得了平等的独生子女父母奖励待遇，获得了平等的义务兵家庭优待金标准。

其次，成都的全域城乡统一户籍改革的重大意义在于，成都将在全国范围内较快地消除城乡二元体制和实现城乡全面统筹；较快地实现城乡一体化、城市内部一体化、农村内部一体化、经济社会一体化；较快地实现全面建设小康社会和现代化目标。这是因为，成都新路径不仅继续加速促进农民工市民化，而且开始吸引农民直接转变为城镇居民。这可以从上文中，成都向城镇转移的农村剩余劳动力比全国更早地更快地大比例转变为城镇居民得到验证。相比较而言，成都之外的全国大部分地区的包括农民工在内的庞大农村剩余劳动力，仍在进城或融入城市的曲折道路上，仍在分阶段地分批地转变为城镇户籍居民。一方面，农村农业部门的农民，大部分仍需先转变为农民工再转变为城镇户籍职工；另一方面，农村非农业部门的本地农民工和城市非正规部门的外出农民工，大部分仍需经历艰苦的奋斗和漫长的等待，才能真正实现市民化的梦想。

三、抽样调查和问题分析

（一）抽样调查概况

第一次调查是在成都成为国家统筹城乡综合配套改革试验区的第一年，即 2007 年，成都市经济发展研究院、成都市委综合一处与国家统计局成都调查队联合，对成都市三个圈层分别进行调研，每个圈层随机抽选 2 个区市县作为样本点（分别是温江区、成华区、大邑县、崇州市、蒲江县、双流县），共计 6 个样本点，以未离土离乡农民、就地转移农民和异地转移农民作为调查对象,每个样本点发放200份《成都市农民离土离乡情况调查表》,共计1 200份问卷。收回1 007份,有效问卷1 007份,包括离土离乡农民495份(其中一圈层195份,二圈层200份,三圈层100份)和未离土离乡农民512份。问卷回收率83.9%,问卷有效率100%。在调研内容方面,主要对成都市离土离乡农民的基本特征(年龄、性别、文化程度)、务农时间、耕地状况、户籍状况、经济收入、从事非农产业的行业、主要途径及地域分布、限制或阻挡进城(外出)就业的主要因素、外出就业的年限及主要原因、在城市务工的最大希望、城市房产定居状况、长远打算、城市务工技能状况等进行了调研。

第二次调查是在成都正式进行全域成都统一户籍改革的第一年,即2011年8月,成都市经济发展研究院、成都市委综合一处与国家统计局成都调查队联合,对全域成都统一户籍背景下农村人口向城镇转移问题进行了调查,在各区(市)县随机抽取2个乡镇,每个乡镇随机选取10个企业,每个企业中随机抽取2—3名具有本市农村户籍、在调查样本地点工作半年以上的适龄劳动者开展调查。调查内容包括:农民工家庭基本情况、参加社保情况、接受就业培训情况、子女受教育情况、住房情况、户籍等方面内容。共调查20个区市县,1 000位农民工。调查对象为在城镇调查样本地点工作半年以上、具有本市(全域成都)农村户籍的适龄劳动者。

此外,作为比较分析的辅助,本文还引入了2007年7月成都市总工会与有关部门联合开展的农民工问题大型调查(以下简称“2007年成都总工会农民工问题调查”)。该调查涉及采矿业、制造业、建筑业、服务业等13个行业门类、74个行业大类、1 115家用人单位,覆盖全市19个区(市)县和高新区。发放问卷总量达一万份。

(二)制度变迁对转移成本的影响

转移制度是影响农村人口城镇转移成本,从而型塑其社会关系的约束。制度类型包括正式转移制度和非正式转移制度。其中正式转移制度主要指包括对农村人口城镇转移成本影响较大的各类制度的直接相关成分,包括:户籍转移制度、土地转移制度、就业转移制度、社保转移制度、教育转移制度、住房转移制度、医疗转移制度等。转移能力被界定为,如果一个农村人口预期能够在转移制度的成本约束下,通过在城市非农行业工作获得至少和农村同样行业一样的收入,那么这个农村人口就可以确定具有转移能力。转移制度对转移能力的影响机制重点在于正式转移制度及其变迁对农村人口转移成本的影响。

1. 最大的转移成本是居住、社保和教育成本

享受城镇居民的住房、社保和子女教育待遇是农民工转移的最大目标,居住、社保和子女教育成本是农民工转移的最大成本。一方面,享受城镇居民的住房、社保和子女教育待遇是农民工转移的最大目标。在第二次调查中,62.6%的受访者将愿意转为城镇户口的主要原因选择为享受以上三大待遇。其中,喜欢城镇的生活居住环境占24.8 %;希望孩子上学条件好占22.0%,想享受城镇居民的福利待遇占15.8%。

另一方面,居住、社保和子女教育成本是农民工转移的最大成本,住房、社保和子女教育问题是促进农民工转移所要解决的最大问题。在第一次调查的开放式问题"如果要在城镇定居,您最希望解决的问题"的回答中,居住和子女教育问题反映排列前两位,分别占被调查总人数的32.2%和29.4%。在第二次调查的开放式问题"对成都市户籍改革和其他改革的要求或建议"的回答中,住房、社保和子女教育问题的反映排列前三位,分别占被调查总人数的15.94%、12.85%和12.60%。还有,在第二次调查中,农民工对于

目前在城镇居住和生活面临主要困难的判断，39.2%的人认为“享受不到城镇相关福利保障”，37.3%的人认为是“没有固定住房”，19.9%的人认为“子女上学难”，分别排序第三到五位（前两位分别是“收入待遇不好”和“工作不稳定”，两者可概括为对预期收入的不满意）。

首先最突出的是居住成本。在第二次调查中，在农民工被问到如果现在或将来打算在市区里居住，最关注住房的哪一方面时，81.9%的人选择了价格（房价、租金）。

其次是子女教育成本。在第二次调查中，65.3%的人将抚养孩子作为主要支出内容之一，79.1%的人选择“费用较高”作为把子女带到成都市里来上学的最大困难。在农民工的子女教育成本中，又特别以非义务教育阶段的成本为高。受访者对自己适龄入学子女每年花费的填写中，幼儿园、高中和其他阶段的子女花费分别为7 078.36元、9 653.47元和13 277.78元，明显高于小学（5 016.96元）和初中（6 942.20元）阶段的子女花费。再次是社保成本。在第二次调查中，排序第一（37.9%的人选择）的参保问题是“个人缴费负担过重”。此外生存成本对于许多农民工也是一个不能忽略的成本。在第二次调查中，将吃饭支出作为主要支出内容之一的人数比重仍然非常高（85.9%的人选择），在第一次调查中，37.73%的农民工认为限制或阻挡他们进城就业的主要因素是“外出生活费用高”。

由此可见，综合成本偏高仍然是农民工转移的最大问题，其中居住、社保和子女教育成本最为重要，享受城镇居民的住房、社保和子女教育待遇对农民工转移最有吸引力。

2. 居住成本受公租房政策和农民工的买房倾向影响很大

从住房转移制度看，农民工倾向于买房，而该转移成本的降低获得推进公租房建设的有利条件。根据第二次调查，首先，农民工的居住成本仍然较高（33%的受访者将住宿支出看作是主要支出之一），较多的农民工希望以后通过在城市买房的办法解决居住问题

（受访者中比重高达六成，如果考虑到在受访者中已有17.6%居住在城镇自己的房子，那么希望在城市买房的农民工真实比重更高），其中36.3%的人希望购买政府提供的经济适用房；28.4%的人希望自己买房。然后，公租房制度的建立健全为逐步满足农民工需求创造了有利条件。在回答“如果有机会申请市里的公共租赁房，且租金为同类型住房租金的70%左右，您愿意吗？”的问题中，高达68%的受访者表示出不同程度的积极偏好，其中24%的人非常愿意；43.6%的人表示感兴趣，希望进一步了解。

3. 子女教育成本的进一步降低需要完善入读划片公办学校政策

从教育转移制度看，农民工倾向于带子女进城，而该转移成本的降低获得入读划片公办学校且借读费赞助费取消的有利条件。在第二次调查中，首先，带子女进城与留子女在农村的农民工比重相差7.5个百分点（33.4%的子女“跟父母一起在成都市里”，25.9%的子女“留在老家”），如果还考虑到40.7%的受访者目前子女情况是“没有子女或子女已工作、上大学等”，那么倾向于让未成年子女在城镇接受教育的农民工比重可能会更高。然后，农民工在子女教育方面的转移成本的降低获得入读划片公办学校且借读费赞助费取消的有利条件。受访农民工的适龄入学子女在成都上学，就读划片指定公办学校的占62.4%，并且子女在划片指定的公办学校就读的农民工，93.2%不需要缴纳借读费、赞助费。

4. 社保成本仍受城乡二元参保政策制约

从社保转移制度看，农民工转移成本的降低仍在一定程度上受城乡二元参保政策牵制。参与第二次调查的农民工中，首先社保方面的转移成本仍然很高，主要体现在赡养老人（54.8%的人选择）和生病治疗支出（44.2%的人选择）方面。然后，该转移成本的降低仍在一定程度上受城乡二元参保政策牵制。22.7%的人明确表示在城镇就业参保中遇到“保险关系的转移和接续难”的问题。

5. 转户成本高昂主要受城乡二元土地制度的牵制

从户籍转移制度和土地转移制度看,农民工定居城市倾向提高的同时也不愿放弃农村户口和土地,该转移成本的降低受城乡二元土地制度牵制。一方面,农民工倾向于定居城市。在第二次调查中,56.8%的人长远而言希望在城市安家(此外还有2.3%的人有其他打算,如到离家不远的地方打工、在其他城市做小生意等);这一比重相对于第一次调查大幅提高了26.47个百分点。

另一方面,大部分农民工舍不得农村的户口及土地,该转移成本由于受城乡二元土地制度的牵制而难以下降。首先是转户意愿较低。在第二次调查中,在问及“您是否愿意转为城镇户口,到城镇长期居住”时,64.5%的人选择了不愿意。而在不愿意转为城镇户口的主要原因的回答中,排名第一的便是“想保留土地”,占比为47.8%(如果再考虑到受访者中有20.2%已没有耕地,那么该比重会更高)。然后看土地流转进展不容乐观。将土地承包给别人耕种的农民工比重在下降,从第一次调查的50.59%(其中全部承包给他人耕种和部分租给他人耕种的比重分别是28.62%和21.97%),下降到第二次调查的31.7%(其中全部承包给他人耕种和部分租给他人耕种的比重分别下降到16.9%和14.8%)。

6. 就业成本的降低有待职业教育和培训的进一步覆盖

从就业转移制度看,农民工转移成本的降低获得培训机会增加的有利条件,但现状仍然不容乐观。参与第一次调查的农民工中,受过职业教育或培训的被调查者占被调查总人数的40.3%,在第二次调查中这一比重已经上升到51.2%,提高了10.9个百分点,但是没有受过职业教育或培训的人数仍然近半数。

7. 偏高的转移成本也有社会网络、家庭决策和职业歧视的影响因素

非正式转移制度是型塑农民工之间(例如家庭、同乡)、农民工

和城市居民、农民工和媒体的互动关系，主要包括社会网络、家庭决策、职业歧视、公共舆论等。

第一，从社会网络看，农民工自组织的转移就业形式明显强化。自组织的农民工城镇转移就业形式主要包括亲朋好友介绍、自主创业、自己联系等。参与第一次调查的农民工中，有64.84%的人选择自组织的转移就业形式；参与第二次调查的农民工中，这个比重已经提升到81.50%，提高了16.66个百分点。此外值得注意的是，农民工在自组织形式中，通过亲朋好友介绍转移就业的比重出现降低的趋势，第一次占比为50.72%，第二次占比为46.6%。这在一定程度上说明，农民工的社会网络结构在调整，自主创业和自己联系等自我服务性质的非正式转移制度的影响在增强。

第二，其他类型的非正式转移制度的影响同样不可忽视。一是家庭决策，在第一次调查中，高达61%的农民工把"与家人分离、难以照顾家庭"看作是限制或阻挡他们进城（外出）就业的主要因素。同时值得引起注意的是，家庭决策对于农民工转移就业的影响程度会随着"农村老家—城镇工作地"的距离的增加而提高，在第一次调查中，近郊区（二圈层）与远郊区（三圈层）选择"与家人分离、难以照顾家庭"为限制转移就业主要因素的比重分别为49.4%和84.2%，两者相差达34.8个百分点。二是职业歧视，在第一次调查中，有10.77%的受访者认为"受人歧视"是限制或阻挡他们进城（外出）就业的主要因素。

（三）制度变迁对人力资本和收入预期的影响

转移能力的实质是农民工对于在现行转移制度的成本约束下能够通过在城市非农行业工作获得至少和农村同样行业同样收入的一种预期。决定转移能力的内因是农民工自身的人力资本和他们的预期。

第一，从年龄结构看，第二、三代农民工均是调查主体，第二次调查中新生代农民工显著增加。第一次抽样调查,成都市离土离乡农民以45岁以下的青壮年为主,他们占比82.42%。30岁以下的新生代农民工占比26.67%。第二次抽样调查,40岁以下的农民工占比76.1%。30岁以下的新生代农民工占比42.3%,比第一次调查的比重增加15.63个百分点。

第二,从文化技能看,农民工受教育和培训程度有所提高,但结构性失业风险增加更为迅速。一方面,农民工的学历由以初中及以下为主转变为以高中及以上为主,农民工的技能培训有所增加。首先,参与第一次调查的农民工中,初中及以下学历者(包括小学三年级以下、小学三年级、初中)占比为64.26%[1]。参与第二次调查的农民工,高中及以上学历者(包括高中、职高、中专、技校、大专及以上)占比为56.8%。然后,参与第一次调查的农民工中,受过职业教育或培训的被调查者占被调查总人数的40.3%[2],这一比重在参与第二次调查的农民工中已经上升到51.2%。

另一方面,农民工的整体学历层次仍然较低,文化技术积累不足仍然是其城镇转移就业的最大障碍。首先,参与第一次调查的农民工中,大专及以上学历者占5.66%,第二次调查中这一比重虽已上升到21.7%,但整体层次仍然不高。然后,参与第一次调查的农民工中,42.20%的受访者认为"工作难找"是限制或阻挡他们进城就业的主要因素;到第二次调查,已经有71%的农民工进一步把"没文化或没技术"看作他们进城找工作困难的最主要的原因。前后两次调查的28.8个百分点差距,说明刚性失业的风险在迅速增加,也进一步凸显农民工文化技能需要加快提高的十分迫切性。

---

[1] "2007年成都总工会农民工问题调查"也发现,当时成都的农民工在技能素质方面总体水平较低,61.5%为高中以下文化程度。

[2] "2007年成都总工会农民工问题调查"发现,当时成都的农民工参加过劳动技能培训的比重为50.4%。

第三，从身体状况看，第二次调查中农民工绝大部分自信是健康。参与第二次调查的农民工中，86.3%的农民工认为自己的身体状况良好，只有1%的人承认自己身体不好。

第四，从绝对收入看，农民工的待遇普遍提高，但改善幅度不大，且失地者可能增加。一方面是农民工的待遇普遍提高。参与第一次调查的农民工中，只有37.97%的人月均收入在833.33元（年均一万元）以上[1]；参与第二次调查的农民工中，91.5%的人月均收入在1 000元以上，同时六成以上农民工平均月支出在800元以上，占62.2%。另一方面，农民工收入提升幅度仍不理想。在第二次调查中，当被问及"您觉得目前在城镇居住和生活面临的主要困难是什么？"，52.4%的人选择了"收入待遇不好"。再一方面，失去农村土地的农民工有增加的较明显迹象。第一次调查中，仅有5.51%的农民工反映"家里已没有耕地"。到第二次调查，这一比重已经上升至20.2%，提高了近15个百分点。

第五，从收入预期看，农民工对收入的风险贴水变化有不确定性，转移就业稳定性增强，但工作不稳定的担忧仍较突出。一方面是乐观的信号，农民工转移就业稳定性增强。第一次调查的农民工中，有78.53%的人外出就业在一年以上，只有13.87%的人外出就业在五年以上；参与第二次调查的农民工中，这两个比重已经分别提升到93.50%和46.50%，分别提高了14.97个和32.63百分点；并且，参与第二次调查的农民工中，75%的人表示自己在最近两年没有变换过工作。这些都表明，农民工在城镇的工作状态在加速稳定化和长期化，农民工对收入的风险贴水也将大大降低。另一方面是对工作被迫变动的担忧。在第二次调查中，仍有43%的受访者觉得在目前在城镇居住和生活面临的主要困难是"工作不稳定"。

[1] "2007年成都总工会农民工问题调查"也发现，只有33.5%的受访农民工月均收入在1 000元以上。

四、基本结论和对策建议

(一) 转移制度变迁是决定成都农村人口转移历程的根本因素

转移制度是影响农村劳动力城镇转移就业成本，从而型塑其社会关系的约束。转移制度，特别是正式转移制度决定转移就业及经济结构。转移制度变迁的历史，既是成都农村人口向城镇转移的历史，也是成都多元经济社会结构变迁的历史。据此，成都农村人口向城镇转移主要可以分为三大阶段，其中第二阶段又可以分为三个过程(见表2)。随着决定农村人口迁移进程的转移制度变迁，成都市农村人口迁移进程逐步加快，农民逐渐转变为城市居民，非农业人口比重持续稳步上升，1978至2010年，成都非农业人口比重提高了34.3个百分点。

表2　制度变迁对农村劳动力转移及城乡结构的影响(1978—2010年)

<table>
<tr><td rowspan="2">农村劳动力转移阶段及过程</td><td>第一阶段：1978—1983年</td><td colspan="2">第二阶段：1984—2003年</td><td colspan="2">第三阶段：2004年以来</td></tr>
<tr><td>—</td><td>第一过程：1984—1985年</td><td>第二过程：1986—1990年</td><td>第三过程：1991—2003年</td><td>—</td></tr>
<tr><td rowspan="2">正式转移制度</td><td>制度拒绝</td><td colspan="3">制度多变</td><td>制度接纳</td></tr>
<tr><td>制度放松</td><td></td><td>制度收紧</td><td>制度再放松</td><td></td></tr>
<tr><td rowspan="2">转移就业</td><td rowspan="2">转移停滞</td><td colspan="3">转移波动</td><td rowspan="2">转移飞跃</td></tr>
<tr><td>进厂不进城、离土不离乡</td><td>出厂不进城、返土不离乡</td><td>进厂又进城、离土又离乡</td></tr>
<tr><td>城乡结构</td><td>二元结构</td><td colspan="3">三元结构</td><td>四元结构</td></tr>
</table>

户籍制度是正式转移制度的直接主导因素,是促进成都农村人口向城镇转移的明显原因。1978 至 2010 年非农业人口增速趋势表现与一系列户籍制度改革对应的时间点正好吻合,尤以 1984 年和 2004 年两次大的户籍制度改革最为突出,这两点明显表现出非农业人口的年际变化率显著增加;同时,人口城市化率的变化也相应明显。由此说明,户籍制度的改革促进非农业人口的大幅度增加,它是推动农村人口转移进程的强大动力。

户籍制度还是促进农村人口向城镇转移就业的重要因素。2004 年,成都市从业人员总数为 603.9 万人,其中,城镇从业人员 238.3 万人,乡村从业人员 327.0 万人,两者所占比重分别为 39.5% 和 60.6% ,2010 年,成都市从业人员新增 148.9 万人,其中,城镇从业人口新增 195.4 万人,乡村从业人员减少 8 万人;比重方面,前者增加到 57.6% ,后者减至 42.4% ,明显地表现出乡村人口转移进程加快(见表 3)。

表 3 2004 年与 2010 年不同类型从业人员比较

年份	从业人员(万人)	城镇从业人员		乡村从业人员	
		数量(万人)	比重(%)	数量(万人)	比重(%)
2004	603.9	238.3	39.5	325.7	60.6
2010	752.78	433.7	57.6	319.08	42.4

注:表内数据根据《成都统计年鉴》(2011)计算得到。

(二)农村人口转移能力的提高需要更有利的转移制度变迁

全域成都统一户籍背景下,农村人口向城镇转移中仍存在不少问题,这些问题背后的共同原因是农村人口转移能力的相对不足,转移能力的提高需要更有利的制度变迁,因为转移能力由转移制度变迁外生决定。转移制度影响转移能力的关键在于长期或短期中,正式转移制度及其变迁对不同类型农村人口转移成本的影响机制。农村人口转移的最大成本是居住、社保和教育成本,其中居住成本受公租房政策和农民工的买房倾向影响很大;子女教育成本的进一步降低需要完善入读划片公办学校政策;社保成本仍受城乡二元参保政策制约。此外,转户成本高昂主要受城乡二元土地制度的牵制;就业成本的降低有待职业教育和培训的进一步覆盖;偏高的转移成本也有社会网络、家庭决策和职业歧视的影响因素。

(三) 建议深化转移制度创新,加速有序转移农村人口

下一步,建议成都深化转移制度的创新,加速有序转移农村人口。第一,强化农村迁移人口住房保障。鼓励在城镇工作居住了一定年限的农民工购买经济适用房,各区市县应简化农民工购买经济适用房的申请、审核程序,建立农民工的住房公积金制度。第二,推进城乡教育资源均衡配置。创新教育经费管理机制,加大城市公办学校接收农民工子女入学的力度,扶持和鼓励社会团体、企业和个人创办农民工子弟学校,合理配置教育资源,实现城乡教育服务基本均等化。第三,健全农村迁移人口社会保障。巩固和完善城乡医疗保险制度,根据经济社会发展情况,建立健全基本养老金、失业保险金正常调整机制,规范优化城乡社会保险关系的转移续接程序。第四,完善农村迁移人口就业服务,为农民工创造平等就业机会,开发更多就业岗位,建立健全规范灵活的城乡人力资源市场,鼓励农民工创业,大力实施创业带动就业工程,加强农民工的就业培训,推进农民工就业服务区域合作。第五,深化农村土地流转制度改革。发挥农民在农村土地整治中的主体作用,完善建设用地指标交易制度。第六,加强宣传教育,完善社会管理模式。完善农村迁移人口的管理制度,创新农村迁移人口社会管理模式,培养农村迁移人口市民意识。第七,优化城镇格局,引导农村人口向双核转移。建议成都在天府新区规划建设的基础上,构建起

以“中心城区”和“天府新区”为极核的双中心、组团式、网络化的新型城镇格局，有序引导农村人口向城镇转移。

（程湛恒，成都市经济发展研究院；郑少武，北京大学光华管理学院）

牧区新型社会养老保险试点研究
——以内蒙古赤峰市为例

傅帅雄　张文彬

一、引言

建立农村牧区社会养老保险制度，是促进我国农村牧区改革、发展、稳定的一项重要政策，也是保障农牧民利益，解除农牧民后顾之忧的重要措施。对于确保老年农牧民的基本生活，推动农村牧区减贫和逐步缩小城乡差距，维护农牧区社会稳定，具有重大意义。

赤峰市位于内蒙古自治区东南部，蒙冀辽三省区交会处，全市面积9万平方公里，总人口460万。全市辖12个旗县区，其中有阿鲁科尔沁旗、巴林左旗、巴林右旗、克什克腾旗、翁牛特旗5个纯牧业旗,可利用草牧场面积达6 097万亩,占全市草原总面积的83.5%。作为畜牧业大市,2010年,全市牲畜存栏达到1 700万头只,牲畜存栏已连续五年居全区首位。全市畜牧业总产值达104.05亿元,占第一产业比重的43.2%。因此,本文拟以赤峰为例,探讨并分析牧区新型养老保险试点工作。

二、赤峰市新型农村牧区社会养老保险试点工作进展

(一)旗县自行试点工作情况

赤峰市新型农村牧区社会养老保险试点工作开始于2005年,先后有敖汉旗、喀喇沁旗和林西县开展了自行试点工作。2009年和2010年敖汉旗和喀喇沁旗分别成为了国家新型农村社会养老保险试点旗县,到2011年,林西县、克什克腾旗、巴林右旗和翁牛特旗也被纳入到了国家新型农村社会养老保险试点旗县序列。截至目前,赤峰全市新农保试点工作进展顺利,这项惠民政策也得到了当地牧民的积极拥护。

敖汉旗、喀喇沁旗属于赤峰市发展比较落后的旗县,其财政收入排名和牧民纯收入排名在全市都比较靠后。在经济条件较为落后的情况下,敖汉旗和喀喇沁旗大胆实践,探索出"个人缴纳,集体补助,财政补贴,互助共济"的新农保模式,开启了贫困牧区尝试新农保的先例,让辖区广大农牧民适时品尝到社会发展成果。

在2009年9月《国务院关于开展新型农村社会养老保险试点的指导意见》出台之前,敖汉旗、喀喇沁旗这两个自行试点旗县在制度设计上有很多相似之处:农牧民参保年龄为男20—60周岁,女20—55周岁;退休年龄为男60周岁,女55周岁;在养老金计发设计上,可保证参保农牧民在退休5—6年内领回自己缴费的全部本息,剩下生命期内的养老金通过互助共济和政府补贴共同支付。

敖汉旗新农保自行试点缴费标准是:按上年全市在岗职工平均

工资的15%、20%、30%三个档次计算，费率为15%。将投保人回本保证期设定为5年，即参保农民退休后，5年之内就能领回自己缴费的全部本息。例如，2006年的缴费标准，设2005年全市在岗职工平均工资为每月1 055元，全年工资总额为12 660元。如果参保人选择15%的档次，当年应缴保费284.85元（12 660×15%×15% =284.85）。设定今后全市每年在岗职工的工资平均增长1 800元，以后个人缴费每年递增40.5元（1 800×15%×15% = 40.5）。新方案规定，参保农牧民缴费年限不能低于20年。连续缴费满20年后，可以停缴，退休时领取基本养老金。也可以继续缴纳，退休待遇相应提高。到退休年龄时缴费不足20年的，可以向前追缴。有钱的农牧民还可以预缴。给付标准远远高于旧方案。其设计理念是：新农保支付标准高于农牧民最低生活保障线，低于城镇职工养老保险最低标准，让参保农牧民在5年内就领回自己的全部本息。如2006年的参保者，选15%的档次，连续缴费20年后，共缴纳本金10 643.5元。退休时每月享受202元养老金。一年就能领回2 424元。这样4.35年就能把自己缴纳的本金全部领回。

喀喇沁旗新农保自行试点缴费标准是：按上年全市在岗职工平均工资的5%、10%、15%三个档次设计，可以预缴，不定期缴和按规律正常缴，让参保农牧民自由选择。将投保人回本保证期设定为6年，6年以后的养老金靠互助共济和政府补贴。

截至2009年6月末，赤峰市全市新农保基金滚存结余达2.9亿元，参加新农保总人数为80 229人，其中退休农牧民9 089人。敖汉旗自行试点新农保每月可领取养老金最高372元，最低85元，平均180元。喀喇沁旗自行试点新农保每月领取养老金最高1 157元，最低60元，平均244元。林西县自行试点新农保每月领取养老金最高815元，最低136元，平均690元。

敖汉旗、喀喇沁旗和林西县的自行试点工作，不仅积累了经验，调动了广大农牧民参保积极性，同时也为全面开展新型农村牧区社会养老保险工作打下了良好的基础。

（二）新农保工作进展情况

2009 年 9 月《国务院关于开展新型农村社会养老保险试点的指导意见》的出台，明确提出了要通过探索建立个人缴费、集体补助、政府补贴相结合的新农保制度，实行社会统筹与个人账户相结合，保障农村居民老年基本生活。同时，要求 2009 年试点覆盖到全国 10% 的县（市、区、旗），以后逐步扩大试点，并在全国普遍实施，力争于 2020 年之前基本实现对农村适龄居民的全覆盖。

为进一步完善农村牧区社会保障体系，保障农牧民老年基本生活，2009 年 10 月，内蒙古自治区政府根据《国务院关于开展新型农村社会养老保险试点的指导意见》，结合自治区实际，制定了《内蒙古自治区新型农村牧区社会养老保险试点办法》。具体包括：

年满 16 周岁（不含在校学生）的农村牧区居民，均可在户籍所在地自愿参保。新型农村牧区社会养老保险基金主要由个人缴费和政府补贴构成，并鼓励农村牧区嘎查村集体、其他经济组织、社会组织和个人为参保人缴费提供资助。

个人缴费：参保人应按年缴纳养老保险费。年缴费标准分为 100 元、200 元、300 元、400 元、500 元 5 个档次，各地可根据实际情况适当增设缴费档次。参保人自主选择档次缴费，多缴多得。

政府补贴：政府对参保人员缴费及领取的基础养老金给予补贴，分别列入各级财政预算。对参保人实行缴费补贴：缴费金额为 100 元的，补贴标准为 30 元，缴费每提高一个档次，增加补贴 5 元，最高补贴 75 元；对重度残疾人、城乡低保户等，由政府按 100 元的标准为其代缴养老保险费，允许个人增加缴费，缴费后按照相应档次享受缴费补贴。参保人缴费补贴、政府代缴部分以及自治区提高的基础养老金，由自治区各级财政负担。自治区原则上负担全区补贴总额的 50%，盟市至少负担 25%，其余部分由旗县（市、区）负担。

自治区补贴依据各盟市财力状况划分为三类，重点向困难地区倾斜：一类地区补助40%，二类地区补助50%，三类地区补助60%。在上述标准基础上，盟市、旗县（市、区）可以根据财力状况适当提高补贴标准，提高部分由当地财政负担。自治区将根据经济发展和城乡居民收入增长等情况，适时调整缴费档次和补贴标准。

同时，为参保人建立终身记录的养老保险个人账户。个人缴费，地方政府对参保人的缴费补贴，集体补助及其他经济组织、社会公益组织、个人对参保人缴费的资助，全部记入个人账户。个人账户资金只能用于参保人年老时的养老，不得提前支取或挪作他用。参保人死亡，个人账户中的资金余额，除政府补贴外，可以依法继承；政府补贴余额用于继续支付其他参保人的养老金。

养老金待遇则由基础养老金和个人账户养老金组成，支付终身。并根据国家有关规定及自治区经济发展和物价变动等情况，适时调整全区新型农村牧区养老保险基础养老金的最低标准。

基础养老金：基础养老金为每人每月60元（中央财政补贴55元，自治区财政补贴5元），在此基础上，自治区政府对年满70至79周岁的另加10元，年满80周岁及以上的另加20元。参保人选择200元及以上档次并且累计缴费超过15年的，每多缴1年，基础养老金提高2元。

个人账户养老金：个人账户养老金月计发标准为个人账户全部储存额除以139（与现行职工基本养老保险个人账户养老金计发系数相同）。

参保人年满60周岁，可按月领取养老金。新型农村牧区社会养老保险制度实施时，已年满60周岁，未享受职工基本养老保险以及国家规定的其他养老待遇的，不需缴费，可以按月领取基础养老金；距领取年龄不足15年的，应按年缴费，也可补缴，但累计缴费年限不超过15年，补缴部分享受政府补贴；距领取年龄超过15年的，应按年缴费，累计缴费年限不少于15年。

由于敖汉旗、喀喇沁旗和林西县之前自行试点实施的新农保政策与国家、自治区后来出台的新农保试点政策相差较大，因此，为减少转轨成本，赤峰市社会保障局下发了《关于停止按地方农保政策办理新农保业务的通知》，明确规定敖汉旗自行试点截止时间为2009年10月31日，喀喇沁旗和林西县自行试点截止时间为2010年9月30日。并要求敖汉旗、喀喇沁旗和林西县按照有关规定及时与国家、自治区的新农保试点政策进行转换对接，以便于统一操作。具体做法包括：对已退休并按各旗县自行试点政策开始领取养老金的人员，继续按照原标准领取养老金；对之前已按各旗县自行试点政策参保，现已年满60周岁的参保人员，参照自治区新农保试点办法重新计算养老金，并与原地方自行政策计发的养老金相比较，就高执行。对按各旗县自行试点政策参保，但未到60周岁的人员，敖汉旗采取多种方式自愿选择，一种是老人老办法，继续按原标准缴费，退休后仍按原标准领取养老金，待其领取待遇额与按试点政策计发待遇持平后，再随同试点政策调整养老金。另一种是按新农保政策设定的缴费档次参保缴费，原缴费金额全部进入个人账户，原缴费年限和新缴费年限合并计算。享受新农保政策规定的政府缴费补贴、基础养老金和其他待遇。喀喇沁旗则终止原地方制定的缴费办法，达到60周岁时，按自治区新农保试点办法计算养老金，并与老办法养老金比较，就高执行。对于在批准成为国家新农保试点旗县后新参保的人员，则全部按自治区新农保政策执行。

另外，考虑到不同农牧民家庭的经济情况以及对养老保险缴纳金的承受能力，试点旗县在《内蒙古自治区新型农村牧区社会养老保险试点办法》的基础上，进行了更多的实践创新探索。比如，根据《敖汉旗新型农村牧区社会养老保险试点工作意见实施细则》，对于重度残疾人以及农村牧区的低保户，将由自治区、市、旗三级财政按比例为其代缴养老保险费100元。另外，为鼓励农牧民多缴多得，喀喇沁旗农村牧区社会养老个人缴费项共设定了10个档次，分别为100元、200元、300元、400元、500元、800元、1 000元、1 500元、2 000元和2 500元，参保农牧民可自主选择100元到2 500元缴费档次，不同收入阶层的农牧民选择多样化，极大地增加了农民参保的积极性。

截至2011年7月末，敖汉旗和喀喇沁旗已有42.1万农牧民参保登记，占应保人数(54.6万人)的77%，其中21.5万16—59周岁农牧民参保缴费，占应参保缴费人数(45.6万人)的47%，新农保基金累计结余4.24亿元。共计89 317名60周岁以上符合条件的农牧民已经领取了养老金，占60周岁以上农牧民(93 922人)的95%。新农保政策让试点地区的农牧民率先品尝到了老有所养的社会发展成果，使60周岁以上的老年人的生活水平得到了提高，有效地促进了老年人家庭的和谐幸福。

从2011年开始，除敖汉旗和喀喇沁旗两个全国试点旗县以外，林西县、克什克腾旗、巴林右旗和翁牛特旗也被纳入到了国家新型农村牧区社会养老保险试点旗县序列。这些进入试点的旗县，目前已完成了对当地农牧业人口的信息调查工作，并对不同年龄结构的农牧民进行分类统计，确定了符合新型农村牧区社会养老保险参保条件的人员，为养老保险试点工作的后续开展奠定了良好的基础。

三、基于新农保工作的问卷分析

由于克什克腾旗、巴林右旗和翁牛特旗这三个牧业旗的社会养老保险工作刚开展不久，参保人数有限。因此，为了进一步了解牧区的牧民对国家新型农村牧区社会养老保险的接受意愿及参保情况，2011年9月我们在敖汉旗的牧区进行了关于新农保的实地调研和问卷发放，并获得了一定量的样本数据。此次问卷调查共在敖汉旗的牧区发放问卷70份，涉及3个嘎查村，收回问卷69份，共计69位16周岁以上的牧民(非在校学生)接受了此次调查(见表1)。

表1 敖汉旗牧区牧民对国家新型农村牧区社会养老保险的接受意愿及参保情况调查

人口年龄结构	16周岁以上人数	16—29周岁人数	30—39周岁人数	40—59周岁人数	60周岁以上人数
调查人数	69人	10人	21人	24人	14人
愿意参保人数	58人	3人	17人	24人	14人
已参保人数	52人	3人	12人	23人	14人
愿意参保比例	84.1%	30.0%	81.0%	100.0%	100.0%
已参保比例	75.4%	30.0%	57.1%	95.8%	100.0%

通过调查问卷统计结果可以发现,问卷调查的14位60岁以上的牧民都愿意并已经参加了国家新型农村牧区社会养老保险,因为按照《内蒙古自治区新型农村牧区社会养老保险试点办法》规定,新型农村牧区社会养老保险制度实施时,已年满60岁,未享受职工基本养老保险以及国家规定的其他养老待遇的,不需缴费,可以按月领取基础养老金。基础养老金发放标准为每人每月60元(中央财政补贴55元,自治区财政补贴5元),在此基础上,自治区政府对年满70岁至79岁的另加10元,年满80岁及以上的另加20元。这样一来,60岁以上的牧民在无须缴纳任何费用的条件下,每年至少都可以领取到720元的养老金,所以这一年龄段的牧民参保积极性都挺高;相比之下,16岁到29岁之间的牧民对参加国家新型农村牧区社会养老保险并不是很积极。在问卷调查中,10位牧民仅3位表示愿意并参加了新农保,剩下7位未参保的牧民表示暂时还没有参保的意愿,他们普遍认为自己还比较年轻,离退休领取养老金的时间还早,即使要参保也可以再等几年,反正只要交够十五年就行;另一个原因是认为养老金太少,对他们来说没有太大的吸引力。而已参保的3位牧民之所以选择参保,主要也不是为自己,其参保主要是为了能让年龄超过60岁的父母领取到基础养老金。因为,为了

扩大参保的覆盖面，促进符合条件的人员及早参加新型农村社会养老保险，同时也为了更好地引导农村牧区中青年居民履行赡养父母的义务，内蒙古自治区要求，年满 60 周岁的老人，可以直接按月领取基础养老金，但前提是其符合参保条件的子女应当参保缴费。这一要求对中青年牧民在是否参加养老保险的选择上影响很大。假设一个家庭，全家有两个 60 岁以上的老人，四个儿女，即使都已成家，那么加上女婿、儿媳，按最低档每人每年缴纳 100 元算，八个人每年共缴纳 800 元，而两位老人每年至少可以领到 1 440 元，这样一来，不仅儿女们自己交了养老保险，到 60 岁以后能有一定的生活保障，同时每年也能使老人多拿到 640 元，简单一算，中青年牧民也就愿意参加养老保险了。这种情况在 30 岁到 59 岁之间的牧民当中特别明显，因为他们的父母基本都已满 60 岁，所以他们参加养老保险的积极性也比较高。但相比之下，40 岁到 59 岁之间的牧民更愿意参加，毕竟很快就到能享受到养老金的年龄了，即使离领取养老金年龄不足 15 年，也允许补缴至 15 年。这样一来，按最低缴费标准算，牧民自己每年缴纳 100 元，15 年需缴纳 1 500 元。等到 60 岁以后开始领养老金，每年 720 元的基础养老金 + 130 元（月计发标准为个人账户全部储存额除以 139），共计 850 元，这样不到两年就可以把缴纳的钱拿回来，而且到 70 岁之前共可领取8 500 元。在问卷调查中，40 岁到 59 岁的共有 24 位牧民，他们都表示愿意参保，并已有 23 位开始参保缴费，未参保的一位牧民也表示目前自己刚过 40 岁，离领取养老金的时间还早，但过几年以后一定也会参保。对于 30 到 39 岁之间的牧民，从调查问卷结果可以看出，21 人当中有 17 人表示愿意参保，但实际参保人数仅 12 人。而这 12 人基本都是因为父母已满 60 岁，为了让老人领取基本养老保险金，按要求才开始参保缴费的。他们都普遍认为自己离领取养老金的时间还早，而且正值中年，家庭生活压力较大，对 60 岁以后的生活暂时未考虑，所以参保的积极性不是太大。

通过以上分析可以看出,40 岁以上的牧民对参加国家新型农村牧区社会养老保险的积极性较大,而 40 岁以下的牧民表现出来的积极性则不是很高。归纳具体的原因可能有以下几点:一是这个年龄段的牧民觉得自己还年轻,退休的生活离现在还太远,无须这么早考虑;二是觉得反正只要缴够 15 年的养老保险费,60 岁以后就能领养老金,所以到时候晚几年再交也不迟;三是觉得自己还年轻,以后可能到城市打工,如果发展得好就不回来了,也用不着参加新农保了;四是觉得相对于目前物价上涨的速度,新农保每人每年 30—50 元的政府补贴以及每月 60 元的基础退休养老金有些偏低,补贴的保障能力不明显,缺少吸引力;五是感觉目前的生活压力就已经比较大了,没有太多的能力去考虑或安排很多年以后的事。

四、存在的问题

除了牧民参保的积极性以外,在新型农村牧区社会养老保险工作具体实施中,还存在有其他一些困难。

(一)老农保参保缴费及年限与新农保如何折算对接缺乏具体的标准。由于敖汉旗、喀喇沁旗和林西县于 2005 年就开始自行试点开展农村牧区社会养老工作,当时自行试点所制定的很多政策与当前自治区统一的新农保试点政策相比较,待遇差别较大。作为历史遗留问题,这不仅关系到新农保工作的稳定性以及农牧民参保的积极性,同时也不利于新农保信息化统一作业的便捷性。

(二)在当前新农保试点政策中缺少新农保与城镇职工基本养老保险、被征地农牧民基本养老保险的衔接办法,一些进城工作的失地农民如何将新农保转为城镇基本养老保险缺乏具体明确的政策。

(三)新农保工作量大,业务内容多,工作人员负荷比较重,而新农保各级经办管理机构的编制少。尽管有文件规定新农保管理工作的编制可由旗县内部自行调剂解决,但实际情况是旗县当前各部门的编制都已十分紧张,很难进行调剂,从而出现了新农保工作人员编制难以落实的情况。编制不落实,待遇就无法得到根本的保障,相应的工作积极性就会受到影响。

(四)许多牧民对新农保的很多政策和具体的缴费办法不是太了解,牧民了解和咨询的渠道有限,还需要进一步加大宣传力度并改进、探索更多有效的政策讲解咨询方式;有些地方政府片面追求投保率,强迫牧民入保,违背了新农保自愿参保的原则,也背离了国家出台这一惠农政策的初衷。

(五)新农保基金难以实现保值增值。新农保基金发展快,规模大,各试点旗县每年基金收缴都以千万元计算,基金结存几乎都在亿元左右,而现行基金的增值途径除了存入银行就是购买国债,按银行一年的定期存款利息来算,每千万元的基金年利息收入只有33万元,这么低的基金收益率不但与不断上升的物价指数、通货膨胀率不相称,更达不到基金增值的目的。

五、政策建议

(一)出台鼓励中青年牧民参保的政策。由于新农保缺少激励中青年牧民长期参保的政策,许多中青年牧民积极性不高,认为现在各方面花销也大,政府补贴也不高,没有必要这么早就开始参保缴费,只要在60岁缴够也不迟。针对这种情况,建议国家或自治区出台具体的鼓励办法,可以根据不同的年龄段,区别设置参保缴费的标准,旨在鼓励中青年牧民积极参保。因此,下一步的工作可以从制度入手,进一步完善参保缴费的激励机制,激发中青年牧民长期缴费参保的积极性。

(二)建议国家或内蒙古自治区出台自行试点农保缴费政策

与新农保衔接的指导意见和办法。按照"就高不就低"的原则,在新农保信息系统内为新老农保政策衔接提供一个折算、补差的途径,并将待遇的差距视为政策变迁的成本,国家和各级财政给予支持。

（三）从人力财力等多方面加大对新农保的支持力度。由于新农保工作量大,涉及面广,因此,可以在新农保工作人员的编制配备上给予相应的调整和支持。其次,加大各级财政对农保工作的支持力度,确保财政补贴资金按农保发展进度及时足额到位。

（四）加大宣传力度,增强参保意识。充分利用广播、电视和报纸等新闻媒体对新型农村牧区社会养老保险政策进行宣传,同时设立相应的咨询站点和咨询电话,方便牧民就参保政策、缴费程序等问题进行咨询并得到及时的解答。另外,当前主动咨询和办理新农保的牧民多为 60 岁以上或接近 60 岁的老人,国家新型农村牧区社会养老保险政策与他们当前的切身利益直接相关,因此他们对相关的政策也十分关注。而中青年牧民更多地从当前利益考虑,认为新农保对他们目前而言并非十分紧要,领取养老金也是未来很多年以后的事情。因此,中青年牧民对新农保政策的关注度不高,参保的意识也较为淡薄,主动咨询和要求参保的人不多。为了进一步增强中青年牧民对新型农村牧区社会养老保险重要性的认识,了解新农保的政策,政府应该加强在宣传上的主动性,特别针对中青年牧民群体,要深入基层,通过走村串户、面对面的方式主动对其进行政策讲解和答疑解惑。同时也要从实际的角度出发,为中青年牧民算经济账,引导中青年牧民用发展的眼光看新农保所带来的利益和实惠,进一步增强中青年牧民参保的意识。

（五）为牧民参保缴费提供便利。由于牧区地域广阔,牧民的居住地与城镇距离较远,这为新型农村牧区社会养老保险的缴费工作带来了诸多不便。如何从方便牧民缴费这一角度出发,创建新的缴费管理模式,既可方便牧民每月参保缴费又可以保证养老保险费的安全。目前,赤峰的牧区社会养老保费由地税部门统一代理征收,由于农业税取消后,乡镇一级地税部门工作人员数量减少,很难实现入户收费、方便群众的初衷。因此,考虑到农村信用社网点分布广的特点,可以尝试由新农保基层组织会同农村信用社工作人员入户宣传动员收缴的模式,以方便牧民参保缴费。

（六）随着城镇化进程的推进,越来越多的农牧民会进城工作,这就会面临如何实现新农村社会养老保险与城镇居民养老保险相对接的问题,因此,建议自治区政府参照相关文件,并结合实际情况,制定出对接的具体方案和相关政策,以保障进城农牧民的合理权益。

（七）加强对新农保工作人员的业务培训。为了让牧民深入了解新农保政策,积极参与牧区社会养老保险,新农保的工作人员必须要有熟练的业务知识,只有在熟练掌握业务知识的基础上才能够更好地做好政策的宣传和解答工作。与此同时,由于赤峰大多数的旗县作为新农保的试点,刚刚开展工作,因此,在工作当中难免会遇到一些之前未曾碰到的问题。在这种情况下,应进一步加强对新农保工作人员的培训,通过组织学习、观摩考察、座谈交流等多种方式,不断学习和总结经验,提升自身业务水平和实际工作能力,以保证新农保工作的顺利推进。

（八）尽快实现自治区新农保基金的统一管理,基于新农保基金管理规定,省级农保基金可委托全国社会保障基金会或相关专业机构予以投资管理。这样,新农保基金可以通过存入银行、购买国债以及投资经营等多元化管理,实现新农保基金的保值增值。

参考文献

1. 韩鹏:"'农村牧区'基本养老保险内涵的肿析与思考",《科学与管理》2010年第5期。

2. 韩鹏、刘涛:“内蒙古农村牧区基本养老保险瓶颈及成因探究”,《内蒙古大学学报(哲学社会科学版)》2010 年第 6 期。
3. 杨彩娟、王芳:“新农保体制下内蒙古农村养老保险制度的构建”,《内蒙古电大学刊》2010 年第 4 期。

(傅帅雄、张文彬,北京大学光华管理学院)

农村土地流转制度创新与思考

——以湖北省随州市为例

傅振邦 朱 睿

一、随州市农村土地流转的模式和特点

（一）随州市农村土地流转的现状及特点

1. 随州市农村土地流转的现状

随州市位于湖北省北部，地处长江流域和淮河流域的交汇地带，全市总人口258万，版图面积9 636平方公里，辖一县一市一区和经济开发区、大洪山风景名胜区，有45个乡镇，875个村，农业人口195.78万人，耕地面积220万亩。截至2011年底，全市农村土

地承包经营权应确权到户43.39万户，面积186.15万亩，已确权到户42.75万户、面积183.40万亩，占应确权到户的98.53%、面积的98.52%。应核发土地承包经营权证43.39万本，已核发42.71万本，占98.43%。全市农民流转土地面积23.8万亩，涉及流转农户数47 964户，占耕地总面积的12.8%。其中：转包14.5万亩，占流转面积的60.9%；转让1.9万亩，占流转面积的8.0%；互换3.2万亩，占流转面积的13.4%；出租3.3万亩，占流转面积的13.9%；入股0.9万亩，占流转面积的3.8%。

2. 主要特点

（1）流转规模逐年扩大。

随州市土地流转逐渐由分散性、小宗地、亲邻间流转向整体性、大宗地、区域间流转转变，由最初农户间的转包转让向租赁大户、成片租赁转让发展，由最初的流转撂荒耕地扩大到向林地、鱼塘和四荒地等全方位流转，流转规模由过去的几十亩扩大到上千亩，流转区域由开始的一村一组发展为突破行政区域的流转。据统计，2007年随州市土地流转仅为1.01万亩，到2011年土地流转已达到23.79万亩，5年间土地流转规模翻了二十多倍，且呈逐年倍增态势（见表1）。

表1　2007—2011年随州市农村土地流转情况统计表

年度	流转总面积（万亩）							流转去向（万亩）				流转农户数（户）
	转包	转让	互换	出租	股份合作	其他形式	合计	农户	专业合作社	企业	其他	
2007	0.62	0.19	0.09	0.07	0.01	0.03	1.01	—	—	—	—	—
2008	0.75	0.12	0.04	0.08	0.01	0.03	1.03	0.95	0.03	0	0.05	—
2009	2.08	0.27	0.09	0.33	0.01	0.11	2.89	2.43	0.09	0.31	0.06	—
2010	3.64	1.1	0.97	1.14	0	0.6	7.45	6.32	0.4	0.41	0.32	26 846
2011	14.52	1.94	3.15	3.31	0.87	0	23.79	21.03	0.56	0.45	1.75	47 964

（2）流转行为多为自发。

一是土地承包流转多以自发为主，其中以亲友间的转包或委托代耕最为普遍。这类口头约定或简单协议流转耕地 21.03 万亩，占随州市流转总面积的 88%。二是流转期限具有不确定性。流转时间由原承包户确定为主，什么时间收回，主要由原承包户说了算，转入户只能被动接受。三是流转价格渐趋合理。前几年土地流转多为无偿流转，近年来大部分流转价格在 300—400 元/亩，少数也有 500—600 元/亩的。

（3）流转形式多样。

土地流转以转包方式为主，出租、转让、互换、入股形式为辅。土地流转一般发生在集体经济组织成员内部，外单位、个人承接的相对较少。短期流转居多，中长期流转相对较少。不同区域、不同经济发展水平农户的土地流转规模和速度不同。经济较为发达、农户商品意识较强的村组，土地流转行为相对活跃。临近交通干道、集镇和城郊的村组土地流转率相对较高，而地处偏远的村庄土地流转率相对较低。前些年，农户土地流转仅限于本村本组农户之间，现在，已有越来越多的龙头企业、个体工商户、农民专业合作社、返乡农民工、退休老干部、农机化服务组织积极参与土地流转。

（4）流转成效明显。

一是促进了农业生产要素的合理流动。通过土地经营权流转，土地适度向种田能手和经营大户集中，向优势板块基地和农业企业集中，促进了土地、资源、劳力等生产要素的合理流动和优化组合，实现了土地资源的充分利用，通过全程机械化操作，大力推广优良品种、轻简栽培和高产栽培技术的应用，土地的利用率和产出率得到提高。同时，遏制了土地弃耕撂荒，使过去一些弃耕撂荒土地得到了利用，农村一些分散、闲置的湖滩、丘岗、山林资源得到合理有效利用。二是带动了一批龙头企业发展。通过土地流转，吸引本地和外地企业主投资农业，使土地资源和资本有效结合，带动了一批农业产业化龙头企业，随州市国家级农业化龙头企业同星农业、裕国菇业等企业正是通过流转土地、发展规模经营壮大起来的。三是催生了农民专业合作社的大发展。一大批农民专业合作社伴随着土地流转而发展，提高了农民组织化程度，促进了农村经济发展。四是进一步调整优化了农村产业结构。随州市结合产业发展规划，积极引导土地流转和规模经营向主导优势产业和重点区域集中，促进了优质粮、畜禽、食用菌、干鲜果、蔬菜等板块基地建设，农村产业结构进一步优化。五是加速了农村劳动力的转移。通过土地流转，让农户能够在获得一定租金收入的同时摆脱土地束缚，从事非农产业，获得更多的收入。而土地转入户可以实现规模经营，形成了转让户和承租户"双赢"的格局。

（二）随州市土地流转的主要模式

1. 单一租赁模式

（1）组织形式。农民直接将土地承包经营权租赁给企业或者其他社会业主。双方约定租赁期限和价格，签订租赁合同。一个企业（业主）租赁若干农户承包土地。企业（业主）为唯一经营主体，农民可为经营业主务工，但缺乏利益联结机制，不能获取经营利润分红。（2）运行机制。企业（业主）在不改变土地承包权、土地性质的前提下，自主进行集中成片土地整理开发，从事规模化、专业化、标准化农业生产经营。企业（业主）直接对接加工企业或市场，有的已发展出生产、加工、销售一条龙的产业链。（3）利益联结方式。农民按照与企业（业主）签订的合同收取土地租金。流转土地的农民可以优先为企业（业主）务工获得报酬。（4）典型案例。随州田丰农业科技有限公司在随州市随县高城镇以每亩租金500元或稻谷600斤租赁耕地1 400亩，种植小麦、稻谷等粮食作物，购置了拖拉机、旋耕机、联合收割机、乘坐式插秧机、步进式插秧机、手扶拖拉机、排灌机械、机动喷雾器等各类机械13台(套),在完成流转农田的耕作的同时,为承包农田以外的农田提供机械作业服务5 000亩,年出售粮食150万公斤,辐射带动一百多个农户。

2. 土地股份合作社模式

(1)组织形式。由村集体或农户、企业共同发起,村集体和农户以土地入股,企业则以资本、技术、设备入股,组建土地股份合作社。按照合作社章程选举产生理事会、监事会,统一组织生产经营。所有社员(股东)均为经营主体,均有权参与经营并获取经营利润分红。(2)运行机制。由理事会决定"种什么、如何种"等重大经营决策,必要时召开社员(股东)会议商议决策。实行理事会领导下的经理负责制,由内部产生或者对外聘请专业技术人员、经营能手为总经理或生产经理,负责组织生产经营。入股的土地按照统一的生产技术规程和产品质量标准组织生产经营。生产管理上实行种子、肥料、农药统一购买使用,机耕、机防、机收统一进行。通过与农产品加工企业或营销企业直接对接,实行订单销售。生产经营和财务分开,监事会对生产经营和财务收支情况进行监督。经营利润分配方案经股东大会讨论通过。(3)利益联结方式。实行土地收益保底,无论经营盈亏,社员(股东)每年都能获得基本的土地流转收入。经营利润在提取一定比例的公积金、公益金和发展资金后,按股分红。优先吸纳入股农民务工,使农民得到劳务收入。(4)典型案例。随州市汉东玥马铃薯专业合作社由16名股东、662名社员组成,股东以现金形式出资,资金总额80万元,社员以土地形式出资,面积1.2万亩。合作社成立了汉东玥薯业有限公司,有1个马铃薯加工厂和1个技术培训基地。基地常年种植面积4万亩,年产量10万吨,联结薯农5 000户,辐射带动11个乡镇、四十多个村。合作社盈余分配分为两种方式:按劳分配和按资分配。社员按劳分配,主要是产品销售利润,社员按交易量全部返还。股东按资分配,主要是种子及生产资料销售利润,除去费用、提取公积金后,按出资比例分配。2011 年,合作社总收入 8 152 万元,总支出 6 952 万元,当年盈余总额 1 200 万元,提取公积金 6 万元,可分配盈余 1 194 万元,按交易额支付社员盈余返还 1 101 万元。

3. 土地租赁合作经营模式

(1) 组织形式。由村组织或种养大户、经营能手发起创办。农户自愿将土地承包经营权租赁给合作社,并成为社员。制定合作社章程,选举产生理事会、监事会。所有合作社社员均为经营主体,均有权参与经营并获取经营利润分红。(2)运行机制。合作社对租赁的土地实行统一的“机耕、育秧、播种、植保、收割、销售”,全程机械化、标准化生产。合作社与加工、流通企业直接对接,实行订单生产。合作社生产经营和财务收支情况公开,接受监事会监督。(3)利益联结方式。社员(农户)从合作社获得土地租金。合作社每年的经营利润提取一定比例对社员(农户)进行分红。社员(农户)自愿在合作社参加统一生产,获得务工收入。(4)典型案例。安居无公害蔬菜产销专业合作社由随州市随县安居镇王家沙湾村 34 名蔬菜种植户发起成立,目前共有社员 280 户,合作社结合本地实际情况,大力发展日光温室和地方特色蔬菜种植,从业人员 850 人,种植蔬菜面积 1 500 亩,带动周边近 2 000 个蔬菜种植户,常年供应四十多种蔬菜,年销售蔬菜 1 万吨以上,创产值 2 500 万元。

4. 家庭农场模式

(1) 组织形式。农户将土地承包经营权租赁给种养大户或经营能手。种养大户或者经营能手以家庭农场的形式,发展适度规模经营。经营业主为唯一经营主体,农民可为经营业主务工,但缺乏利益联结机制,不能获取经营利润分红。(2)运行机制。经营业主按照市场需求,规模化、标准化生产优质特色农副产品。与加工和销售企业通过“订单农业”或者其他方式紧密联结。一般面积在 50 亩以上效益较好。(3)利益联结方式。经营业主通过适度规模经营获得较高的经营收入。流转土地农户获得租金,仍享受国家政策补贴，可选择就地打工或外出打工。（4）典型案例。随州市随县环潭镇柏树湾村农民张光能，流转耕地种植小麦、水稻等粮食作物，2011 年粮食种植面积达到 3 799 亩，生产粮食 2 080 吨，出售粮食 1 664 吨，粮食种植收入 464 万元，成功走出了一条规模种植、机械化生产的粮食高效化种植之路，被国务院授予“全国种粮大户”称号。

5.“公司租赁 + 返租倒包”模式

（1）组织形式。公司租赁农户的土地，配套完善水渠路网等基础设施，建设农业生产基地（园区），实施规模化、标准化、机械化统一生产经营。公司将生产基地（园区）划分为若干块，除自身经营示范基地外，其余“返租倒包”给当地农户，使农民成为二级经营的主体。公司为一级经营主体，“返租倒包”的农户为二级经营主体，可以一定的方式分享经营利润。（2）运行机制。公司对生产基地（园区）进行统一规划和管理，实行统一的品种、技术、机械化作业、病虫防治、农资供应、收购、销售、加工。“返租倒包”的农户严格按照统一的生产管理要求负责相应的板块作业，作为二级经营主体分享利益。（3）利益联结方式。农户根据与公司签订的合同，获得土地租金；优先对流转土地的农户实行“返租倒包”，获得相应收入（工资或承包收入）；其他农户可进入基地（园区）务工，获得务工收入。（4）典型案例。湖北裕国菇业有限公司为保障香菇生产质量，在随州市随县三里岗镇吉祥寺村从菇农手中流转土地 600 亩，建立食用菌标准化无公害种植示范基地，按每袋香菇给予农户 0.5 元资金补贴，由公司实行统一原料采购、统一菌种供应、统一技术指导、统一采摘管理、统一产品收购、统一品牌销售，吸收 285 户菇农在基地内按照无公害生产技术标准栽培食用菌，实现菇农人均增收 8 000 元。随州希望田野蔬菜公司以每亩租金 600 元从曾都区万店镇黄畈村租赁土地 540 亩，投资 2 500 万元建蔬菜大棚和冷库，转出土地的农民可就近到公司务工，也可按照一定的价格直接承包公司大棚种植蔬菜，公司包良种、包技术服务、包防虫治病，统一加工、统一储藏、统一销售。

6. “龙头企业 + 合作社 + 基地 + 农户”模式

(1) 组织形式。农民自愿将土地租赁给农业产业化龙头企业，并与龙头企业签订土地流转合同。龙头企业对流转的土地进行连片整治，建设现代农业生产基地，发展规模经营。以合作社为纽带，以农户为二级经营主体，开展“订单”农业生产。龙头企业、合作社和农户均为经营主体，按一定方式参与经营并分享经营利润。(2)运行机制。龙头企业对生产基地进行统一规划和投资建设，实行标准化、规模化、集约化、品牌化的现代农业经营。公司自己管理示范基地，同时拿出部分土地，由合作社按照龙头企业的统一生产技术规程和产品质量标准，组织农户开展订单生产，或者对农户实行“返租倒包”。龙头企业提供生产、技术等有关配套服务，产品由公司按协商价格直接回购。(3)利益联结方式。农户通过流转土地经营权，获得土地租金的收入。合作社和农户从生产经营中获得收益。农户进入龙头企业基地或者为合作社打工，增加工资收入。(4)典型案例。湖北金银丰食品有限公司是湖北省“一袋面”工程实施单位，公司自成立之日起就大力发展订单农业，是湖北省唯一拥有绿色农业产业化生产基地的粮食生产企业，目前已发展小麦订单面积60多万亩，每年为订单农户增收8 000万元。

二、农村土地流转存在的问题及原因分析

(一) 土地流转的原动力不强

1. 农民自身土地流转意愿不强

(1) 面对未来不确定的风险，农民顾虑重重。

土地是中国农民最基本的生产资料，也是农民安身立命最根本的保障。土地对农民而言兼具就业和社会保障两大功能。对于农村土地流转，农民有三重顾虑：一是害怕失去土地承包经营权。农

村土地流转过程是一个多方利益博弈的过程，参加博弈的主体有三方，即以村委会为代表的基层政权组织、农业企业或者种养大户、流转土地的农民。从所拥有的政治和经济资源的角度来看，农民绝对是三方主体中的弱势群体。二轮延包时土地流转或“被流转”后失去土地承包经营权的教训让农民心有余悸。一些农民担心流转后会失去土地，抱着“自己的地收多少算多少，只要把地留住就好”的心理，宁可粗放经营甚至撂荒也不愿把土地对外流转。二是害怕失去生活来源。在流转前，如果农民不外出打工，每户几亩地是能够维持基本生活的。如果精耕细作，收益也明显高于流转租金。但在土地流转后，农民被长期固化在低租金收入上，仅靠流转费难以糊口，与失地农民没有多大区别。三是害怕失去生存保障。农民将土地流转后，短期内虽然有现金收益，但由于他们大多没有一技之长，很难适应目前非农职业的技术化要求，只能从事一些简单的体力劳动，进城务工的门路较窄。很多农民在城市打工，却难以在城市获得稳定的职业和收入，始终被城市的社会保障排除在外。倘若出现宏观经济环境的波动，一旦失业，其赖以生存的土地又难以重新收回，生活的退路将由此受阻。再加上我国农村社会保障制度还不完善，农村社会保障水平低、覆盖面窄、参保门槛高，因此农民不愿意放弃被视为生存最后保障的土地。他们认为，有土地生活就有退路，即使外出打工赚不到钱还可以返乡种田，心里踏实。受 2008 年世界金融危机影响，2009 年上半年随州市有 14 万农民工返乡，之所以没有造成大的动荡，很重要的一个原因就是农民还有几亩地可以维持生计。

（2）农业效益的提高及生产的社会化，使农民不愿流转土地。一是国家强农政策提升了土地价值。近年来，中央出台了一系列强农惠农政策，免除农业税，实行种粮补贴、农机具购置补贴、良种补贴等。农民种田不仅不用交钱，按照耕地面积还能得到国家补贴。这些政策直接或间接增加了土地收益，从而在很大程度上使农民更看重土地的价值,更加珍惜土地,从客观上降低了农民流转土地的意愿。二是现代农业发展提高了农业效益。随着现代农业的日益发展,一些头脑灵活、眼界开阔、市场意识强的农民,通过大力发展特色优势产业,种田务农的收益不断提高,在家种田比外出务工收入还要多。因此,一些农民不愿流转自己的承包地。三是生产社会化降低了农业生产强度。现代科技的发展使科学技术在农业生产中的作用越来越突出,以家庭为单位的自给性农业生产正在转变为分工细密、协作广泛、开发型的社会化生产,农业生产从种植到收获的过程正日益变得简单、便捷和高效。如今的农民种田,种子、肥料、农药等物资以及翻耕、收割等环节,花钱即可买服务。除了育苗、移栽、日常管护需要打理外,其余的一概不需费心。这种种田,既不需要多少时间,也不需要多少体力,很多农民可以种田、务工两不误,用不着流转土地。

2. 经营主体困难较多

(1)防范风险难。农业始终是一个相对弱质和高风险的产业,同时要承担自然风险和市场风险的压力,特别是宏观的市场变化难以把握,买难卖难和价格大幅波动越来越频繁。一家一户经营时,风险主要由农户分别承担,而规模经营后,风险高度集中在经营主体身上,一旦失败不仅血本无归,而且还影响到众多农户。而我国目前普遍缺乏经营风险的规避和补偿机制,农业保险覆盖面窄、水平低,远远满足不了实际需要。(2)加大投入难。一些农田水利设施老化,路难走、水难灌、电不通,经营主体需要大量的投入来改善生产经营条件,提高土地的产出率和效益。由于农民不愿意签订长期合同,经营主体也不敢加大对土地的投入。(3)利益协调难。规模经营需要土地集中连片,家庭承包时采用的是土地肥瘦搭配、远近均摊的分配方式,造成众多"插花田"、"箱式田",土地受让方需要挨家挨户去谈判,成本高,利益难协调。土地流转后,就地优先安置本地劳动力就业往往是流转合同中的重要条件,但在实践中却出现农民出勤不出力、素质偏低、劳动效率低下，企业用工成本居高不下的现象。在合同履行上，一个经营大户要面对众多农民，如果农民不履约，经营大户也没有精力和成本去维权。

3. 地方政府责任风险较大

（1）利益纠纷调处风险。由于许多地方土地流转都是政府积极推动的，因此，无论农民还是投资经营者，出现问题就找政府。特别是一些流转价格相对较低的地方，政府不仅目前协调农民提高价格或者要回土地等要求的压力大，而且未来的社会保障和民生的预期压力更大。土地流转中利益关系处理不好，最终都需要政府出面解决。(2)经营失败政府"兜底"风险。在目前地方政府介入较多的情况下，一旦经营失误，投资者可以走人，但遗留问题都将留给政府，政府被动地要对土地的恢复和农民生计等一系列问题"兜底"。(3)社会管理责任风险。土地流转如果不能做到"富民"，而是在农村利益关系上引起新的矛盾，政府是有责任的。同时，在经济利益多元化、特别是各种利益主体强弱不均的情况下，如何完善农村基层政权和社会管理体制，保证基层民主和社会和谐，也是摆在各级政府面前的重大责任。

（二）土地流转不规范

1. 流转机制不健全。迄今为止，我国还没有制定关于农村土地流转的法律法规。我国农村土地产权由农村集体所有权、农民承包经营权和使用权三部分组成。但在实际的土地产权运营中，土地的所有权、承包经营权和使用权的界定与归属并不明确和清晰。《农村土地承包法》规定："农民集体所有的土地依法属于村农民集体所有，由村集体经济组织或者村民委员会发包。"市场交易应该有明确的交易主体，但在现实的土地流转中，农民的交易主体权利常常被剥夺。农民土地承包经营权要流转，往往要由村委会做主。因为缺乏有效的农村土地流转法律规范，大部分的农村土地流转都处于地方自发组织的状态。农村土地流转过程如何规范、流转后土地用途如何监督、农民的权益如何保障，都缺乏相应的法律约束。

2. 流转市场建设滞后。目前农村土地流转还没有形成完整的市场体系，尤其是缺乏连接流转双方的中介服务组织，造成农村土地流转市场信息不完全、不对称，信息辐射面小，信息传播渠道不畅，流转双方要花费大量的时间和资金搜寻信息，从而导致有地难“流”、有田难“转”。

3. 流转服务体系欠缺。目前，多数地方还没有建立完善的农村土地流转服务机构，即使建立了土地流转服务中心，作用也没有完全发挥。由于欠缺土地流转服务平台，大多数土地流转行为还是农户之间的口头协议，很少经过登记和合同签订，流转的权、责、利不很明确，出现纠纷，很难调解。据随州市经管部门统计，全市签正规流转合同的比例不到10%。土地纠纷调处体系不完善，一旦发生纠纷，村组难调解，仲裁机构无力裁决，法院不受理，影响农村社会稳定。土地流转档案管理中还存在土地四至不清、台账登记和变更滞后等问题。

（三）土地流转中农民利益难以保障

1. 集体组织包办代替。有的村级组织甚至乡镇由于推进规模经营心切，越俎代庖，以村组名义直接与外来企业主签订土地流转合同，将农民的承包地出租，既无农户签名，又无书面委托，用变相的行政手段干预土地流转，搞强制性的土地流转；有的直接把土地流转作为增加村级收入的手段，侵占农民的合法权益。

2. 流转价格不合理。推动农村土地流转的目的是让流转农户共享土地流转带来的经济效益，但现实情况是农村土地流转租金普遍偏低，一般一年在300—400元/亩（或按350—400斤稻谷/亩计价）。有的流转租金一定几十年不变，没有与物价水平挂钩的租金增长机制。

3. 流转收益无保障。一些农业企业或承包大户在经营项目收益未达到预期时，不愿承担租金或者要求降低租金。有的经营者搞不下去了就一走了之，农民不仅拿不到租金，收回来的土地还需要投入才能重新耕种。

4. 改变用途损伤土地。一些企业擅自改变流转土地的用途，在农田上建造房屋、厂房等建筑物，对耕地造成破坏，农民到期收回后很难将土地继续用于农业生产，使农民的权益受到损害。

（四）土地流转存在“非粮化”、“非农化”趋势

十七届三中全会《决定》明确提出，农村土地承包经营权流转不得改变农村土地的集体所有性质，不得改变农村土地用途。但在农村土地流转的过程中，农地的用途经常会发生变化，主要表现为：一是流转土地的“非粮化”倾向。由于种粮比较效益偏低，降低了承包经营主体的种粮积极性，出于对利润最大化的追求，很多承包经营主体将会改变土地传统的粮田用途，土地流转项目一般都与农业产业结构调整结合起来，发展高效农业、设施农业，从事蔬菜、水果、水产和畜禽等经济作物的种植和养殖。据随州市经管部门统计，目前登记备案的土地流转面积中，种粮的只占60%。特别是土地流向企业后用于种粮的比例较低，大多数从事经济作物种植或现代养殖。二是任意改变土地用途。一些农业企业将土地流转后建设观光休闲农业、现代农业等园区，扩大“附属生产用房”的规模，规避农用地转用审批手续。更有甚者，将耕地变成了市场、厂房等，给耕地造成永久性伤害。现行农地保护制度有基本农田保护制度、耕地总量动态平衡制度、土地用途管制制度、建设占用耕地补偿制度等，但在农村土地流转过程中，土地用途管制主体往往缺位，用途管制执行不力。一些地方为发展经济，会通过各种招商引资渠道引入各类项目，而大规模的土地流转往往是由地方政府引导的，基于自身利益最大化的考虑自然选择将耕地向收益高的用途流转。

（五）土地流转缺乏金融支撑

1. 农村土地经营权抵押存在障碍。《物权法》第184条第二款和《担保法》第37条第二款都规定“耕地、宅基地、自留地、自留山等集体所有的土地使用权不得抵押”，直接限制了农村土地的融资功能。同时，《农村土地承包法》规定，农村土地承包经营权流转不得改变土地集体所有性质，不得改变土地用途。这一规定导致银行以土地经营权质押的债权变现难度极大，一旦经营户出现贷款违约，银行难以处置抵押的土地经营权，挫伤了放贷积极性。

2. 农村金融服务严重不足。(1)农村金融机构网点收缩。各家银行大规模地缩减了农村网点，目前在随州市乡镇设有网点的只有农业银行、农村信用联社、邮政储蓄银行和汇丰村镇银行四家。农村信用联社是农村金融市场主要的资源供给主体，其信贷资金供给的垄断地位较为突出，难以满足农村土地流转后多样化的金融需求。(2)农村金融产品单一。当前针对农户的信贷品种主要为小额信用贷款、联保贷款和担保贷款三种，贷款额度较小，很难满足土地流转后规模经营的需求。(3)农村贷款期限短、利率高。农户贷款的期限多为一年，而流转后的土地多用于规模化特色种植、养殖，资金投入的回报期较长，存在贷款短期化与需求长期化的矛盾。农户贷款基本上按照市场利率定价，贷款利率普遍过高，因为农业的弱质性，这种相对较高的利率与农业的低收益性不相适应，不利于调动经营户的积极性，在一定程度上抑制了农户对贷款的需求，也限制了农村土地流转。

3. 农村保险发展滞后。农业保险是保护农业生产、保障农民利益、提高农产品竞争力的有效手段，但农业保险的高风险、高费率、高赔付和低保额、低收费、低保障的“三高三低”特性使得农业保险经营陷入恶性循环，而政府对涉农保险又没有实行补贴或政策优惠,保险公司对推广涉农保险积极性不够。开办农业保险业务的机构仅局限于少数几家,涉及自然灾害和疫情的生产性保险仅有水稻保险、能繁母猪保险这两个险种,保险还不能覆盖主要农作物。随州市随县安居镇一位种养大户说:“我宁愿多出保险金,希望农业生产的保险更充分一些。”

三、农村土地流转的思考和对策

(一)强化农村土地流转中农民的主体地位

1. 全面确权,明确农民的产权主体地位。产权不明晰是制约农民权益维护的重要原因。要进一步对农户承包地、农村集体土地、宅基地、林地、农房等进行全面确权,明晰具有法律保障的、可流转、可抵押、可入股、可获益的财产权益,从制度上最大限度地保护农民利益,使任何外部力量都难以对其随意处置。同时,确权不能简单地在二轮延包确权面积的基础上采用系数法测算,而是要重新精细丈量,严格以实测面积为基础确权,并颁发承包经营权证,以此作为农民承包经营权流转的唯一合法凭证。

2. 创新基层民主管理机制,确保农民充分的自主权。要进一步完善议事充分民主、少数服从多数、集体表决决定的村民自治制度。从制度上确保农民在流转中的主体地位。实现农民和集体土地流转不流转、向谁流转、以什么方式和价格流转,完全由农民自主决定;土地流转过程中的各类矛盾如何解决由农民自主协调;村级公共事务如何安排、集体资金如何使用等由农民民主讨论;公共服务和村级事务办理落实得好不好,也由农民民主评议,真正体现让农民做主、农民受益、农民满意,确保农民充分的自主权。

3. 加强农村法制宣传,培养农民法律维权意识。在推进农村土地流转过程中要注重增强农村普法力度,通过宣传墙报、“三下乡”活动、农村远程教育网络等方式加大对相关涉农法律法规和政策的宣传，在农民学法、知法、懂法的过程中提升农户的法律意识，增强农户的法制观念，达到能够自觉规范和约束自身行为，熟练运用法律手段抵制各种不公平、不合理、不合法的侵权行为的目的，维护农民合法权益。

（二）创新土地流转管理机制

1. 健全农村土地流转市场。积极探索建立以农村土地承包经营权为主的农村各类产权流转市场。在县、乡两级建立土地流转服务中心，村级设立土地流转服务点，逐步形成县、乡两级交易平台统一管理、协作联动的农村土地承包经营权流转市场体系，为农村土地流转交易提供场所、设施以及发布信息、组织交易等服务，履行鉴证职能；提供信息咨询、交易策划、产权经纪、培训辅导、委托管理、投融资等相关配套服务。

2. 创新土地流转管理机制。(1)规范土地流转程序。土地流转必须签订规范的流转合同，实行登记制度，由村委会备案，乡镇土地承包管理部门登记。(2)强化管理服务。土地流转服务中心要向农民提供规范的土地流转合同文本，建立完善土地档案，妥善处理土地流转纠纷。(3)培育和发展土地流转中介服务组织。健全完善土地流转市场，积极开展土地流转供求登记、信息发布、土地评估、政策咨询等服务工作。(4)加强土地流转市场监管。重点对土地流转合同的合法性和履行情况进行监督，规范市场操作，严格用途管制，使土地流转行为符合土地供应政策和产业政策的要求，防止以流转土地为名改变土地的农业用途，形成全方位、多层次、立体型的土地管理服务网。

3. 完善土地流转纠纷调解仲裁机制。按照《农村土地承包经营纠纷调解仲裁法》的规定，建立健全镇村调解、县仲裁的农村土地承包经营纠纷调解仲裁体系。县级成立农村土地承包仲裁委员会，设立农村土地承包仲裁庭。乡镇成立农村土地承包经营纠纷调解委员会，村级成立农村土地承包经营纠纷调解小组，依法做好农村土地承包经营纠纷的调解工作，确保土地承包纠纷得到及时解决。

（三）创新土地流转形式

1. 探索兼顾各方、倾斜农民的利益分配格局。农民是土地流转的主体，但在目前多数土地流转中，农民所得很少。一方面是流转价格偏低，甚至低于正常的产出水平；另一方面，规模经营的利润几乎全部由经营者所得，农民基本没有分享。这种利益格局的不平衡是引发流转纠纷的一个主要因素。农村土地流转制度的创新必须遵循"公平和效益兼顾"、优化分配格局的原则，充分考虑农民在利益格局中的主体地位。只要是充分尊重农民的意愿，保证农民动态的、长远的合理收益，不改变土地农业用途的流转形式，都应当鼓励。

2. 让农民成为规模经营的主体。农民要分享规模经营的效益，基本前提是他们必须成为规模经营的主体，而不仅仅是雇工。从随州的实践来看，那些能使农民成为经营主体的合作式、股份式模式（如土地股份合作制、龙头企业 + 合作社 + 基地 + 农户、租赁 + 返租倒包等），以及完全以农户为经营主体的家庭农场往往更有生命力。在完全由投资者经营的模式中，管理难、人工成本高等问题都与农民不是经营主体有关。规模经营的高效率引发了农民的心理不平衡，打工的农民由于没有利益联结关系，出工不出力，效率也不高。而农民成为经营主体后，由于能从经营效益中分享利益，积极性和主动性大大提高，形成了自觉维护、共同经营的格局，管理的矛盾随之减小，务工的效率也明显提升。这就最大限度保留了家庭承包制中农民主体的优势，又加上了龙头企业带来的资本、技术、管理、营销等优势，形成了统分结合的高效模式。这是规模经营中更加协调、也更有效率的经营机制，也是今后引导推动规模经营的重点和方向。

(四) 创新土地流转政策支持机制

1. 强化政策引导和支持。(1)加强农田水利基础设施建设和国土整治等政策扶持。土地流转对农业基础设施投入提出了迫切的要求,也创造了更好的条件。要不断探索财政支农资金整合使用机制,改进和完善财政资金投入办法,着力解决农村基础设施、产业发展问题。要积极探索市场运作方式,实行农村公益性服务设施产权制度改革等多种办法和途径,引导各类社会资金投入到农村基础设施和公共服务建设中来。要把农田水利基础设施建设、土地整理、标准农田建设、农业综合开发、特色农业产业基地建设与土地流转紧密结合起来,优先支持规模经营,鼓励规模经营主体投资兴建农田水利基础设施。(2)强化和完善产业政策。一是在产业政策上加强对粮食生产的扶持、引导。农业的粮食补贴、良种补贴、农资补贴、农机补贴等,要与土地流转、规模经营相结合,向种粮的农民专业合作社和家庭农场倾斜。探索建立以粮食生产为基础的耕地保护基金,对进行粮食种植规模经营的给予财政补贴,既保护粮食种植者的生产积极性,又促使更多的流转土地加入粮食生产的行列。二是强化基本农田保护。严格落实耕地保护责任制,划定永久基本农田,建立保护补偿机制。属于基本农田的土地,不得用于种粮以外的经营,不得从事种树、挖鱼塘、建造永久性固定设施等破坏耕作层的活动。基本农田保护区外的土地流转应符合农业结构调整和产业布局的要求。三是加大对违规经营土地的防范和罚治。从严格经营准入、加强监管执法上探索更有效的措施,确保土地流转的"三个不变",即不得改变土地集体所有性质、不得改变土地用途、不得损害农民土地承包经营权。

2. 强化金融支撑。(1)增加农村金融市场供给主体和层次。完善的农村金融体系应包括三个层面:政策性金融支农机构,重点支持农业、农村基础设施和农业生态环境建设,增加符合土地流转贷款特点的中长期贷款；商业性农业金融机构，以龙头企业为重点；农村合作金融机构，以农村中小客户为重点，发挥其农村金融主力军的作用。此外，应放宽新型农村金融机构的市场准入条件和业务管制，积极鼓励和引导符合条件的境内外金融资本、产业资本和民间资本在农村地区、特别是在金融机构空白乡镇投资设立村镇银行、农村资金互助社等，引导社会资金流向农村。（2）探索农村土地承包经营权抵押贷款途径。在农村土地全面确权的情况下，拓宽贷款担保途径，开办以农村土地承包经营权为抵押的贷款模式。由专业评估机构综合考虑承包经营土地年租金及剩余期限、流转价款、支付价款、地上附着物的预期收入等因素，确定农村流转土地承包经营权价值，金融机构按一定比例确认授信额度。（3）创新农村金融产品。积极推广农村小额信用贷款、个人无抵押小额贷款、惠农卡等产品，满足农户日常生活消费和一般性生产所需；开发大额农贷产品，推广“农户贷款互助担保合作社”、“农户联保贷款”、“公司＋农户”、“公司＋基地＋农户”、“专业合作组织＋农户”等贷款模式，支持农民扩大再生产和发展特色种养殖；充分运用林权抵押贷款、土地流转抵押贷款、房产等不动产抵押贷款、农机具等动产抵押贷款、水面经营权、应收账款质押贷款和农业订单贷款等信贷产品，解决农业企业资金需求问题；充分利用出口退税质押、出口账户托管等信贷方式，帮助解决农产品出口企业流动资金不足的问题。

3. 完善农业风险保障体系。（1）积极探索以市场手段为主、政府适当补贴的保险机制。建立和完善以政策性保险为主的农业保险体系，把规模种植、养殖业等纳入强制性保险范畴，并对参加种养保险的农户给予一定的保险补贴；对商业性保险公司提供的农业保险业务给予政策优惠，通过商业性保险公司来开展农险业务，构建农业保险体系，降低农业生产的风险。同时，引导保险公司根据农业的特性和农户保险需求，加强农村保险产品的开发力度，为农业产前、产中、产后提供全套保险，提高农业抗灾和补偿能力。（2）积极探索建立土地经营担保或保证金制度。引入农业担保机制，组建农村产权流转担保公司，为土地承包经营权流转双方提供担保，约束双方行为，有效防范土地流转和规模经营中可能出现的风险，保障双方权益。担保公司每年收取一定比例的担保手续费和担保保证金，这两部分费用由产权流转受让方支付。当流转受让方无力按时、足额支付流转费时，由担保公司承担保证责任，支付土地租金；而一旦出现因流转方违约，流转受让方投资遭受损失时，担保公司也要根据担保标的承担相应的担保赔偿责任。

（五）完善农业社会化服务体系

1. 创新农业服务体制。按照强化公益性、放活营利性、引导非营利性的原则，加快完善农业技术推广服务体系。积极探索农技推广新模式，实行以国家农技推广机构为主导，农科教、产学研、科工贸相结合，培育多元化农技推广主体，提高为农服务水平。鼓励其他经济主体依法进入农业技术服务行业和领域，参与基层赢利性推广服务实体的基础设施投资、建设和运营；开设各类庄稼医院、水产医院、畜禽医院等服务机构，加强农产品质量安全信息服务建设。

2. 大力发展农民专业合作组织。引导农民专业合作社依法健全各项内部管理制度，做大合作社规模，做强合作社实力。鼓励和引导农民在自愿、平等、互利基础上，组建多种形式的自我管理、自我服务、自我发展的专业合作经济组织，提高农民进入市场的组织化程度。

3. 完善农村现代商业服务体系。健全农资销售服务体系，鼓励农资流通企业开展配送、加工、采购、技术及农机具租赁等多样化服务，为农民提供产前、产中、产后一体化服务。建立有效的农资价格调控机制，保护广大农业生产者的利益。建立和健全农业生产资料市场监管机制，确保农民用上质量优良的各类农业生产资料。建立农产品市场营销网络，培育多层次、多类型的市场营销主体，构建集约化、系统化、市场化程度较高的农产品营销平台。

（六）完善农村社会保障体系

1. 建立多层次的农村社会保障体系。农村社会保障体系不健全是农民流转土地始终瞻前顾后的主要原因。要加快建立养老保险、医疗保险和低保等农村社会保障体系，逐步弱化土地的社会保障功能，降低农民对土地的依赖，促进土地流转。

2. 建立农村劳动力向非农领域稳定转移的机制。加强农村劳动力培训，提高农民非农就业技能，拓宽就业门路；大力发展投资少、见效快、就业容量大的二、三产业项目，以产业项目带动农民向非农产业和小城镇转移；建立城乡统一的劳动力市场，把劳动力市场和土地流转市场结合起来，以劳动力的有序转移促进土地承包经营权的合理流转；统一户籍管理，使农民进城不以放弃农村宅基地使用权、土地承包经营权等原有权益为代价，农民的各项权益不因居住地、职业的改变而受到损失，让农民进城不失利、不失业、不失权，促进农村规模经营的发展和农村人口向城镇的有序转移。

参考文献

1.《农村土地承包经营纠纷调解仲裁法》。
2.《中华人民共和国农村土地承包法》。
3. 包宗顺、徐志明、高珊、周春芳："农村土地流转的区域差异与影响因素"，《中国农村经济》2009 年第 4 期。
4. 蔡志荣："农村土地流转方式综述"，《湖北农业科学》2010 第 5 期。
5. 楚天骄："土地流转模式及其规范化研究"，《上海综合经济》2002 年第 4 期。
6. 黄金文、熊吉陵："规范农村土地流转，保护农民合法权益"，《改革与开放》2009 年第 5 期。
7. 李斐、张锡春："我国农村土地流转制度的创新思考"，《吉林农业》2012 年第 4 期。
8. 刘风梅："农村土地流转制度问题探析"，《天水行政学院学报》2012 年第

3 期。
9. 孟莉:“农村土地流转的金融体制障碍及对策探讨”,《财经视线》2010 年第 16 期。
10. 张卫杰:“土地流转的意义、存在问题与对策”,《时代金融》2011 年第 12 期下旬刊。
11. 周克任:“关于农村土地流转几个问题的理论思考”,《中国土地科学》2009 年第 10 期。

(傅振邦,随州市人民政府;朱睿,中共随州市委财经办)

新生代产业工人现状分析
——珠三角地区调查报告[1]

杨东宇 刘 静 李祥进 何文君

一、研究背景和调查方法

(一) 新生代产业工人

1. "新生代产业工人"的概念界定

"农民工"是我国经济社会转型时期的特殊概念,是指户籍身份还是农民、有承包土地,但主要从事非农产业、以工资为主要

---

[1] 本文由北京大学战略研究所于2011年4月完成的"广东省新生代产业工人专题调研报告"(未公开发表)缩编整理而成。

收入来源的人员。[1] "新生代产业工人",即出生于1980年之后,年龄在16岁以上,在异地主要从事非农产业的农业户籍人口。新生代产业工人,是我国改革开放后出生、成长的一代,就通常的代际而言又包括80后、90后,其中既包括从小在农村长大进城务工的青年劳动力,也包含随打工父母在城市中长大的青年劳动人口。

2. "新生代产业工人"问题研究意义

新生代产业工人继传统农民工之后,在经济社会发展中日益发挥主力军的作用。"新生代产业工人"问题,是中国社会发展与转型进程中的问题,直接关系国家整体社会进步、产业升级与结构性变革的成败。

广东是外来劳动力输入大省,"80后"、"90后",即所谓"新生代产业工人",已经成为广东省社会主义现代化建设各领域的主力军。为了更好地贯彻落实胡锦涛总书记"两个全体青年"的要求,更好地履行共青团组织青年、引导青年、服务青年和维护青年合法权益的职能,深入了解新生代产业工人现状,准确把握他们的核心诉求、迫切诉求和普遍性诉求,并针对其诉求提出满足方式与载体,为党委、政府进行新生代产业工人相关决策提出建设性意见,广东团省委联合北京大学战略研究所,开展了本次针对新生代产业工人的专题调研。

(二)调查方法

本调研从"基本信息"、"工作状况"及"生活状况"三个方面,对新生代产业工人生存与发展现状进行了比较全面的调研。

1. 调研概况

本次调研开始于2010年11月17日,于12月4日结束,历

---

[1] 中央农民工问题调研和文件起草组:《中国农民工问题研究总报告》,2008年。

时 18 天。调研中，由当地团委工作人员根据调研组的要求帮助联系受访企业。每家企业安排两位调研人员前往发放问卷、现场指导问卷填写并回收。参与问卷调研的工人由企业负责协调组织。

计划调研约 200 家企业，抽样原则为：1）区域分布，深圳、东莞、佛山、中山、惠州为取样城市，根据五所城市 2009 年第二、第三产业从业人数比率确定各城市企业抽样分布为：深圳 35%、东莞 35%、中山 10%、惠州 10%、佛山 10%；2）行业分布，尽量覆盖多个行业，具体行业抽样分布为：制造业 60%、服务业 15%、批发零售业 15%、其他 10%，在其他行业企业难以取得联系的情况下，用制造业企业替代。员工抽样原则为：1）每家企业接受问卷调研的员工约为 40 人上下，根据企业规模大小可适当调整；2）要求尽量覆盖文职人员、技术工人、基层管理者、普通工人四类员工，其中以普通工人为主；3）兼顾新老，以新生代产业工人为主。

调研组深入位于广东省深圳、东莞、佛山、中山、惠州的 172 家企业，对其 7 694 名员工进行了问卷调研，共回收有效问卷 6 530 份，有效率 85%。

2. 样本特征

从实际调研结果看，企业样本特征为：1）企业的区域分布，东莞和深圳的企业各占 1/3，佛山、中山、惠州的企业合计占 1/3。2）企业的行业分布，本次调研企业的所属行业包括制造业、批发零售业和服务业，以制造业为主。其中电器机械及专用设备制造业企业占比最高，为 39.7%；其次为纺织服装制造业，占比 16.7%；批发零售业占比 4.5%。3）企业的所有制类型分布，本次调研企业的所有制类型包括国有企业、外资企业和民营企业，以外资和私营企业为主。其中港、澳、台资企业占比最高，为 49.3%；其次私营企业占 36.8%；国有企业占 2.6%。4）企业的规模分布，本次调研企业涵盖各种规模[1],其中以中型企业为主,占60%,大型和小型企业分别为21%和19%。

二、调查结果

(一)基本信息

1. 务工者来源地广泛,中西部仍然是劳动力输出的主要地区。

总体看来,务工者来源地广泛,涉及29个省市自治区。主要劳动力输出地仍在中西部地区。除了本地工人以外,分列前五位的省市自治区分别为:湖南(17.9%)、广西(11.2%)、湖北(9.9%)、河南(9.1%)和四川(8.7%)。

2. 新生代产业工人占整体工人84%,平均年龄为22.6岁,女性比例略高于男性。新生代产业工人主体是一个未婚群体。

新生代即80后与90后产业工人占整体务工人员比例约为85%,平均年龄为22.6岁。其中,20岁及以下占28.5%,20至25岁占49.5%,25岁以上占22%。在性别比例上,新生代与老一代有差异。新生代女性比例略高于男性,90后男女比重分别为39.9%和60.1%,80后男女比重分别为42.8%和57.2%。70后农民工中,男性则略多于女性,男女比重分别为55.8%和44.2%。新生代产业工人主体是一个未婚群体。90后农民工中,未婚工人在95%以上;在80后农民工中,未婚农民工人占63%。

3. 新生代产业工人的受教育程度相较于老一代呈整体性抬升趋势。"文职人员"比重较老一代也有较大提升,但仍以"普通工人"为主。

在受教育程度方面,因为九年义务教育的普及,新生代产业工

[1] 依据《统计上大中小型企业划分办法(暂行)》工业企业划分原则,300人以下为小型,300—2 000人为中型,2 000人以上为大型。

人较老一代有了明显的提升。在80后和90后农民工中，教育程度为"普通高中或同等学力"的比重已超出"初中"所占比重，而70后的则相反。从受教育程度的分布看，呈现出由"普及初中"向"普及高中"的整体性抬升趋势。80后、90后"文职人员"比例明显高于70后农民工，而"基层管理者"的比例明显低于70后。

4. 新生代产业工人生活经历相对简单，更换工作的比率高，比老一代离职倾向更高。

新生代产业工人经历相对简单，68%的80后和75%的90后农民工在外出务工前没有工作经验（"没有工作"或"直接外出打工"）。90%的80后与92%的90后农民工没有务农经历。大部分的农民工在家乡拥有耕地，代际间呈递减趋势，70后拥有耕地的比例为84%，80后、90后则仅为66.1%和58.7%。

离职倾向总体处于中等偏下水平，新生代比老一代离职倾向更高，90后比80后更高。男性离职倾向高于女性。学历越低，离职倾向越高。技术工人和普通工人的离职倾向略高于文职人员和基层管理者。非广东籍工人离职倾向更高。

5. 从"外出务工动机"及"找工作时看重的要素"来看，"工资"仍是工人们求职中关注的核心，新生代对"自身发展"的要求积极而强烈，工人对"理想工资"的设计并不高。

外出务工的主要原因以积极因素为主，集中在"挣钱"、"学技术"和"融入城市生活"。老一代更倾向于"挣钱补贴家用"，而新生代更倾向于"想学门技术"和"渴望城市生活"。在求职过程中，"工资"仍是工人们关注的核心，对"体面工作"和"发展机会"也有一定程度的要求。与老一代相比，新生代更为关注工作"是否有利于自身发展"，"是否能得到尊重"，如"升职前景"、"培训"以及"上下级关系"、"受尊重程度"等要素被普遍强调。同时，新生代也比老一代更关注"企业福利"和"足够的休息时间"。工人们对"理想工资"的设计并不高，均值为月收入2 600元。90后理想工资相对集中在

1 000 至 3 000(元/月)之间,80 后与 70 后理想工资以 2 000—3 000(元/月)为主。48%的 80 后与 79%的 90 后希望在 30 岁结束打工生涯。平均 80%的产业工人认为自己打工不会超过 40 岁,认为自己打工会超过 50 岁的仅为 5%。超过 90%的 90 后工人认为自己打工不会超过 40 岁,认为自己打工会超过 50 岁的仅有 1%左右。

(二)工作状况

1. 就业途径

务工者主要还是依靠"朋友、老乡介绍"获取就业信息,相较老一代工人,新生代更多使用各种大众媒介渠道来获取信息。当前对工人来说,整体上找工作并不困难,但约二成左右的新生代工人并"不知道"困难是否存在。六成以上的务工者依靠"朋友、老乡介绍"获取就业信息,"上网"、"企业招聘会"、"报纸"以及"就业中介"也是务工者获取信息的主要渠道。"报纸"、"电视"和"网络"的平均使用率,90 后为 19.6%,80 后为 23.9%,70 后为 14.8%,在利用大众媒介获取信息方面,新生代较老一代工人有明显的优势。在找工作遇到的困难方面,超过九成的务工者认为"没有困难"或者仅"有一些困难",75.4%的务工者认为再找同类工作会"没有困难"或者仅"有一些困难"。同时,24.5%的 90 后与 19.9%的 80 后"不知道"再找同类工作的困难会怎样。

2. 工资收入

新生代产业工人平均工资水平均高于同期当地最低工资标准,但总体水平偏低且工资收入不稳定。约 7%的 90 后农民工对自己的实际工资数额"不清楚"。

务工人员"上月工资"(2010 年 10 月)平均约为 1 890 元,70 后、80 后与 90 后分别为 2 052 元、1 934 元和 1 673 元。但最高月收入与最低月收入浮动大,平均差距约为 865 元,浮动率 45.8%;新生代产业工人工资浮动更为明显,80 后、90 后月工资收入浮动率达到

45.8%、53.4%。女性收入较男性稳定，务工者的文化程度越高，收入稳定性越好。从职位类型来看，工资稳定性排序依次为："技术工人"、"文职人员"、"基层管理人员"、"普通工人"。

拖欠工资的情况并不多见，但也尚未完全杜绝，仍有不足1%的人选择"总是不能按时发放"，选择"经常不能按时发放"的比例低于3%。

3. 工作强度和工作环境

工人工作强度较大，不过基本都享有相关法定假日和加班费。工人对工作满意度总体处于中等水平，新生代工人的工作满意度低于老一代。关于工作时间，工人平均每周工作6天，工人平均每天加班时间为2.6小时，文职人员加班时间相对较短。平均约90%的工人享受过劳动节、国庆、元旦、清明、端午、中秋等法定假期，但女性员工享受妇女节假期的仅为30%。文职人员享受各种节假日的比重相对较高。八成以上的工人有加班工资，新生代有加班工资的比例略高于老一代。辱骂、体罚、殴打、搜查、拘禁、威胁、强迫劳动和性骚扰、性侵害在企业中均不同程度地存在着，新生代对于这些负面经历的感知较老一代强烈。

工人对于工友关系和工作环境满意度较高。其中，工作环境中的"紧急出口"、"照明"、"清洁"方面得分较高，"通风"、"宣传品张贴"次之，工作环境中的"异味"、"温度"得分最低；对"企业提供的培训"满意度处于中等偏上水平，半数以上的工人能够定期得到企业为其提供的相关职业技能培训，但整体缺乏多样性，企业在"职业健康"和"安全培训"做得相对较好。老一代比新生代对企业培训的满意度高，新生代对培训有更高的要求。

4. 福利保障

合同签订率高，但工人们对合同内容却不够了解。工人普遍享有"基本医疗保险"、"基本养老保险"和"工伤保险"，而"失业保险"参保率相对较低，90后享有各类保险比例普遍低于80后与70

后。工人们的合同签订率超过 90%，80% 的人有合同副本。90 后合同签订率低于 80 后、70 后，女工合同签订率高于男工，普通工人和技术工人的合同签订率低于基层管理者和文职人员，在欧美外资企业和国有企业的新生代工人的签约率略高于在日、韩外资企业和港、澳、台资企业。与合同签订率较高相比，工人们对合同内容的了解却非常有限。在签订劳动合同前，工人了解的信息主要是劳动报酬、工作内容以及工作地点等方面，而对于“职业危害”、“安全状况”等却知之甚少。

5. 冲突和维权

新生代较老一代更多与企业“发生冲突”，也更倾向于“集体行动”和积极寻求各类帮助。在维权过程中，感知到的“帮助易得性和有效性”较低。工人与企业的纠纷主要集中在“劳动时间”（45%）、“工资待遇”（35%）和“职工福利”（30%）等方面。90 后与企业发生纠纷最多，多因“劳动时间”而起，70 后纠纷最少；80 后的纠纷主要为“工资待遇”。近四成的工人曾与企业发生过冲突。在发生的冲突中，工人主要以个体行动为主，有组织的集体行动较少。新生代比老一代与企业发生冲突更多。

各代际均有较强的维权意愿，80 后、70 后的维权意愿略高于 90 后。80 后、90 后整体较 70 后更愿意求助于各类可能提供帮助的对象。大家普遍首选的求助对象是“政府有关部门”。“亲属”、“朋友”、“老板”、“工会”、“媒体”和“法院”是比较常见的求助对象。新生代比老一代工人更倾向于向“领导”、“法院”和“工会”寻求帮助；与其他代际比较，80 后更倾向于向“媒体”求助；90 后和 70 后更倾向于向“老乡”求助。在维权过程中工人感知到的“帮助易得性”较低，来自“工友”、“工会”、“劳动仲裁机构”的帮助相对较容易获得。新生代总体感知到获得帮助的“易得性”低于老一代工人。新生代中，90 后感知到的来自“工会”、“团组织”、“地方政府”帮助的易得性略高于 80 后；相较 90 后，80 后更相信“媒体”，认为“媒体”和社会组织帮助的易得性较大。在维权过程中工人对于“获得帮助有效性”的评价处于中等水平，其中来自“媒体”、“劳动仲裁”、“法院”的帮助相对打分较高。新生代感知到的获得帮助“有效性”低于老一代。70 后、80 后认为“媒体”帮助的有效性较高。

（三）生活状况

1. 消费结构

新生代农民工在“休闲娱乐”方面的支出高出 70 后农民工。而在对家庭的经济贡献方面，新生代明显低于老一代。

农民工平均月消费总额为 951 元，70 后、80 后、90 后分别为 1 031 元、985 元和 838 元。生活消费支出主要在“伙食”、“住宿”、“日用”与“娱乐”四个方面，整体花费不高，“伙食”支出虽然最高，但四类差距不大。80 后、90 后在“休闲娱乐”方面的支出高出 70 后农民工。

工人平均每年寄回家 6 367 元，占其年平均工资收入的30.9%，其中 1/3（约 1 906 元）用于“子女生活”、“教育”和“医疗”。90 后每年平均寄回家 4 687 元，较 80 后（6 221 元）、70 后（9 470 元）为少。所占年平均工资收入比重也由 90 后的 26.2%、80 后的 29.8%至 70 后的 40.5% 而逐次递增。寄回家的钱用于“子女生活”、“教育”和“医疗”三项基础消费的比重也呈现相同趋势，由 90 后的 3.5%、80 后的 26.8% 至 70 后的 57.8% 逐次递增，递增幅度更加显著。90 后每年平均从家里获得 826 元，高于 80 后（516 元）、70 后（511 元）。对家庭的经济贡献，新生代较老一代尚有明显差距。

工人对于“洗护用品”、“服装”、“鞋子”、“化妆品”及“饮品”五类消费品，“品牌”消费意识处于中等水平。新生代“品牌消费”意识明显高于老一代工人。从“品牌”消费价位来看，除“化妆品”外，新生代在“高价位”品牌购买力上都较老一代工人稍逊一筹。“洗护用品”、“饮品”价位以“廉价”为主，“化妆品”品牌价位分布较平衡，“鞋子”、“服装”品牌消费以“较高价位”为主。

2. 文化娱乐

工人整体文化消费类型较为丰富，代际差异明显。新生代工人使用手机与网络的时间远多于老一代，文化作品“娱乐”偏好显著，“品牌消费”意识明显高于老一代工人，但实际购买力上却有所不及。工人整体文化消费项目类型较为丰富，主要支出在“参加学习培训”、“外出游玩”、“K歌”方面，相较70后过半消费在“参加学习培训”方面，新生代支出在“外出游玩”和“K歌”方面的比重较大。

新生代工人相较老一代，每天使用手机与网络的时间更长，网络月花费更是高出老一代69%。除“通话”和“短信”功能外，工人们主要使用手机来“听音乐”、“上网”以及“拍照或录像”。90后工人使用手机“听音乐”更是超过了手机基础的“通话”和“短信”功能，使用“手机上网”较“通话”和“短信”也相差无几。新生代工人每天上网时间平均在2个小时以上，远多于老一代工人。90后在“网吧上网”比较普遍。80后、90后农民工使用“网络音乐”、“网络视频”、“电子商务”及“社交网站”等功能的比重较老一代工人高。

在文化作品选择方面，新生代“娱乐”偏好显著，广播节目首选“综艺娱乐类”，对“青春偶像剧”情有独钟，选择电影“看重剧情”。除大陆及港台外，日韩、欧美及东南亚的流行音乐曲目也在90后涉猎范围之内，“网络音乐”普遍受到推崇。手机游戏、网络游戏中“棋牌类”游戏尤其受到青睐。

3. 社会环境和社会关系

工人们普遍对“社会公平”抱积极态度，对“政府”、“法律”的信任以及对“城市社会环境”的评价处于中等水平，处理社会不公时普遍持理性态度。血缘、亲缘仍然是工人们最为依赖的社会关系，从老一代到新生代，“老乡”关系的重要地位逐渐被“同学”关系所替代。各类工人最依赖的社会关系包括父母、配偶、工友/同事、兄弟、同学、男/女朋友和老乡。与70后依赖“老乡”关系相比，“同学”关系对于90后无论“工具性”还是“情感性”来说，都是更为重要的社会关系。

产业工人对于“社会公平”的评价较为积极，各代际间无明显差异。产业工人对于“法律的公平性”的评价处于中等水平，90后比70后、80后更相信法律。对“政府能为打工者提供保护”的信任程度处于中等，70后、90后比80后更相信政府。工人们在“处理社会不公”时均抱持理性的态度。产业工人对于“城市的社会环境”的评价略高于“一般”，老一代对城市社会环境的评价比新生代更为积极。

4. 身份认同

绝大多数工人认为“自己仍是农村人”，新生代工人较老一代的身份认同感模糊一些。工人对所在的务工城市认同感较低，老一代比新生代的认同感略高。工人们普遍认为在现在生活的地方“受到了一定的尊重，但尊重程度不高”。

关于“身份认同”，绝大多数工人认为“即使将来留在城里，自己仍是农村人”，新生代较老一代的身份认同感模糊一些。新生代的传统观念逐渐弱化，比老一代更愿意“尝试一些新的东西”，也更有“创新”和“冒险精神”；更愿意“享受生活”，也更希望“获得别人的认同”。80后对物质追求的欲望最为强烈，也最渴望取得成功，在这一点上90后与70后比较接近。

工人对工作所在城市的认同感较低，老一代比新生代的认同感略高。产业工人对现在生活的地方普遍持“不喜欢但也不讨厌”的态度，大部分人并不会对现在生活的地方“特别留恋”。工人们普遍认为在现在生活的地方“受到了一定的尊重，但尊重程度不高”。

工人们普遍认为“留城的可能性”不高，约三成工人选择“没有可能”。老一代认为“留城的可能性”比新生代高。

5. 奋斗理念

工人都很相信“打工者通过努力可以成为老板”，对自我奋斗获取成功抱有非常积极乐观的态度。对于未来的打算，老一代比新生代更愿意“继续留在这所工厂工作”、“回家务农”或“料理家务”；新生代则更愿意去“做生意”、“学技术”、“争取更高学历”。超过50%的工人打算“攒够钱去做生意”，80后的比率更高达60%。90后比80后更愿意学习，且更愿意参加脱产学习。80后未婚者更愿意“在这个城市换个工厂打工”、“在工厂边干边学一门技术”、“攒够学费去学一门技术”；80后已婚者更愿意“继续留在这所工厂工作”、“攒够钱去做生意”、“攒点钱回家务农或料理家务”。

三、问题分析和讨论

农民工问题是我国城镇化、工业化和城乡二元经济社会结构下，政治、经济、社会体制等多种因素的综合性产物，是与农民工现象相伴而生并不断凸显的社会问题。新生代农民工是在改革开放下成长起来的新一代群体，新生代农民工问题是传统农民工问题在新阶段的延续、体现和发展。[1]

“新生代产业工人”区别于传统“农民工”，作为一个新的社会群体被关注和界定，其问题的出现具有鲜明的时代特征：首先，从社会发展看，我国改革开放30年以来国民经济的发展、社会资本的积累以及“以人为本”观念的日益深入人心，是“新生代产业工人”问题被关注、理解、面对乃至解决的宏观社会背景。其次，从新生代工人群体特征看，他们因需要“支援家里”而产生的经济压力较老一

[1] 全国总工会新生代农民工问题课题组：“关于新生代农民工问题的研究报告”，《工人日报》2010年6月21日。

代已大大缓解，文化水平整体提升，主体性诉求在不断地成长。“打工”从单一谋生手段逐渐演变为新生代工人实践人生理想的路径基础，有了更多的价值与意义指涉，因此当面对现实与理想之间的差距时，心理失衡的感受较老一代更为强烈。最后，从劳资关系看，在劳动力市场供求变化、社会观念发展的背景下，企业为自身长期稳定的发展，也开始思考与应对工人们的需求变化。劳资关系整体向更加平等、展开对话的方向发展。

“新生代产业工人”问题植根于当代中国社会，问题及对于问题的认识也都还在发展变化过程中。基于调查结果，并结合中国农民工问题研究总报告起草组（2006 年）、全国总工会新生代农民工问题课题组（2010、2011 年）、深圳市总工会（2011 年）、国家统计局住户调查办公室（2011 年）等相关研究成果，本研究对新生代产业工人群体生存与发展面临的突出问题，初步概括如下：

（一）相关公共服务的责任主体

面对“谁应该为新生代产业工人整体劳动力升级负责？”“如何负责？”的问题，没有明确答案，即新生代产业工人“劳动力素质提升”、“职业发展”责任主体不明，相关职能部门严重或缺根本性战略思维。

一方面，新生代产业工人对“自身发展”的要求积极而强烈，对“自我奋斗获取成功”抱有非常积极乐观的态度，对劳动力素质提升有着自我需求；另一方面，作为传统“农民工”群体的当代延续，新生代产业工人主体仍从属于“依靠出卖廉价劳动力换取微薄收入”的制造业初级产业模式。在这种模式中，工人作为“廉价劳动力”存在，其作为“人”的全面性发展要求被严重挤压。要实现产业全面升级，就要彻底打破建立在“廉价劳动力”基础上的初级产业模式，劳动力整体素质的提升是其中最基础的一环，因而也是产业升级的客观要求。

目前我国针对新生代产业工人劳动力素质提升、职业发展出路的制度建构滞后，相关政府职能部门对于新生代产业工人群体整体劳动力素质提升、职业发展问题的认识与决心不足，或缺切实统一的纲领及行动。个体层面以及企业或社会相关制度层面，应对策略单薄无力，严重滞后于现实需要。从工资水平看，工人个人无力支持劳动力再生产环节中用于素质提升的部分成本。正常的工资是维持劳动者生产和再生产的基本保障，在全国整体关注外来务工者生存与发展现状的背景下，各地不断出台提高“最低工资标准”的相关政策。但对工资问题关注的重点，不应仅简单停留在绝对工资水平上。从调研的情况来看，工人的工资收入并不稳定，90后月收入的浮动率甚至超过50%。从工资收入的相对水平看，工人当下的处境更令人担忧。除去生活基本消费、寄回家里的钱外，用于自身积累与提升的经济储备相当有限。在此条件下，工人收入用于劳动力本身的技能提升、社会交往以及精神情感满足等方面的需要所剩无几，劳动力自身再生产的环节投入严重不足，劳动力素养的提升就个体层面而言只能是美好却不切实际的愿望。

同时，企业中缺乏有效和公正的晋升通道。大多数公司并没有为工人提供企业内职业发展规划，员工的职业晋升路径不清晰。晋升的空间有限，普遍是从普通工人到班组长的晋升，尽管工人普遍认为晋升取决于能力和表现，但这种评价基本仅适用于较低层次的晋升，而由基层管理人员向中层或更高层晋升的过程中“任人唯亲”、“任人唯熟”的情况还是比较严重的。在培训方面，现有企业培训多以生产安全和基础技能培训为主，目标在于满足企业生产需要，而非着眼于员工的培养。制造型企业内部分工细化，具体岗位的基本工作技能对于工人的职业发展作用有限。工人普遍认为培训的多样性不足。有助于提升工人基本素质如文化知识、专业技术等内容的培训几乎没有。

工人自主创业缺少资金和技术，社会支持严重不足。工人普遍有创业的打算，超过50%的新生代产业工人打算“攒够钱后自己做生意”。从某种程度上也反映出，工人们对目前从事工作的不满和对自身在企业内部发展的信心不足。然而他们面临缺少资金与技能的双重困境。微薄的工资收入很难满足创业所需，社会上尚无专项资金扶持。工人获得创业所需的技术和知识更是困难重重。新生代产业工人绝大多数是刚从学校毕业就直接进入工厂打工，参加工作前并没有什么专业技能，企业内培训远远不能满足创业需要。要通过自学提升技能，基础资金投入、学习时间以及学习渠道都是障碍，政府相关服务滞后，社会上的职业培训机构运营不规范、水分大，难以担当劳动力素质提升的重任。

（二）合法权益保护

农民工的合法权益仍未得到很好的保护。工人们普遍具有维权意识，但相关法规建设及知识普及工作滞后。这个问题突出体现在新生代权益维护问题上出现新的特点：对于权益的概念模糊泛化，化解纠纷能力差，纠纷事件发生率高，获取有效支持的能力不足。

目前，有关农民工权益维护的法规建设取得一定进展，但仍然存在“有法规不执行”、“有法规却不具有操作性”，以及相当程度的“法规建设滞后”的情况，相关法律、法规的普及工作也仍待切实提升。在此条件下，新生代产业工人的权益维护出现新的特点：第一，新生代关于自身权益的定义悄然发生了变化，不限于法定的基本权益，其权益抗争已经逐步延伸到法律之外的范围，如福利与晋升、公平与正义。劳动力供求关系的转变、社会舆论对农民工群体的关注、新生代产业工人人生经历和价值追求等，都直接或间接促成了工人维权意识和观念的转变。可以看到，除了劳动合同和社会保险纠纷外，新生代产业工人与企业发生的各类纠纷都多于老一代农民工。主要表现在福利待遇、劳动时间、职工福利和职务晋升方面。

第二,90后权益概念模糊,对于有关自身权益的法律知识的了解程度最低,却最相信法律;维权意愿没有80后、70后强烈,但与企业发生纠纷最频繁。这也就意味着,90后在更多的情况下认为自身的权益受到了侵害,因此虽然他们的维权意愿并没有70后、80后强烈,但却与企业发生更多纠纷。而且他们对于自身权益的定义不仅仅限于法定的基本权益,还有着更为广泛的法律之外的权益诉求。由于对相关法律知识的了解有限,90后对于什么是自身的合法权益缺乏清晰的认识,从而导致一方面自身的合法权益部分未能得到有效的维护,另一方面在扩大的权益范畴中与企业发生纠纷。比如,90后未与企业签订劳动合同的比例最高,与企业发生的有关劳动合同的纠纷却最少,而在职工福利与职务晋升方面与企业发生的纠纷明显高于老一代。

农民工合法劳动权益仍未得到很好的保护。拖欠工资的情况尚未完全杜绝。加班现象普遍存在,工人平均每天工作11个小时,每周仅休息一天。仍有10%的工人未与企业签订劳动合同;对于签了合同的大多数工人,对合同内容并不十分了解,甚至有10%的工人"不清楚"自己的合同期限。在获取有效支持方面,当权益受到侵害时,工人们并不能顺利地获得有效帮助。来自工友的帮助相对容易得到但缺乏有效性,来自政府相关部门的帮助有效性较高但不易获得。值得注意的是,媒体的作用在逐渐显现,其易得性和有效性都得到了相对较高的评价,但总体处于中等偏低的水平。NGO的作用则是微乎其微。

(三)精神和社会需求

工余生活遭到不同程度的挤压,网络、手机等新媒介挤压正常人际交往的时间,正常社会交往基础渠道严重或缺,群体心理问题埋藏着肇始重大社会问题的隐患。精神情感的诉求与满足,带有鲜明的新生代产业工人的问题特征。"困扰新生代产业工人的首要心理问题是情感、精神的强烈需求不能得到很好的满足，这也是在现实生活中最少得到关注的深层问题”[1]。

工人们正常的社会交往缺乏基础条件支持。经济上，工人的收入除去基本生活支出及寄回家之外，所剩能够用于交友的费用相当有限。时间上，工人每天工作时间平均在11个小时以上，新生代又有约3个小时的时间花在手机娱乐或网络上，可以留给正常交友的时间相对有限。同时，有66.7%的90后及46.8%的80后工人，居住于工厂集体宿舍，享有独立的生活空间有限（见表1）。

表1　工人每天主要生活内容的时间配比（单位：小时）

身份类型	每天工作时间	每天加班时间	手机娱乐时间	上网时间
90后农民工	8.8	2.7	0.91	2.16
80后农民工	8.7	2.6	0.72	2.13
70后农民工	8.7	2.1	0.44	1.15

新生代产业工人正处在交友、恋爱、结婚需求旺盛的重要人生阶段，朋辈群体的交往是其社会化进程的重要环节。当思想沟通和情感交流的强烈需求，在经济、时间、空间等基础层面都无法得到有效的支持，加之行业内男女比例不均、有效的交友渠道以及基本沟通能力的教育习得机制缺失，新生代产业工人精神情感的内在满足与平衡自然难以维系，长此以往社会群体的心理问题存在演化为重大社会问题的可能。

（四）工作稳定性

新生代产业工人工作稳定性差，是城市建设的一分子，却无力

[1] 全国总工会新生代农民工问题课题组：“关于新生代农民工问题的研究报告”，《工人日报》2010年6月21日。

跨越制度的樊篱成为"城里人",得不到应有的尊重与认同,内心"漂泊"感强烈,"不去想未来"。现象背后,是多数企业甚至政府相关决策者都未将其视为稳定、长期的城市人群,从而制定相关全局性长远规划。首先,为保障"城里人"生活而进行的基础建设,没有为农民工留下分享空间。目前我国城市基础建设,如基础设施、治安管理体制等都是按照城乡二元结构、城市人口规模及分布为基本前提设计的。城市为农民工提供了就业机会,但城市本身针对市民生活的容纳能力却没有相应提升,工人们主要是作为一个生产者而不是消费者出现的。[1] 当农民工大量涌入城市造成城市生活种种紧张状态,并形成种种社会问题时,"城里人"很难敞开胸怀真正接受农民工的进入。其次,与"城里人"相比,农民工享有的社会保障严重不足。国际社会的成功经验表明,"社会保障"替代"土地保障",是农民实现从农村迁移到城市、从农业生产转向非农产业的一个不可或缺的基本条件。[2] 对于新生代产业工人而言,要想实现在务工地城市长期稳定就业、生活的目标,目前其享有的社会保障严重不足:失业保险参保率不足20%,工伤保险、基本医疗保险、基本养老保险的普及率也仅仅是接近50%。

四、政策建议

目前,新生代产业工人的生存与发展问题,受到了政府与社会各界的普遍关注,但我们对"新生代产业工人"群体的认识仍有待深化。从"普遍关注"到"理性、有效的切实帮扶"仍然还是一个需要不断探索实践的艰苦过程。根据本次调查结果,就新生代产业工

---

〔1〕 孙立平:"关于农民工问题的几点基本看法",中国农村研究网,http://www.ccrs.org.cn,2003年。

〔2〕 全国总工会新生代农民工问题课题组:"关于新生代农民工问题的研究报告",《工人日报》2010年6月21日。

人面临的问题，我们提出如下对策建议：

（一）战略意义和全局思维

首先必须提高和统一认识，新生代产业工人劳动力素质的提升与职业发展的有效达成，直接关系着我国整体社会结构调整与产业升级的成败，是百多年来国家现代化、民族复兴崛起征程在新世纪必须面对的现实课题。新生代产业工人，作为现代中国的基层劳动者，必须作为一个现代人来全面关照与尊重，尊重和满足其生存与发展的全面需求，改革建设的出发点在人，最终成就的落足点也是人。

政府应该以战略眼光进行全局规划和积极引导，形成政府、企业、社会共同推进新生代产业工人劳动力素质提升与职业发展帮扶的良性发展局面。第一，各级地方政府相关职能部门，应尽快出台“新生代产业工人劳动力素质提升与职业发展帮扶”政府规划。积极探索新生代产业工人劳动力素质提升的有效办法与职业发展的多元路径，明确新生代产业工人劳动力素质提升与职业发展帮扶整体及阶段性目标、量化考核标准及具体执行时间路线图。设立专项资金，对相关政策和项目予以支持，如：向工人直接提供学习基金，资助和激励工人学习所需的各项知识；向专业培训机构针对产业工人提供的相关培训给予补贴；组织技术大比拼，知识竞赛，先进团员、先进党员评比等活动，通过为优秀的工人提供创业种子基金或低息银行贷款等方式，在帮助优秀工人解决创业资金问题的同时，激励更多新生代产业工人积极追求进步。第二，积极推动企业设立规范标准的员工职业发展规划，明确晋升渠道与规则，提升企业内培训的广度与深度，为新生代产业工人的职业发展奠定良好的基础，使企业内训成为为企业提供管理人才和技术人才的摇篮。第三，积极鼓励、严格规范面向新生代产业工人职业技能培训的专业机构的发展，建立完善的初、中、高级和继续教育体系。一方面注重与鼓励作为职业培训产业市场主体的专业机构的发展，大力支持各职业培训机构专业水平的提升，以“专业的人做专业的事”为基础逻辑，将政府与企业针对新生代产业工人的相关培训业务外包于优秀的职业培训机构，以市场机制有效实现多元化职业发展需求的满足；另一方面严格规范市场秩序，制定出台行业准入标准与监管考核办法，对于违规操作的培训机构坚决予以取缔。

（二）收入水平和合法权益

就工资水平而言，要能够满足工人们基本生活与积累需要，同时要保证有一定数额的工资收入可以用于学习、交往与休闲娱乐等劳动力再生产环节。首先，建立工资支付保证金制度，杜绝拖欠新生代产业工人工资的现象。其次，建立工资正常增长机制，严格执行并不断完善最低工资制度，推动新生代产业工人工资水平合理增长，加强最低工资标准的执法力度。第三，普遍建立工资集体协商机制，使之成为企业工资决定的主要形式，把新生代产业工人工资分配作为工资协商的重要内容，形成“区域谈底线、行业谈标准、企业谈增长”[1]的工作格局。

维护工人劳动合法权益，继续推进权益知识普及教育工作，引导建构良性有序的权益申诉与维护机制。完善和发展相关法律法规建设，强化企业和行业责任，并切实履行相关法律规定的各项义务。建立健全党政主导、团组织运作、相关部门协作的社会化维权工作体制，充分了解新生代产业工人维权意识和行为的新特征，加强现有法律法规宣传力度和执法力度，进一步畅通新生代产业工人利益诉求渠道，把新生代产业工人作为法律援助的重点对象。完善劳动争议处理机制和有关司法程序。进一步强化媒体对于工人权

---

〔1〕 全国总工会新生代农民工问题课题组：“2010年企业新生代农民工状况调查及对策建议”，《工人日报》2011年2月21日。

益维护的舆论督导作用。

（三）精神信仰和能力建设

在我国现代化进程中，整体社会价值观与精神信仰建设都处于相对薄弱与滞后状态，在新生代产业工人群体中这一问题尤为显著。在全社会大力倡导“以先进的文化鼓舞人”的整体氛围中，“打工人生”也需要有一套相匹配的、令人信服的意义体系建构，让新生代产业工人的内心成长有所参照，精神世界拥有完整系统的信念支持。相关社会及人文科学研究，应设立专项研究课题；文化产业各行业门类应设有专项支持经费，用以开发针对新生代产业工人的文化作品题材及样式表达，借力现代媒介，推进现代社会的精神信仰建设。

新生代产业工人精神建构还应落实于坚实的制度建设基础之上，让新生代产业工人在城市发展的图景中能够找到自己的位置，实实在在地拥有对人生与未来的理想蓝图。“农民工”进入城市成为“城市居民”是我国整体社会城市化进程的必然趋势，从市政基础建设到社会人心都需要与时俱进，切实探索、完善建制、积极有序地做好接纳新生代产业工人群体的工作。首先，建立新生代产业工人管理和服务的综合协调新机制，使政府各部门在研究政策、部署工作、解决新生代产业工人面临的问题等方面，能够各尽其责、相互配合、形成合力。其次，全面、综合地考虑新生代产业工人在城市中生存和发展的需要。在谋划发展战略、规划公用设施布局、确定财政支出和公共服务规模、制订土地利用和住房建设计划等各个方面，将新生代产业工人纳入整体规划。加大城市各类公用设施建设力度和各种公共服务的供给能力，各类公用设施公平地向新生代产业工人开放，各种公共服务覆盖到所有常住人口。最后，当前需重点就新生代产业工人最需要的职业教育培训、子女教育、社会保障、户籍改革和城市公共服务设施和能力建设等方面，制定专项规划，集思广益、因地制宜。其中特别要积极推进新生代产业工人的社会保障工作,努力消除现存的技术和制度障碍,使社会保障更广泛更有效地惠及广大农民工群体;积极稳妥地以创新思维探索和推进户籍制度和土地、林地产权制度改革,为我国城镇化进程的推进扫除制度障碍。

参考文献

1. 黄平主编:《寻求生存——当代中国农村外出人口的社会学研究》,云南人民出版社 1997 年版。
2. 李培林、李强、孙立平等:《中国社会分层》,社会科学文献出版社 2004 年版。
3. 李强:《农民工与中国社会分层》,社会科学文献出版社 2004 年版。
4. 蔡昉、王美艳:"'民工荒'现象的经济学分析——珠江三角洲调查研究",《广东社会科学》2005 年第 2 期。
5. 蔡禾、李超海、冯建华:"利益受损农民工的利益抗争行为研究——基于珠三角企业的调查",《社会学研究》2009 年第 1 期。
6. 陈佩华:"生存的文化——通过私人信件透视外来工的生活",《清华社会学评论》2002 卷。
7. 刘爱玉:"国有企业制度变革过程中工人的行动选择——一项关于无集体行动的经验研究",《社会学研究》2003 年第 6 期。
8. 罗霞、王春光:"新生代农村流动人口的外出动因与行动选择",《浙江社会科学》2003 年第 1 期。
9. 潘毅:"开创一种抗争的次文体:工厂里一位女工的尖叫、梦魇和叛离",《社会学研究》1999 年第 5 期。
10. 王春光:"新生代农村流动人口的社会认同与城乡融合的关系",《社会学研究》2001 年第 3 期。
11. 许传新:"新生代农民工的身份认同及影响因素的分析",《学术探索》2007 年第 3 期。
12. 许叶萍、石秀印:"工人阶级形成:体制内与体制外的转换",中国社会学网,2006 年。
13. 郭星华、李飞:"漂泊与寻根:农民工社会认同的二重性",《人口研究》2009 年第 6 期。
14. 张翼:"落户? 还是不落户?",《21 世纪经济报道》2011 年 4 月 4 日。
15. 郑广杯:"80 后重饭碗 90 后重发展",《南方都市报》2010 年 12 月 31 日。

16. 珠三角新生代农民工调查:“他们正在褪去乡村的色彩”,《南方都市报》2010 年 8 月 14 日。
17. 钱叶芳:“非标准就业的经济分析与法律调整”,《法学》2011 年第 3 期。
18. 全国总工会新生代农民工问题课题组:“关于新生代农民工问题的研究报告”,《工人日报》2010 年 6 月 21 日。
19. 全国总工会新生代农民工问题课题组:“2010 年企业新生代农民工状况调查及对策建议”,《工人日报》2011 年 2 月 21 日。
20. 深圳市总工会、深圳大学劳动法和社会保障法研究所:“深圳新生代农民工生存状况调查报告”,人民网。
21. 中国农民工问题研究总报告起草组:“中国农民工调研报告”[OB/OL],http://www.China.org.cn/Chinese/kuaixun/1184866.htm,2006 年。
22. 国家统计局住户调查办公室:“新生代农民工的数量、结构和特点”,http://www.stats.gov.cn/tjfx/fxbg/t20110310_402710032.htm,2011 年 3 月 11 日。
23. 孙立平:“关于农民工问题的几点基本看法”,中国农村研究网,http://www.ccrs.org.cn,2003 年。
24. 谭深:“弱者的反抗——围绕一次搜身事件中女工集体行动的分析”,http://www.usc.cuhk.edu.hk/wk_wzdetails.asp?io=3301,2001 年。

(杨东宁,北京大学光华管理学院;刘静,北京大学艺术学院;李祥进,北京大学光华管理学院;何文君,北京大学光华管理学院)

以新型农业现代化推进城乡一体化

——以山东省聊城市为例

万志博

党的十七届三中全会《决定》指出："我国总体上已进入以工促农、以城带乡的发展阶段，进入加快改造传统农业，走中国特色农业现代化道路的关键时刻，进入着力破除城乡二元结构，形成城乡经济社会一体化新格局的重要时期。"面对新的形势，如何处理农业现代化、农村工业化、乡村城镇化的关系？从各地情况看，有的重点发展工业，有的重点发展城市，有的重点发展农业，形成了各具特色的区域发展模式。但是，应当看到，在这些发展模式中，往往存在厚此薄彼、不相协调的问题，不仅没有缩小城乡差别，反而拉大了城乡居民收入差距。针对这个问题，围绕如何统筹城市和乡村、工业和农业发展，最近笔者进行了深入的调查研究，深切地感到，按照城乡一体化的要求引领农业现代化、以农业现代化推进城乡一体化是一个必然的选择。本文试结合聊城实际，就这个问题进行一些探讨和思考。

一、深刻认识新型农业现代化与城乡一体化的内在联系

适应新阶段、新任务、新时期的要求，加快现代农业发展步伐，必须搞清农业现代化与城乡一体化的关系，明确“三个转变”、“三化并进”之间的内在联系。

一是从社会结构看，由城乡分割的“二元”结构向城乡一体化转变的过程就是城镇化进程。城乡关系的演变大致可分为三个阶段：以乡助城阶段、以城带乡阶段、城乡一体阶段。这三个阶段，实际上是由城乡结构的“二元化”向“一体化”转变的过程。回顾建国以来我国的发展历程，从建国初期到上世纪末，尽管经历了由计划经济向社会主义市场经济体制的转变，但我国社会结构基本处于城乡分割的“二元”状态。进入新世纪新阶段以后，以党的十六大为标志，党和国家逐步实施统筹城乡发展战略，相继实行农村税费改革、取消农业税及其附加、加大对“三农”投入扶持力度、改革城乡户籍管理制度，积极推进农业产业化、工业化、城镇化，逐步打破城乡分割的状态，步入了向城乡一体化迈进的发展轨道。随着城乡差别、工农差别的逐步缩小乃至消除，社会结构将呈现城乡一体、共同繁荣的发展局面。

二是从经济发展看，由农业社会向工业社会、现代社会转变的过程就是工业化、现代化进程。经济发展的标志是产业结构的优化升级。由一二三、二一三（二三一）到三二一，产业结构层次越来越高，经济发展水平也越来越高。农业型社会的经济结构，三次产业

所占比重是一二三的格局。这个阶段,农业收入不仅是农民收入的主要来源,而且承担着支持工业、支援城市的责任。工业型社会的经济结构,三次产业所占比重为二一三或二三一格局。这个阶段,随着工业结构的升级和工业实力的增强,为了缩小工农差别、促进工业和农业的协调发展,应逐步加大工业反哺农业的力度。现代型经济结构,三次产业所占比重为三二一格局。这个阶段的特点是三次产业协调发展,农业现代化、工业现代化、服务业现代化均达到较高水平。因此可以说,经济现代化的过程,在产业特色上表现为由农业主导向工业主导、三次产业主导转变的过程。当前,我国经济总体上正处在工业化初期向中期转变阶段,加快工业化进程仍是面临的艰巨任务。但由于区域发展的不平衡性,一些较发达地区已步入工业化中后期,而那些欠发达地区仍处于工业化初期阶段,这就需要各地从各自的实际出发,理出发展思路,确立发展方向,制定发展战略,落实发展措施,绝不能搞一个模式、一刀切。

三是从农业发展看,由传统农业向现代农业转变的过程就是农业现代化进程。在这个转变中,发端于山东潍坊的农业产业化,是实现由传统农业向现代农业跨越的必然选择,是我国农业现代化发展的一个创举。所谓农业产业化,是指在市场经济条件下,依托资源优势,促进农产品优势向产业优势、经济优势转变,使之发展为支柱产业和优势产业的过程。推进农业产业化的基本目标是实现农业现代化,基本组织形式是贸工农科教服一体化。加快农业产业化进程的基本途径是“横抓产业上规模,纵抓龙头带基地”。所谓“横抓产业上规模”,实际上是发展多种经营的规模扩张阶段,是指农业的广度开发,是低层次的产业化。其特点是:产品市场化、生产专业化、布局区域化、服务社会化。所谓“纵抓龙头带基地”,实际上是通过贸工农科教服一体化,龙头企业带基地连农户,实现农产品多次转化增值,提高农业综合经济效益。这种形式的产业化,是高层次的产业化。其主要特点是:生产标准化、经营集约化、组织一体化、管理企业化。与传统农业相比,现代农业的根本特点在于,它是贸工农科教服一体化、城乡资源配置一体化、城乡农产品消费一体化、城乡空间布局一体化的涵盖一二三产业的市场化、开放型大农业。

那么,“三转”、“三化”之间是一个什么关系呢?“三转”并举、“三化”并进是一个紧密联系的有机整体,既相互区别又融为一体。“三个转变”中,“二元结构”、农业社会、传统农业之间有其内在的同一性;城乡一体化、经济工业化(现代化)、农业现代化之间有其内在的同一性。而农业现代化、工业化、城镇化“三化”之间同样是协同发展、相促共进的关系,现代农业是工业化、城镇化的基础支撑,城镇化、工业化是现代农业发展的外源动力。这三个阶段,分别与农业社会、工业社会、现代社会三种社会发展形态相对应,以加速“三化”推进“三转”是确立区域发展战略乃至国家发展战略必须遵循的客观规律。

纵观建国以来较发达地区、次发达地区及欠发达地区的农业发展历程,随着由计划经济向社会主义市场经济体制的转变和农业生产方式、经营方式、发展方式的逐步完善,我国农业的发展动因大体分为内源动力、外源动力、一体化发展三个阶段。所谓内源动力阶段,就是依靠农业内部生产力和生产关系的自我完善和生产方式的不断改进,实现农业自身积累、自我发展的阶段。这个阶段,实际上是就农业抓农业阶段。所谓外源动力阶段,是指农业发展在进入由传统农业向现代农业转变以后,在完善农业生产方式的基础上,推进农业经营方式和发展方式的转变,通过以工促农、以城带乡、以外促内的外力推动,实现农业的持续稳定发展。这个阶段,也就是我们平时所说的“跳出农业抓农业、跳出农村抓农业”阶段。

基于上述分析,笔者认为,对于像我们聊城这样的地区来说,农业发展正在由传统农业向现代农业迈进、工业发展正在由工业化初期向中期提升、城镇化正面临向城乡一体化推进的阶段,在加快农业现代化、工业化、城镇化的进程中,必须坚持用城乡一体化引领农业现代化,以农业现代化推进城乡一体化的发展方向和指导原则。可以说,没有城乡一体化的引领,现代农业的发展就缺乏应有的动力和活力,就难以达到理想的发展目标;没有现代农业的持续健康发展,城乡差距不仅难以缩小,而且还会拉大,整体现代化就缺乏可靠的基础支撑,城乡一体化的发展目标就根本不可能实现。加快发展现代农业既是提升工业化、现代化水平的内在要求,也是加快城镇化、实现城乡一体化的重要举措。

二、坚持用城乡一体化引领新型农业现代化的发展方向

按照城乡一体化发展的要求,当前我国农业已经进入农村内源动力、城市外源动力合力发展的新阶段。城市外源动力对农业现代化的带动和引领作用,突出表现在理念引领、规划引领、模式引领和政策引领几个方面。

首先,要树立用城乡一体化引领新型农业现代化的发展理念。自觉遵循农业现代化、工业化及城镇化"三化"并进的发展规律,准确把握现代农业的科学内涵,正确认识现代农业的根本特点。在思想观念、工作思路上,切实增强"现代农业是高产、优质、高效、生态、安全农业"的意识,增强"现代农业是贸工农科教服一体化大农业"的意识,增强"农业现代化既是工业化、城市化的重要支撑也是工业化、城市化重要内容"的意识,增强"按照城乡一体、产业统筹的要求科学规划农业发展空间、合理配置农业发展资源"的意识,增强"加快发展现代农业是缩小城乡差别、增加农民收入、建设全面小康社会根本举措"的意识。应当看到,在这方面,有相当数量的乡村基层干部还很不适应,不少同志对什么是现代农业、如何发展现代农业还知之甚少,囿于传统"二元"体制的束缚,不能自觉地按照统筹城乡、一体化发展的要求规划和推进现代农业建设,有的甚至还存

在重城市轻农村、重工业轻农业的问题，把城市发展和乡村发展、二三产业发展和农业发展割裂开来，既影响了现代农业发展，又制约了城镇化、工业化进程。针对这种情况，一定要采取切实有效的措施，教育乡村基层干部，适应由传统农业向现代农业转变的要求，树立用城乡一体化理念引领现代农业、用现代工业经营理念经营管理农业的思想，增强用现代经营方式、现代科学技术、现代管理手段和现代物质装备条件改造传统农业、发展现代农业的自觉性。

其次，要制定用城乡一体化引领新型农业现代化的发展规划。在深入搞好调查研究的基础上，按照"跳出农业抓农业、跳出农村抓农业"的思路和以城带乡、以工促农、城乡一体化发展的原则，制定现代农业发展规划，在任务目标、发展战略、空间布局、产业结构、主体培育、服务体系、产销衔接、资源配置、支持政策、推进机制等方面进行科学谋划，提出明确要求。以促进农民增收为目标，着眼于城乡一二三产业的融合发展、协调发展、可持续发展，在调整结构上下工夫，在产业升级上下工夫，在增强核心竞争上下工夫，大力培植特色鲜明的主导产业、龙头企业和名牌产品。围绕发展高产、优质、高效、生态、安全农业，从本地区域位置、土地资源、生态环境、产业基础、产品优势、产业化水平等方面的现实情况出发，按照优质化品牌、区域化布局、专业化生产、标准化管理、集约化经营、规模化发展的要求，搞好农业结构的战略性调整。大力发展无公害农产品、绿色食品和有机食品，大力发展规模化、标准化健康养殖，大力发展优质果品生产基地、速生丰产林基地、农田林网、高标准环城林和围村林建设，大力发展农副产品加工业及农业科技、信息、流通、金融、市场等农业和农村服务业，构建现代农业产业格局。

第三，要确立用城乡一体化引领新型农业现代化的发展模式。城镇化进程中的现代农业的空间布局是多种形式的龙头带基地联农户、市场带基地联农户、行业协会（农民专业合作联社）带基地联农户、农业示范园区带基地联农户等。城镇化发展的辐射带动机制是大中城市带动小城市，小城市带动中心城镇、小城镇、农村社区、自然村。因而，用城乡一体化理念引领发展现代农业，应构建龙头、市场、园区、科教服组织布局在城市、乡镇、社区、园区，种养基地、农户植根在乡村的一体化发展格局。进入新世纪、新阶段以来，聊城市立足资源条件和发展优势，因地制宜地探索统筹城乡、发展现代农业的有效模式，取得了积极成效。大体可分为十种类型：一是龙头企业带动型。比如，茌平县小杨屯村按照“围绕农业办企业，办好企业促农业”的发展思路，通过兴办肉鸭加工龙头企业，推进集种鸭、孵化、养殖、饲料、兽药、生熟鸭肉深加工、生物肥生产销售于一体的肉鸭产业化经营，全村年人均纯收入达到 2 万多元。二是特色产业带动型。比如，茌平县冯屯镇围绕“大蒜、西瓜、畜牧养殖”三大主导产业和特色种植基地，先后组建了大蒜协会、惠民大蒜农民专业合作社、西瓜协会、林果协会、养鸭协会等经济合作组织，形成了与发展现代农业相适应的农业社会化服务体系，加快了现代农业发展步伐。三是市场流通带动型。比如，高唐县梁庄村兴建产销一体的屠宰市场，把分散的宰杀户集中起来，形成了屠宰户 100 多家、从业人员 200 多人的规模化、规范化屠宰市场，日宰杀黄牛 200 多头。屠宰市场的建立，不仅带动了养牛产业的发展，而且为牛皮、骨粉、血粉、冷藏产业的发展创造了条件，带动发展起相关加工企业十多家，年产值达到 2 亿多元。四是合作组织带动型。比如，临清市青年办事处薛店居委会成立莹雪果品专业合作社，组建专业林果技术、销售队伍，形成了产供销一体化服务体系，带动发展优质果园 4 000 多亩，提高了果品产量和质量，形成了林果产业化发展格局，使果农增收近 200 万元。五是产业园区带动型。比如，茌平县菜屯镇以打造鲁西木业强镇为目标，兴建木业加工园区，采取积极措施吸引木材加工企业向园区聚集，形成了 1 500 多家企业竞相发展的产业集群，吸纳农村劳动力 2 万多人，形成了“原材料生产与购进—旋皮—制板—终端产品—出口”一体化、产业化经营的格局。六是科技服务带动型。比如，聊城市实施农业科技特派员工程，共下派科技特派员2 425名、法人科技特派员单位24个，覆盖1 253个村庄，与农民建立利益共同体462个，科技特派员工作站、示范基地（园区）和专业协会（合作组织）分别达到149个、236个和125个，培育发展名优农产品品牌66个、农业龙头企业82个，示范带动面积达到100多万亩。七是集体服务带动型。比如，冠县田马园村采取统分结合的模式，在大力发展村级集体经济的同时，围绕推进林果产业化，积极开展果树栽培、苗木嫁接、病虫防治、技术培训、果品储藏、果品销售等方面的统一服务，推动了优质果品基地建设，成为远近闻名的名优果品专业村，集体积累达到2 000多万元，年人均纯收入达到近2万元。八是农机推广带动型。比如，临清市以搞好农机深松整地示范县（市）建设为突破口，以培植和完善农机服务专业合作社为着力点，积极推广农机深松整地作业等先进农机技术，取得了农户、农机专业户、农机合作社、政府主管部门等多方满意的良好效果，推动了农业机械化水平的进一步提高。据统计，今年临清市共落实农机深松作业补贴1 000万元，作业面积达到33.3万亩。通过改善耕层结构和土壤墒情，提升农业产出能力，预计可实现农民增收2.3亿多元。九是强村辐射带动型。比如，东昌府区堂邑镇刘庄村农产品储藏、加工企业固定资产达到4 600多万元，产品远销十多个国家和地区，年创利税500多万元。该村通过推行“订单农业”和统一服务，带动周边十几个村发展3万余亩生产基地，形成了以强带弱、共同发展的局面。十是综合发展带动型。比如，阳谷县刘庙村农业产业化、工业化、城镇化“三化”并进，通过以工促农、龙头带动，形成了拥有3 000只规模养鸡场16处，500头奶牛饲养场2处，规模养猪场4处，农民年人均纯收入达到11 000多元，一座农工商全面发展的现代化新型城镇拔地而起，被授予“全国文明村镇”、“全国小康示范村”、“中国特色经济村”等多项荣誉称号。

第四，要制定用城乡一体化引领新型农业现代化的扶持政策。

各级政府及有关部门,应从资金、技术、人才、园区建设等方面,加大对发展现代农业的政策扶持力度。一是财税扶持政策。向国家和省争取的“三农”资金扶持项目,应重点投向生态农业及农产品深加工基地建设。市县乡财政要力所能及地安排专项资金,鼓励改善农业生态环境、创新生态发展模式、开展生态技术培训、打造生态农产品品牌。现有农业产业化、农民合作社、农产品市场、农民技术培训、农机技术推广、农业综合开发、农田水利建设等项目安排,应重点向生态农业及农产品深加工倾斜。生态农产品生产加工项目税收,能减的要减,能免的要免。二是招商引资政策。对招商引资引进的生态农业及农产品深加工项目优先协调流转土地,采取“一站式受理、一条龙服务”办法帮助办理有关审批手续。对重点生态农业项目和农产品加工企业,有关部门应实行保护性跟踪服务,严防“三乱”干扰。对招商引资成效显著的单位和个人,应根据产生效益,采取“一事一议”办法给予物质和精神奖励。三是金融支持政策。采取农业部门牵头,金融部门与生态农业项目经营主体牵手的办法,打造银农对接平台,定期开展面对面交流服务,解决发展生态农业面临的融资难问题。对市场前景好、发展潜力大、特色优势明显的“三品”名优品牌企业、合作社、农户等,应采取定额贴息方式,鼓励扩大贷款规模,加快生态农业项目开发建设步伐。四是科技支农政策。在积极向上争取生态农业科技投入的同时,集中用好我市农业科研项目补助金和软科学、重点社科研究项目经费,大力扶持农业高校、农科院所及农业实际工作部门的农经、农技人员,对生态农业生产加工技术进行重点攻关,在总结传统有效种养经验的同时,创新现代生态农业生产技术和生产模式,并通过产学研结合、农业科技特派员入社、农业专业协会协作、农业示范园区带动等形式,加强农业科技推广体系建设,加快生态农业发展步伐。五是示范园区政策。现有的农业科技园区,要加快向生态农业示范园区转变。新规划园区既要考虑资源条件优势,又要高点起步、着眼长远发展。

向上争取涉农项目资金、本级财政“三农”投入,应采取“扎捆打包”的办法,加大生态农业示范园区投入。对生态农业示范园区、生态农产品加工区,在领导分包、部门帮扶、政策扶持、工作督导、考核奖惩上,纳入重点项目管理。六是人才流动政策。推进生态农业及农产品深加工基地建设,必须实施“人才强农”战略。本着用好现有人才、引进外部人才、培养急需人才结合的原则,从完善职称评定、科技成果评审、授予荣誉称号、工资福利保障、领办项目扶持、农业技术入股、职务提拔晋升等多方面,鼓励生态农业科技人才向农业生产一线流动,充分发挥他们在推动农业科技进步中的作用。

三、落实以新型农业现代化推进城乡一体化的有效措施

相对于传统农业而言,现代农业是指按照现代经营理念的要求,用现代经营方式、现代科学技术、现代管理手段和现代物质装备条件武装起来的,集市场化、科学化、组织化、设施化、机械化、集约化、信息化、社会化等诸多特性为一体的农业发展模式。加快发展现代农业,就是用现代发展理念引领农业,用现代物质条件装备农业,用现代科学技术改造农业,用现代产业体系提升农业,用现代经营形式推进农业,用培养新型农民发展农业,提高农业的资源利用率、劳动生产率、综合产出率,通过推进农业现代化,增加农民收入,缩小城乡差距,构建城乡一体化发展格局。

近年来,聊城市以党的十七大和十七届三中全会精神为指针,深入贯彻落实科学发展观,在深化农业产业化经营上求突破,在推进农业结构特色化、农业生产标准化、农业经营规模化、农业管理集约化上下工夫,促进了农业结构优化升级。为了加快现代农业发展步伐,市委市政府提出了“打造生态农业及农产品深加工基地”的战略任务。如何实现这一任务?笔者认为,总体思路应该是:以科学发展观为指导,以推进农业产业化为主攻方向,以优化农业生态

环境、打造生态农产品品牌为主要任务，以推进农业生产经营的专业化、标准化、合作化、规模化、集约化经营为工作重点，科学规划，配套联动，点面结合，扎实推进。“十二五”期间推进农业现代化的战略任务，可以概括为：明确“一个发展目标”，打造“农业三品”品牌，建设“十大种养基地”，发展“十大加工产业”，构建“六大支撑体系”。

——明确“一个发展目标”。通过“十二五”期间的不懈努力，基本建立起聊城生态农业和农产品深加工基地格局，力求在全省乃至全国形成一定的知名度、影响力和竞争力。

——打造“农业三品”品牌。到“十二五”末，聊城生态农产品及其精深加工产品，要有70%以上达到无公害农产品、绿色食品、有机食品标准，“三品”监管覆盖面达到100%。

——建设“十大种养基地”。按照生态农业发展模式的要求，发挥区位、环境、产业、产品优势，规划打造生态粮食、棉花、瓜菜、食用菌、花生、果品、养猪、养牛、养鸡、养鱼等十大生态农业种养基地。到“十二五”末，所有农产品全部纳入生态农业种养基地管理范围。

——发展“十大加工产业”。在大力发展生态型种植业、养殖业的基础上，大力发展农产品加工业，拉长产业链条，构建粮食、棉花、菜菌、油料、果品、畜禽、蛋奶、水产、饲料、木材等十大加工产业，形成种养加销一体化发展格局。到“十二五”末，全市农产品加工增值率达到75%以上，精深加工增值率达到50%以上。

——构建“六大支撑体系”。

一是农业生产标准化服务体系。本着有标依标、无标立标的原则，结合推进生态农业和农产品深加工基地建设规划试点，尽快健全覆盖农业“十大种养基地”和“十大加工产业”的无公害农产品、绿色食品、有机食品标准体系。同时，健全生态农产品生产技术规程，加强生态农业科技队伍建设，为生态农业生产技术、发展模式的组装配套推广，开展系列化全过程服务。

二是生态农产品市场流通体系。按照建设生态农业和农产品深加工基地、打响聊城生态农业品牌的要求，在现有农产品市场网络的基础上，构建聊城生态农产品市场体系。特别是即将兴建的聊城农产品综合大市场，无论市场名称还是经营内容，要力争建成在全国有一定影响力和辐射力的生态农产品批发营销中心。

三是农产品质量监督管理体系。整合相关部门的农产品质量监管力量，健全企业、基地、合作社、市场、政府部门等农产品质量监管机构和检测手段，建立上下贯通、左右协调、全面全过程覆盖的农产品质量监督管理体系。

四是农业生态环保综合整治体系。一方面，健全环保、农业、水利、气象、农业综合开发等有关部门，通力配合、高效协作，与优化农业生态环境相关的水利、土壤、大气、小流域环境监测队伍，形成常态工作机制，有针对性地落实农业生态环境整治措施；另一方面，健全农业生产资料营销、使用监管机制，从市场准入和源头环节抓起，加强农药、化肥、种子、农膜等农业投入品控制，实行农业生产全过程记录监控，减少和防止农业生产环境污染。

五是生态农业技术研发推广体系。生态农业是运用生态学和生态经济学原理构筑的以生态循环、平衡、和谐为原则，以生态农业科技为支撑的现代农业发展模式。走开生态农业发展路子，必须健全与发展生态农业相适应的农业科技研发、创新、服务、推广机制，普遍提高农业生产、加工、经营管理人员的技术素质，使生态农业发展真正建立在依靠科技进步和提高劳动者素质的基础之上。

六是生态农业发展规划管理体系。尽管在我国提出生态农业的发展理念已有 30 多个年头，但由于长期致力于解决粮食不足问题，靠化肥、农药催生的高产农业发展模式，以及适应市场经济要求发展起来的高产、优质、高效模式，在规划管理方式上长期束缚着人们的手脚。随着计划农业向市场农业的转变、传统农业向现代生态农业的转变,面临发展高产、优质、高效、生态、安全农业的新形势、新任务,各级党委政府、农业部门,各类农业生产、加工、流通主体,必须在转变经营管理理念的基础上,尽快实现经营管理方式的转变,抓紧建立健全与发展现代生态农业相适应的农业规划管理体系。

围绕实现上述任务目标,要具体落实以下几方面的措施:

(一)转变传统观念,增强干部群众的现代农业意识

建设现代生态农业和农产品深加工基地,是市委市政府做出的一项重大战略决策,各级要利用会议、电视、广播、网络等各种有效形式,围绕什么是生态农业、为什么要发展生态农业、如何推进生态农业和农产品深加工基地建设等,开展广泛深入的宣传教育,尽快在全市上下形成发展生态农业、推进农业现代化的共识,增强发展现代农业、生态农业的自觉性和主动性,把各级、各方面特别是涉农部门以及农村基层广大干部群众的积极性和主动性充分调动起来。

(二)科学制定规划,细化现代农业发展目标

发展现代农业、生态农业不能局限于面上的号召,必须在调查研究的基础上,自上而下制定科学的发展规划和具体落实计划。结合实施《聊城市"十二五"经济社会发展规划》,各级要紧密联系本地、本部门实际,明确现代农业发展目标,谋划生态农产品区域布局,研究农业生态环境治理办法,采取严格有效的管理技术措施,健全生态农业环境监测、保护、发展机制,制定推进生态农业和农产品深加工基地建设综合发展规划。县(市区)要有规划,相关部门要有规划,乡镇村庄、经营主体也要有规划。通过制定实施《生态农业和农产品深加工基地建设"十二五"规划》和"年度工作计划",尽快把我市农业纳入健康持续的现代化发展轨道。

（三）加强示范引领，推进农业标准化生产

在健全和完善与国际、国家、行业标准接轨农业标准体系的基础上，加强农业生产全过程标准化管理的基础工作。建立以无公害农产品认证为主体，以绿色食品、有机食品及农业投入品认证为补充的生态农产品质量认证体系。健全农产品质量检测手段和农产品质量监管队伍，形成政府执法部门监管与市场经营主体自我监管紧密结合的农业标准化工作长效机制。完善扶持发展标准化生态农业的有关配套政策，使生态农业建设走上规范化、法制化轨道。研究制定对参与标准化生态农业生产企业、农户的鼓励办法，充分调动他们发展生态农业的积极性。

（四）加大治理力度，优化农业生态环境

针对目前一些地方农业生产环境恶化、资源综合利用率不高和废弃物环境承载容量较小的现状，结合实施《聊城市生态农业及农产品深加工基地发展规划》，抓紧进行包括土壤、水源、大气、农业面源污染、工业污染源等方面的普遍调查，并采取相应的农业生态环境治理措施。坚持环境保护和生态建设并重，以测土配方施肥为重点，推广减量化、精准化的施肥用药技术，避免农业生产对生态环境的污染。以规模畜禽养殖场排泄物治理为重点，推广资源化利用技术，积极发展循环经济。因地制宜推行以沼气工程为主体的能源生态型、能源环保型、综合利用型的工程模式，既解决畜禽养殖污染问题，又为其他种养业提供有机肥源，促进无公害农产品生产。建立生态补偿机制，坚持多管齐下，从控制、监测、治理、保护、合理利用等多层次、全方位落实农业生态环境治理措施。

（五）强化农技创新，推广生态农业技术

充分发挥聊城大学农学院、市农科院以及现有农业工程技术研

究机构的优势,加强与国内著名农业高校及科研院所、高科技农业生态示范园区的联系与合作,通过农科教、产学研结合,搞好生态农业生产技术、生产模式的研究创新和组装配套,强化生态农业和农产品深加工基地建设的科技支撑。运用生物技术、信息技术、新材料技术提升种子种苗、种植养殖和农产品精深加工水平。对传统农业技术的精华进行提炼、集成,大力推广应用,大幅度提高农业的科技含量和科技贡献率。创新农业耕作制度,变偏施化肥为多施天然有机肥,变大水漫灌为节水灌溉,变滥用农药为科学使用农药。建立"一业为主、综合发展、多级转换、良性循环"的高效无废料系统,积极推广"林—鱼—鸭—草"、"猪—沼—果"、"粮—饲—鸡—猪—鱼"等内容丰富、形式多样、各具特色的生态循环种养模式。进一步完善农业科技特派员制度,健全基层农业科技服务体系。同时,以推广普及生态农业生产技术为重点,采取多种有效形式搞好农民技术培训,提高农业生产经营人员的生产技术和经营管理素质。

(六)拉长产业链条,提升农产品加工水平

按照"抓二带一促三"、"抓三带一促二"的思路,根据生态农产品特色化、区域化、基地化优势,每个乡镇规划兴建一处农产品加工园区。广泛开展招商引资、招才引智活动,大力发展粮食、棉花、菜菌、油料、果品、畜禽、蛋奶、水产、饲料、木材等农产品精深加工项目。在继续扶持国家、省、市重点龙头企业的同时,加大对成长型农产品加工企业扶持力度,促使其由小变大、由弱变强。本着以城带乡、以工促农的原则,引导鼓励城市企业到乡镇兴办农副产品加工企业。依托农村社区、生态农产品生产基地和农产品市场,积极发展农产品分拣、包装、贮藏、保鲜等简单加工项目,积极培植农产品加工专业户、专业村。通过贸工农科教服结合,逐步拉长生态农业产业链条,提升产业化水平及综合经济效益。

（七）完善体制机制，壮大生态农业经营主体

在坚持农村土地承包经营权长期稳定不变的前提下，根据“依法、自愿、有偿”的原则，积极引导土地经营权流转，为促进农业经营的专业化、标准化、规模化、集约化创造条件。围绕壮大农业经营主体，完善农业经营机制，一是要提高家庭经营水平。重点是搞好农民生态农业生产技术培训，提高农户发展生态种养及初加工的能力。二是要扩大合作经营水平。引导农户通过品牌、土地、资金、技术、设施等入股的形式，成立各种形式的农民专业合作社，尽快达到“一村一社、一村多社、村村有社”，充分发挥其组织生产、推广技术、推销产品的带动和示范作用。同时，以生态农业生产技术和经营管理知识为主要内容，加强农民合作社领办人培训，不断提高他们的生态农业经营管理水平。三是要提升企业经营水平。大力发展各类生态农产品生产、加工、流通企业，加强全员培训，规范企业管理，提高企业素质，增强企业的竞争发展能力。在此基础上，加快推进农业产业化进程，形成部门加合作社加基地加农户、企业加合作社加农户、集体加合作社加基地加农户、示范园区加合作社加基地加农户等多种形式的产业化经营格局。引导和协调龙头企业正确处理与基地、农户的关系，真正形成利益共享、风险共担的发展机制，使更多的农户参与产业化经营，使参与产业化经营的农户获得更大的收益。

（八）创新物流业态，打响聊城生态农产品市场品牌

加快聊城农产品综合大市场建设步伐，以生态农产品品牌构建全市农产品市场流通体系。在稳固产地市场的基础上，千方百计开发销地市场。在稳固现货市场的基础上，千方百计发展订单生产、期货市场。加强市场基础设施建设，健全市场质量检测手段，完善市场信息体系，严禁不符合“三品”标准要求的农产品及其加工产

品进入市场。发挥农业龙头企业、农民专业合作社、农产品行业协会和专业大户的市场营销作用，积极培育农产品流通、农村经纪人队伍。大力发展农产品连锁经营、加工配送、电子结算等新型物流业态，培育现代生态农产品物流体系。认真落实农产品运输“绿色通道”政策，减轻流通成本，提高流通效率。通过市场＋企业＋合作社＋农户，带动聊城生态农业及农产品深加工基地建设又好又快发展，加快聊城农业现代化步伐。

（万志博，中共聊城市委）

新型城镇化的五个导向——以江苏省宿迁市为例[1]

尹俊　滕飞

中国进入了加速城镇化时代,2011 年我国城镇化率达 51.3%,城镇人口超过了农村人口。加速城镇化,让农民进城工作,可以提高农民收入,扩大经济内需,也可以节约农村土地使农业规模化经营,提高农业生产率,改善农村环境,对中国解决三农问题、统筹城乡发展有着十分重要的意义。

然而,中国城镇化的快速发展,不少地区采用的是传统的城镇化模式——即"利用

〔1〕 作者感谢厉以宁教授的指导与资助,同时感谢宿迁市委秘书长田洪、市委研究室丁春林、临沂市兰山区委组织部刘广济、银雀山街道密成芳等同志对调研的大力支持。

土地的低成本‘摊大饼式’开发，对基础设施和公共服务社会保障事业欠账残缺，追求人口城镇化”的模式。然而由于土地资源和环境承载能力都有限，出现了政府高额财政赤字、城市布局且缺乏规划、土地资源紧张、生态环境建设落后、进城农民工无法享受城市待遇、农民失地失业等问题，传统的城镇化方式难以持续，中国未来必须走新型城镇化的发展道路。

新型城镇化是以科学和谐、节约集约、生态宜居、工业化与城镇化互动、城乡待遇一体、城乡统筹发展为特征的城镇化。江苏省宿迁市，十年前还属于次发达地区，城镇化水平低、工业基础薄弱、农业生产效率低是其发展过程中面临的突出难题，然而宿迁以“科学发展观”为指导，成功走出了一条“科学定位、大胆创新、以人为本”的新型城镇化道路，推动了城镇化、工业化和农业现代化三化并进。“十一五”期间，宿迁市城镇化率由31.5%提高到48.3%，荣获联合国环保节能新型示范城市、中国优秀旅游城市、国家园林城市等荣誉称号。

一、宿迁市城镇化的三大举措

（一）科学定位，做大做强中心城区，集聚人气推动城镇化

第一，科学定位中心城区，发展特色服务业集聚人气。宿迁城镇化初期，中心城区定位不明确，工业较多但污染严重，服务业薄弱。为此，宿迁将中心城区定位为“宜居之城、集聚之地、辐射之源”，迁出了城区的工业企业以减少城市污染，并充分利用宿迁“两河两湖”和“洋河酒”的资源优势，制定了城区主中心和副中心并力发展的战略，主中心大力发展商贸服务业、文化旅游业、现代物流、职业教育等服务业，副中心大力发展与“洋河酒”相关的服务产业，解决了大量进城农民的就业问题。目前，宿迁市服务业从业人员总数达到340万人，占全体从业人员的30.8%，高于工业就业人数5

个百分点。

第二,高标准改造建设中心城区,创新资金筹措和农民进城方式。宿迁城镇化初期,中心城区的基础设施建设相对薄弱,城市承载能力不足,为此,宿迁市以高标准、高要求改造和完善城区公共交通、排水、绿化等基础设施,加强教育、医疗、文化等公共服务建设,大力改善了城市的环境,提高了城市的承载能力。经过改造建设,宿迁市城区面貌焕然一新,高楼大厦林立,交通便利发达,结构更合理、布局更科学、功能更完善,吸引了大量周边区县的农村居民进城居住。在吸引农民进城方面,宿迁颁布了系统的“人口倍增计划”,以低房价门槛、高质量生活为吸引,放开、放活户籍管理,让那些在城镇有固定住所和稳定收入的农民都转为城市户口,并享受市民同等待遇,并允许农民进行“双置换——在农村实施农民住宅(含宅基地)置换城市安置房、农民土地承包经营权置换城镇社会保障”,稳步推进农民市民化,集聚人气,推动城镇化进程。

(二) 大胆创新,建立建设工业新区,增强工业核心竞争力推动城镇化

第一,创新思路方法,建立工业新区。对于经济基础薄弱的地区,建立工业新区的最大难题在于资金的不足和观念的落后。位于宿迁的苏宿工业园区是宿迁市和苏州市打破行政区划界限、创新合作机制、实施联动开发、互利共赢的试点,宿迁市在园区的建设和发展上得到了苏州市资金、人员、管理等全方位的帮助,园区也解决了苏州工业发展瓶颈中的土地难题。在园区的硬件设施和规划上,宿迁借鉴苏州工业园区的经验,以“便捷、环保、节约”为原则科学规划园区,比如建立了集商业、文化、体育、卫生、教育等社区服务于一体的居住区商业服务中心——“明日邻里中心”,为周边居民提供既集中又便捷的服务。良好的硬件环境受到了企业的垂青,同时也吸引了大批务工农民和家庭入住。

第二，重视软环境建设，吸引高端企业。城镇化初期，鉴于自己的落后地位，宿迁市将加速发展工业的压力转变为改革创新的魄力，除了硬件环境建设之外，还十分重视软环境的建设，苏宿工业园区管委会改变传统思维，切实转变为服务型政府，奉行“帮办亲商理念”，提供一流服务，降低企业交易成本。此外，宿迁市十分重视引进行业龙头企业，带动配套企业一起入住工业新区。软环境还包含当地劳动力素质的提高，宿迁市由财政出资，每年组织多次当地劳动力进行文化水平与技术能力的培训，为企业提供优质劳动力，解决结构性失业难题。良好的硬件环境和软环境提高了入驻企业的产业层次，增强了宿迁工业的核心竞争力，并带动相关产业，吸纳农村剩余劳动力，促进了城镇化快速发展。

（三）以人为本，整合建设农村新社区，提高农业生产力和居民生活满意度推动城镇化

第一，创新工作方法，建立农民集中居住区。城市土地资源稀缺是城镇化发展的瓶颈，为此，宿迁大力建设农村新社区，实现农村“就地城镇化”。传统的农民住宅存在着严重分散、质量参差不齐、土地资源浪费、交通不便等问题。为此，宿迁市科学规划，按照“三靠近——靠近现有城镇、靠近工业园区、靠近商贸市场”的原则建立农民集中居住区，改善了农村生活条件，保障了住房质量，节约了土地资源，方便了村庄管理。对于拆迁农户无住房的问题，宿迁建设了“过渡安置房”，保障拆迁居民居住；充分依靠村民大会机制民主决策，规避拆迁矛盾。为了缓解村镇财政资金压力，宿城区罗圩乡联伍村让各农户自主选择集中居住区住房由村镇代建还是自建，自建不交费但须按规划标准建，代建则交给村镇建设费，积极发挥政府与农户的共同力量，加快了集中居住区建设的进程。

第二，规范整合土地，创新发展农业生产力。农业的生产效率低，原因在于没有产业化和规模化经营。宿迁通过实行城乡土地增

减挂钩和万顷良田工程，节约了大量土地资源，科学运用地票管理制度进行土地流转，大力推动农业产业化和规模化，农民不仅可以规范获得土地租金，还同时解放了劳动力。宿城区埠子镇利用整合出来的土地，推动全镇农业向高效、生态、规模农业转变，积极发展以休闲农庄为代表的生态旅游农业、以食用菌为代表的高效农业，农业发展跃居全市领先地位。沭阳县新河镇堰头村，通过土地流转整合土地，成立村里实业公司12家，采用高科技技术规模化种植花卉，消化吸收了不少周边村的富余劳动力，并进一步促进了农业的接续产业和替代产业如生态旅游业、物流业的发展，走出一条“农村支持企业，村企共建农村”的新路子，农民收入和村集体收入显著提高。

第三，以人为本，大力保障农村与城市社区公共服务与社会保障均等化。城乡居民享受同等的公共服务与社会保障是城乡一体化的迫切要求，宿迁市坚持以人为本，提出“镇当城建”的理念，将农村新社区按照城市社区建设，基础设施到位、公共服务均等。农村新社区建设首要是环境问题，为此，宿迁市政府主导与宣传教育双管齐下，财政投入巨资突出整治农村环境卫生，各县区统一为乡镇配备垃圾运输车，统一配套建设乡镇压缩式垃圾中转站，乡镇按标准建设二级中转站，初步建成“组保洁、村收集、镇集中、县运转、市处理”的垃圾程序统筹收运处理体系；此外，宿迁还十分重视建设绿色生态文明，对于农业垃圾循环处理用来发电等。

二、宿迁市城镇化道路的启示

经济学家厉以宁指出，中国的新型城镇化道路等于“老城区”加“工业新区”加“农村新社区”互促共进的建设，宿迁的城镇化道路给我们以下几点启示：

(一)以"市场主导"理念,发展特色经济,优化地区产业配置

中国的城镇化不应是一味地将二、三产业都集中到城市,要根据市场需求,结合地区实际,优化产业布局。城镇化初期,大部分地区的中心城区(老城区)都有较多工厂,而大部分中心城区从区位和市场优势而言,应迁出工业,重点发展服务业,尤其是具有地方特色的服务业经济。特色经济不一定是资源经济,而是创新经济。许多地区资源匮乏,但是通过创新理念,挖掘优势,形成了地区特色经济。服务业有生产性服务业、生活性服务业、新兴服务业、公共服务业四类,比如山东省临沂市根据鲁南苏北的市场需求,在革命老区培育出了"零资源"的特色经济,大力发展现代物流,特别是以建设航空城、打造国际航空港为目标,大力发展航空物流业,形成航空货邮运输集散中心、鲁南苏北区域性枢纽机场和国内民用航空中型机场的地区优势。

农业发展是农村发展的根本,也是农民增收的主渠道。通过实施农民集中居住和农村土地流转,让农业规模化经营,实现农业产业化,是农业加快发展的必由之路。农业的产业化要以国内外市场为导向,以科技进步为依托,以资源综合开发为基础。未来的农业应该是规模化传统农业、高效农业、观光农业三者并进,同时形成农户、农村专业合作社、村企、科技站互帮互进的生产经营管理体制。

(二)以"集群主导"理念,发展地区工业,发挥企业集群优势

工业化是城镇化的支撑,而地区工业集中式发展,建立工业新区利大于弊。工业新区包括高新技术开发区、各种试验区、各种创业园等,能促进工业企业形成簇群效益,既方便信息交流,又能促进相互分工协作,培育合理竞争,加速产业发展。工业新区的企业还能共享工业新区的基础设施,节约建设成本,防止环境污染源的扩散,便于集中治理,提高社会、政府的服务与管理效率等。此外,工

业新区的企业还能促进相关配套服务产业发展，规模化解决农民就业。工业新区同时也是居民区，可以吸纳企业的职工和家属、各种服务人员居住，推动城镇化进程。

（三）以“环境主导”理念，建设新型中心城区、工业新区和农村新社区

环境包含硬环境和软环境的建设，中心城市硬环境建设要定位高标准，符合可持续发展的要求，不能“三年大修，五年报废”。中心城市的高标准环境建设还能辐射周边区县和镇村按要求配套建设环境设施，提高全市城镇化质量。在工业新区，要突出重视企业污染限制与治理，节能减排，推动企业科技升级。农村新社区要让社区居民与城市居民的所有权利相平等，社区环境优美，公共服务到位，社会保障与城市一体化。软环境的建设往往更能成为地区的相对优势，比如政府能给企业的投资与生产提供优质的服务和较低的交易成本，有利于引进龙头企业。龙头企业不仅是城市可持续发展的保障，还能带动大批配套企业入住工业新区，推动工业发展。

（四）以“创新主导”理念，筹集建设资金，开拓地区融资渠道

资金不足是城镇化发展的一大难题。应该创新资金筹措方式，加强对财力资源的开发。比如建立城投公司，开发城市企业联营模式如 BOT 等；比如在工业新区建立的起步阶段，争取与发达地区合作，借助发达地区的人力、物力等资源，建立工业新区；再如村集体通过土地流转统一土地，规模化、市场化经营增加集体收入等，实现政府主导与市场主导相结合，推动城镇化发展。

（五）以“人本主导”理念，改进工作方法，实现居民安居乐业

新型城镇化不是一味将农民都迁往或集中到城市，还要实行农民就地城镇化，既能改善农民生活条件，又不以牺牲农业生产为代

价;进城农民除了要有保障性住房政策外,还应积极为他们创造培训与就业机会,实现农民在城镇化过程中安居乐业。"以人为本"的原则必须贯彻到城镇化建设过程中的每个细节,如在城区改造、居民搬迁过程中,要做到政府引导与尊重居民自主选择权相结合,不包办包揽,减少矛盾冲突;再比如建设农村集中居住房是否考虑到农民的生活习惯,农村公共服务与社会保障是否与城市均等,以免除进城务工农民的后顾之忧,让他们专心谋发展等。

新型城镇化的道路还需要积极探索,但是只有真正坚持"科学定位、大胆创新、以人为本",真正坚持"市场、集群、环境、创新、人本"为主导,才能真正实现地区科学发展。

(尹俊、滕飞,北京大学光华管理学院)

图书在版编目(CIP)数据

中国道路与新城镇化/厉以宁主编. —北京:商务印书馆,2012
(中国道路丛书)
ISBN 978-7-100-09638-6

Ⅰ.①中… Ⅱ.①厉… Ⅲ.①城市化—研究—中国 Ⅳ.①F299.21

中国版本图书馆 CIP 数据核字(2012)第 267550 号

中国道路与新城镇化
厉以宁 主编
程志强 副主编

商 务 印 书 馆 出 版
(北京王府井大街36号 邮政编码 100710)
商 务 印 书 馆 发 行
北京瑞古冠中印刷厂印刷
ISBN 978-7-100-09638-6

2012 年 11 月第 1 版 开本 787×1092 1/16
2012 年 11 月北京第 1 次印刷 印张 18
定价:39.80 元

字绘上海

Zì Huì Shàng Hǎi

手绘中国
Painting CHINA

主编／徐郑冰 沈娟

长江出版传媒 | 湖北美术出版社

大上海
AURORA

前言

文化自信 · 城市新元素

城市是文化的载体，文化是城市的灵魂。在全球竞争的时代，文化也是城市软实力的重要组成部分，其中城市的文化特征和文化品质显得尤为重要。塑造更富魅力的“人文之城”是上海市 2016—2040 年城市总体规划提出的目标愿景之一，也是上海这座超大城市能够可持续发展的内生诉求。

大世界作为上海这座城市的文化地标，在消费与文旅日趋升级的背景下重新起航，推出“城市新元素 · 字绘上海”临展正是顺应了“人文之城”的目标愿景。《字绘上海》作品用了最通俗易懂的设计语言诠释城市文化特征，充满了艺术时尚感，它们从衣、食、住、行等细部出发，发掘多元丰富、独具上海地域色彩的符号，使之转化成为优美的装饰图形，搭建了现代感官与不同在地文化的艺术桥梁，向世界展示上海不仅要打造具有全球影响力的城市，还要塑造平等、包容、更富人文关怀并且具有自身鲜明特质的城市文化。

其实我们身边的每一座城市和每一块地域都不缺故事和人文价值，只是缺少发现它们的眼睛和表达它们的方式。这次的《字绘上海》作品就是重新演绎地方文化符号的一个尝试，期待这不是个案，而是一个好的开始。

策展人：何根祥 | 太火鸟 / 湾里书香联合创始人

目录

文脉薪火永相传 /113

东海的风徐徐吹来，勤劳的先民们摇曳着渔舟，在长江之滨繁衍生息，从渔港到口岸，从老城厢到大都会，到远东巴黎、共和国明珠。沧海桑田，一座城市拔地而起，留下了数不尽的传说。

洋场十里好风光

大世界　DA SHI JIE

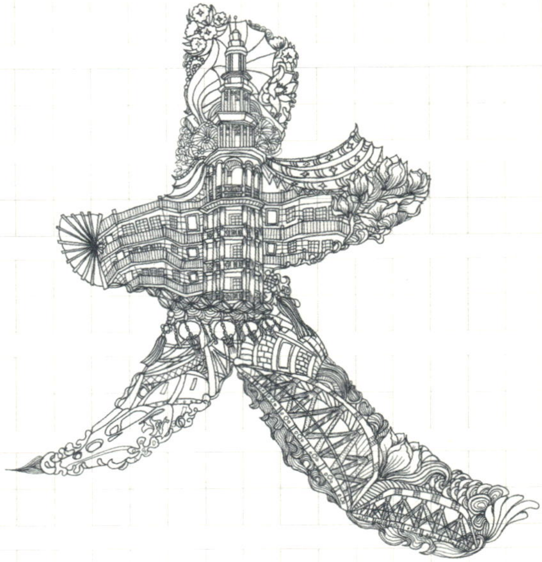

“大世界”是上海几代人的回忆。1917 年，彼时的上海休闲场所，要么是洋人的专属禁地，要么是消费高企，只有达官显贵才能踏足，大量普通市民周末闲暇无处可去。实业家黄楚九见此情景，心中一动：如能建立一座市民化的休闲场所，必然大有可为。敢想敢干的黄楚九，奋力一搏，在西藏南路、延安东路交叉口建起了一座集演出、娱乐、观赏、竞技为一体的综合性游乐中心——大世界。开业后，国人蜂拥而入，大世界一跃成为上海最吸引市民的娱乐场，有“远东第一俱乐部”之称。中华人民共和国成立后，大世界曾先后改名为“人民游乐场”“上海市青少年宫”“大世界游乐中心”。经百年岁月的大世界，是上海文化生活、经济发展的缩影，也是游客到上海的必经之地和老上海风情最浓重的去处之一。

早年的大世界，中央有露天空中环游飞船，四周有电影场、书场、杂要台、商场、中西餐馆，内设多座小型戏台，常年表演各种戏曲、曲艺、歌舞、游艺杂要节目，游客在其中可玩上一整天。最值得一提的是入口处的12面哈哈镜，照出的人影千奇百怪，令人捧腹大笑，至今让老上海人念念不忘。当时即有“不到大世界，枉来大上海”的说法。

中华人民共和国成立以后，大世界游乐中心由“游乐世界”“博览世界”“竞技世界”“美食世界”四大区块组成，游乐项目之丰富多彩，令人惊叹。90年代推出的“竞技世界”中的“大世界擂台”及“吉尼斯纪录擂台”，吸引了全国各地的绝技高手，创造了世界和国内众多的“唯一”“第一”纪录。

而今重新开业的大世界，以中国重要非物质文化遗产活态传承平台的形象重新“起航”。不仅保留了原汁原味的海派文化色彩，又增添了创新性、科技性、前沿性的展示与传承。

大世界 1917 年草创时，因为建造仓促，资金不足，虽占地较广，但建筑设施都比较简陋。沿街为两三层砖木结构的房屋，一些剧场用旧圆木搭建，中央的大片空地雨天泥泞，晴天灰尘飞扬。1924 年，经过长期酝酿，黄楚九决定改造重建大世界，并聘请著名设计师周惠南进行设计。重建后的大世界平面呈 L 型，外墙为浅乳黄色，在阳光的照耀下格外显眼。三幢四层平顶楼房呈扇形分布。中央由 12 根圆柱支撑的多层六角形尖塔构成，高 55.3 米，睥睨云天。正门入口为六角形大厅，中央广场由周围建筑环绕构成露天剧场，天桥蜿蜒连接，形似空中走廊，门框采用木制框架，流露出浓郁的海派建筑气息。门口，两座石狮子端坐，古韵悠然，而又气象万千。这一建筑样式，基本延续到了今天。

大世界，以其百年历史的深厚积淀，与非物质文化遗产之间，形成了血浓于水的文化关联。而今的大世界，依托上海丰富的非物质文化遗产资源，以“民俗、民族、民间”为主题，对国内外非物质文化遗产进行了全方位展示。四层楼面内设置了剧场、茶馆、展厅、书院、美食厅、传习厅等多种功能，非遗的技艺、作品、民俗、文化、表演和美食，均衡分布，常更常新。非遗展览、非遗表演、非遗传习、数字非遗、非遗美食五大功能业态，全面揭开非物质文化遗产的神秘面纱。

时光匆匆，大世界必将与非物质文化遗产一起，重新变得生动隽永起来。

黄浦江

HUANG PU JIANG

黄浦江是上海的重要水道，顺流而下，将上海一分为二，分成了浦西和浦东。黄浦江也是长江汇入东海之前最后一条支流，不远处就是广袤无垠的大海。黄浦江发源于上海市青浦区的淀山湖，因淀山湖接纳了上游太湖流域的众多来水，得以终年保持丰沛的水量。黄浦江也是上海市民生活用水及工业用水的主要水源，且具有一定的航运、排洪、灌溉、渔业、旅游、调节气候等功能。可以说这条河滋育了一座城市。

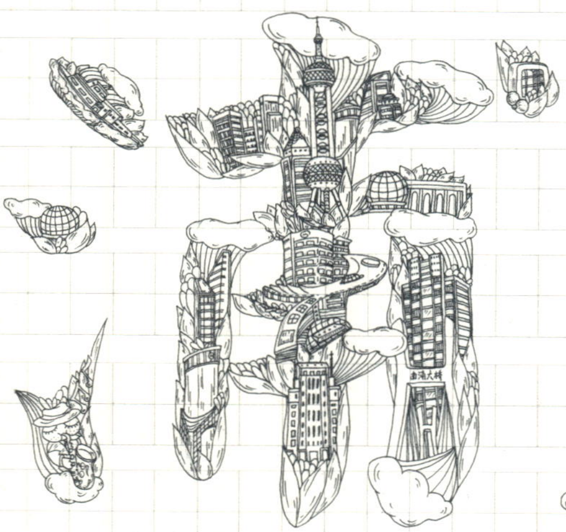

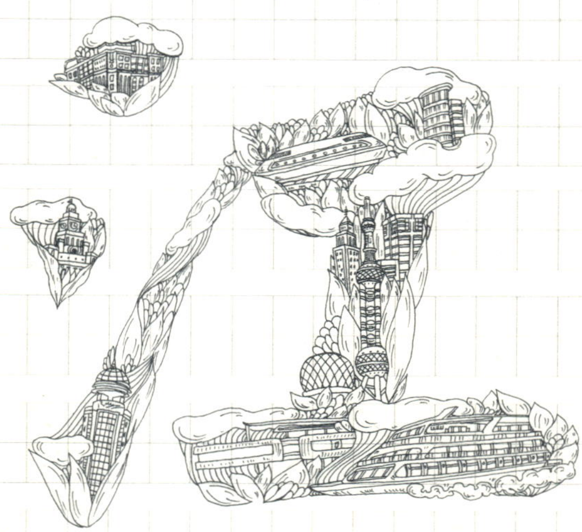

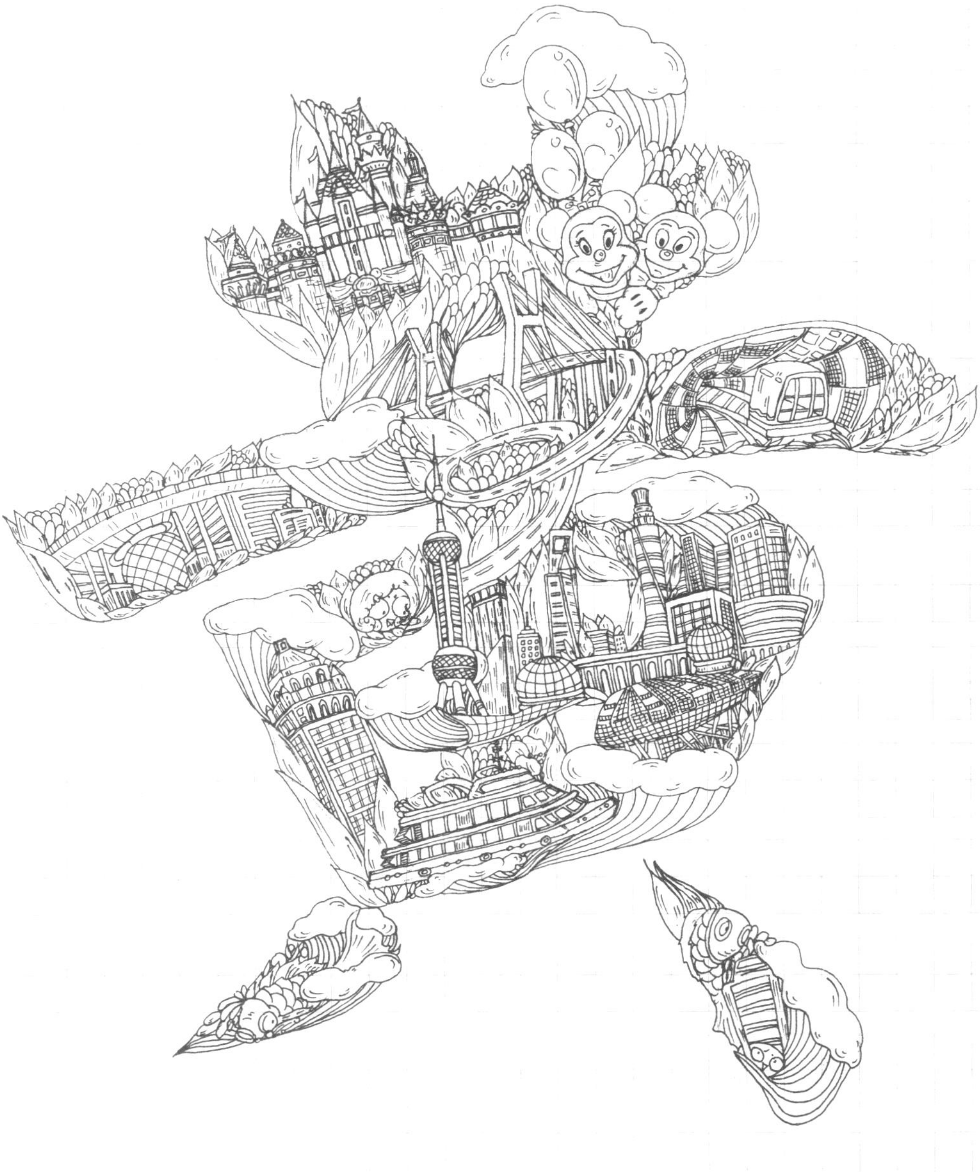

相传上海曾是战国时楚国春申君黄歇的封地，因此黄浦江下游一段曾被称为黄歇浦和春申江。据说当年的上海一带是一片荒凉的沼泽，只有一条浅河蜿蜒而过。此河一遇雨水即泛滥成灾，一遇干旱又河底龟裂。百姓深受其苦，诅咒其为“断头河”。黄歇听闻百姓的悲苦生活后，非常同情，遂带领百姓一起，出钱出力，疏浚河道，使之北接长江口，东流入海，当地百姓从此得以安居乐业。

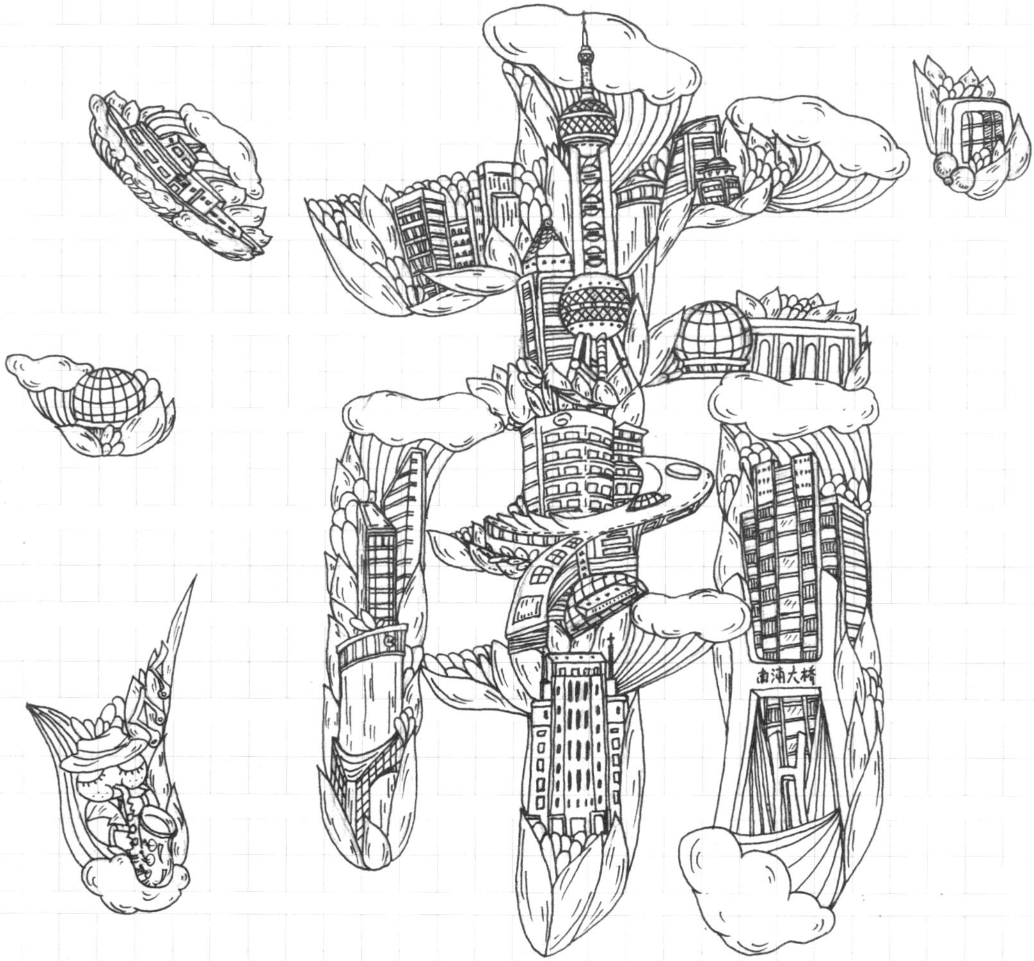

黄浦江也是上海风景荟萃之所，因受长江和海洋潮汐影响较大，水位涨落比较显著。明清时即有“黄浦秋涛”之盛景，有“涨的东海潮，进的长江水”之说。

如今的黄浦江，以吴淞水门、江湾塔影、枫岛渔火、长虹卧波、城堡滴翠、昔日风帆、滴水映日、外滩春秋、东方水都、龙华晚钟等构成“十景”，一路游览，令人目不暇接，乐而忘返。

东方明珠 DONG FANG MING ZHU

东方明珠是浦东地区当之无愧的人气地标。有人曾将它形容为浦东新区崛起的"进军号"，仿佛它就是浦东精神的代表。

两院院士吴良镛曾任东方明珠建筑专家组副组长，他引用了一句古诗"大珠小珠落玉盘"形容东方明珠。仔细一看，东方明珠塔身上共有 11 个球，地面上还散落着 4 个小球，与白居易《琵琶行》的意境十分贴合。"东方明珠"之名，可谓当之无愧。

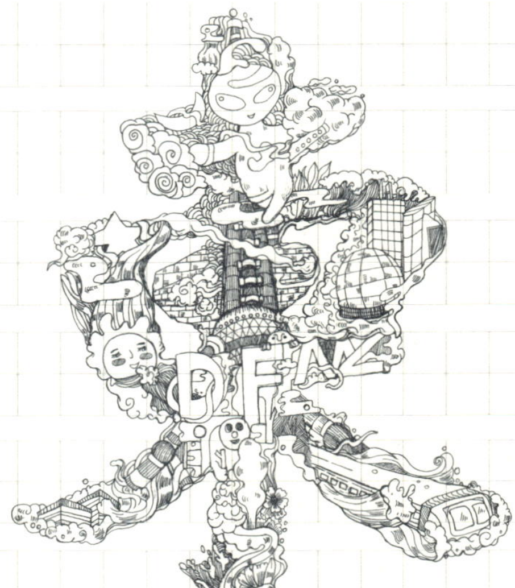

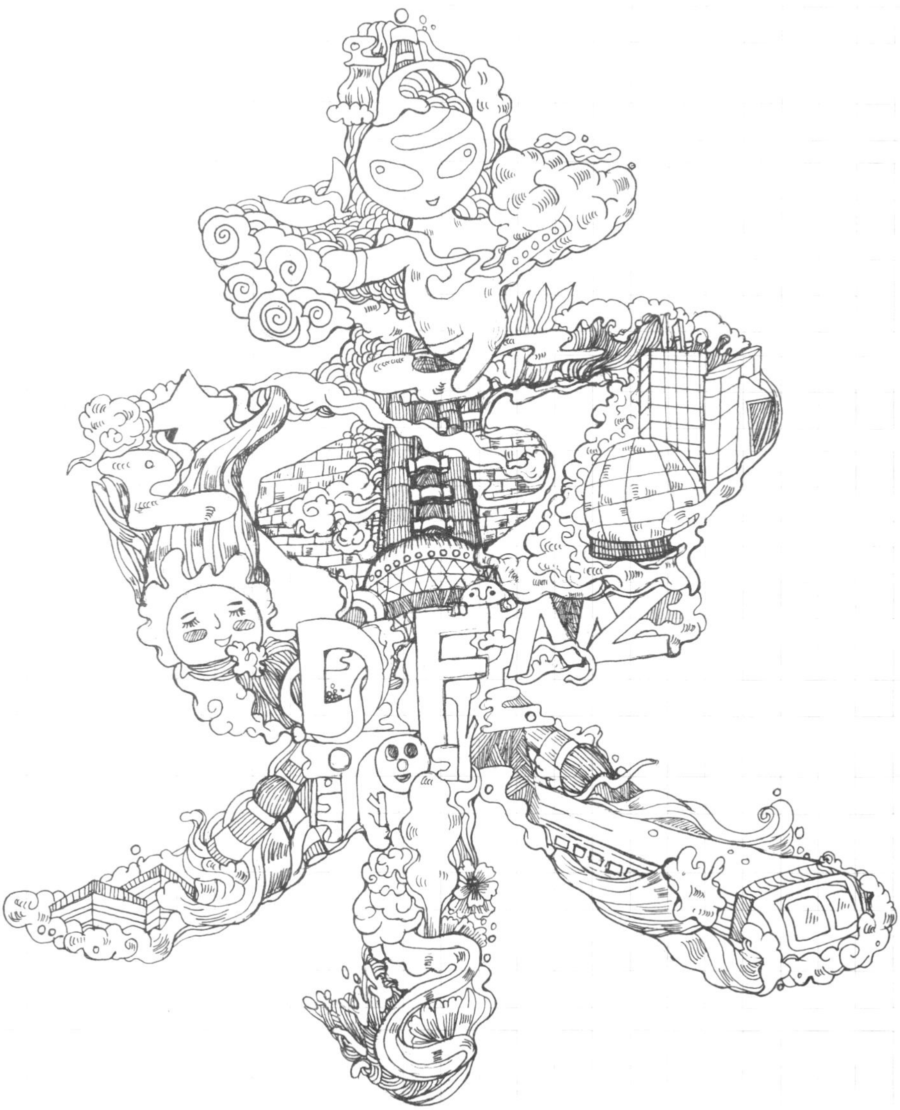

在大部分城市的电视塔建筑还是“烟囱＋糖葫芦”的时候，东方明珠率先采用了新颖奇特的建筑设计，从结构上、骨架上进行根本性的创新。其最初的造型构思是芦笙。首先是一丛竹子从地下长出，节节高升，由 12 根变成 6 根，再变成 3 根，最后变成 1 根。后来进行修改，将 3 个塔楼改成 3 个球体，又把下面多个竖向的筒体改成 3 根斜撑。这在电视塔的设计历史上是前所未有的，既表现了上海这座城市的国际风范和与众不同，也寓意着浦东新区的腾飞发展，真是令人叹为观止。

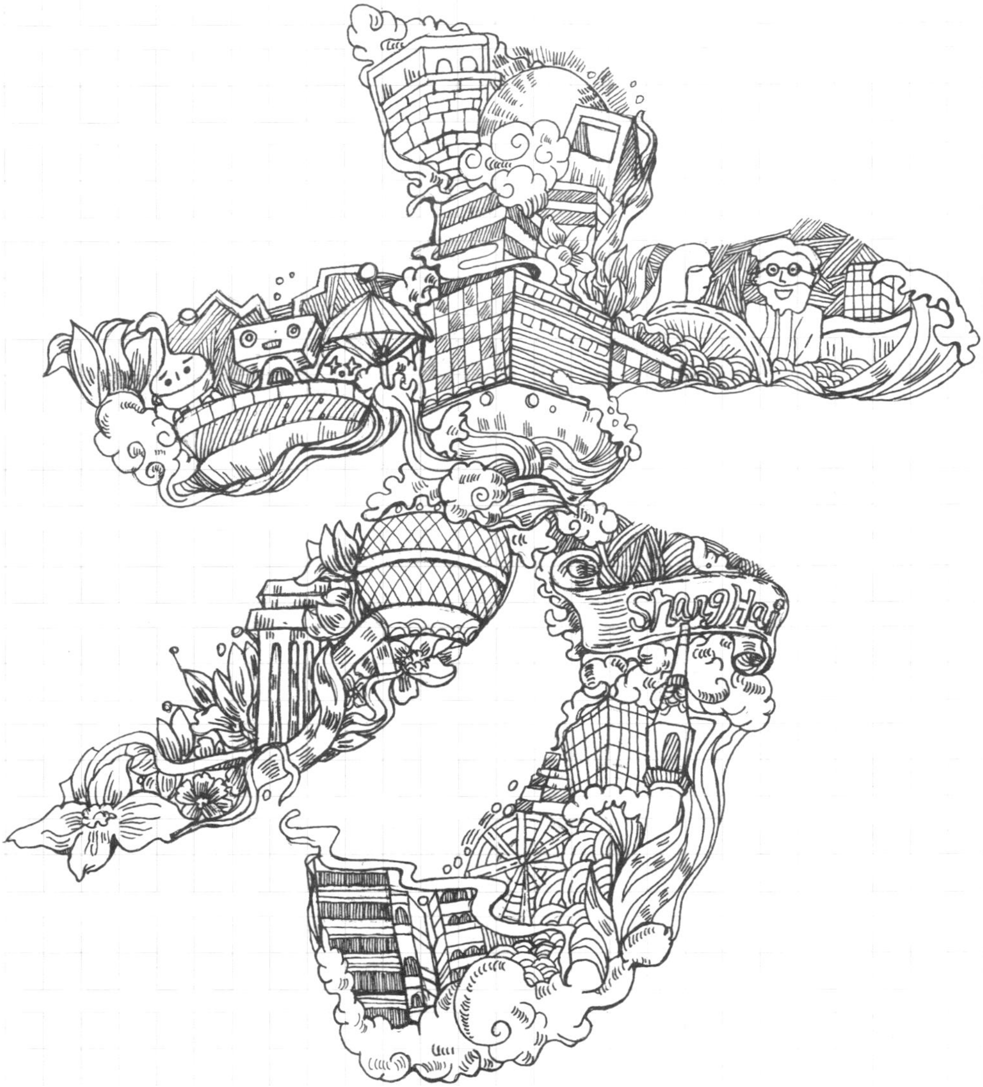

在对工程进行论证的时候，有专家认为，东方明珠的设计太复杂，以中国当时的建造水平，想要建好是根本不可能的事情。但时任上海市广播电视局局长的龚学平说了一句关键的话："上海得有敢想敢做的劲头。上海要建的这座塔，是一座超常规的、100 年后都不会后悔的塔。"大家听后，觉得很有道理，无论是设计者还是建设者都萌发了斗志，决定咬紧牙关，迎难而上。经过历时数年的攻坚克难之后，东方明珠终于屹立在了东方大海之滨。

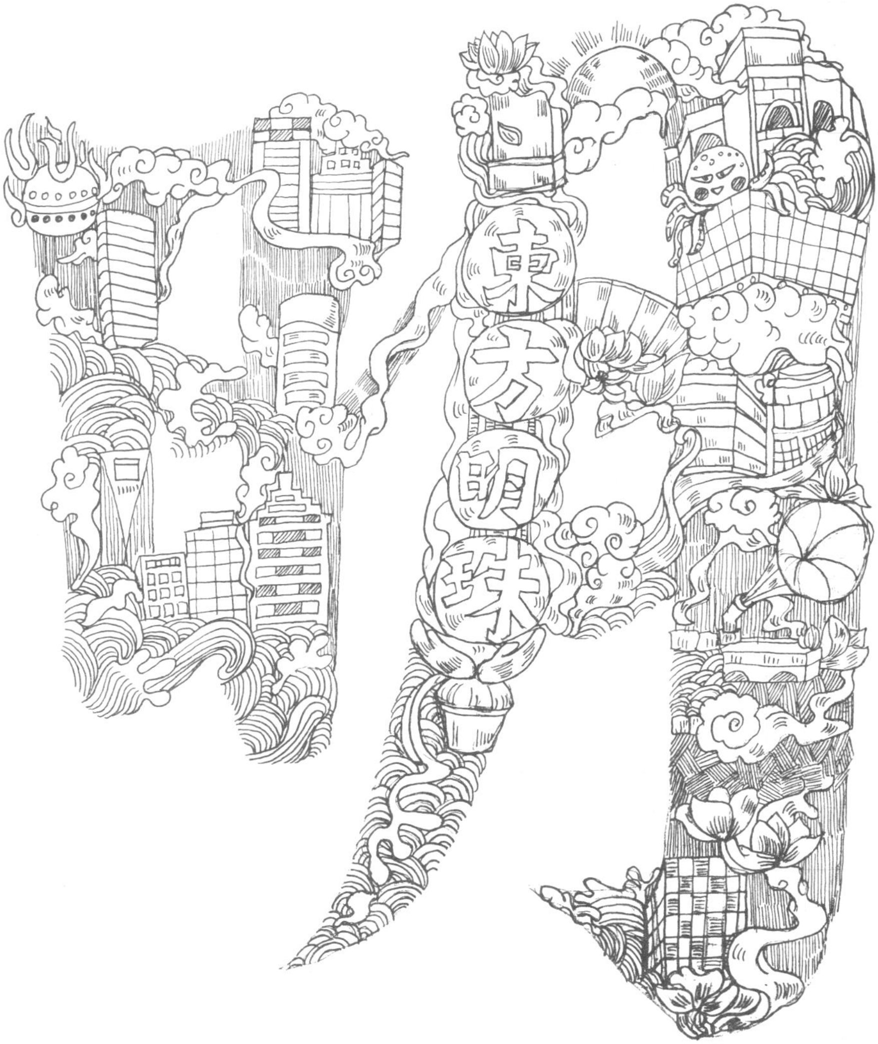

东方明珠，不只是“到此一游”的景点，更是上海人常来常新的文化时尚休闲中心。

东方明珠的上球体，是俯瞰上海的绝佳场所。风和日丽的白天，球体在阳光的照射下折射出绚丽多彩的光芒，举目远望，佘山、崇明岛都隐约可见，浦东浦西的高楼大厦尽收眼底，令人心旷神怡。

夜幕降临，景观灯亮起，五光十色，璀璨夺目，与远近的万家灯火融为亮丽的风景，让夜上海更有一份独特的魅力。东方明珠里，其他的休闲娱乐设施，如旋转餐厅、科幻城、历史博物馆，也都是让人流连忘返的好去处。

外滩

WAI TAN

外白渡桥至金陵东路沿黄浦江西岸地区，因早年间位于上海县城厢之外，而被称为“外滩”。它是上海城最初轮廓线的一段，原是一片荒芜的浅滩，上海开埠后被划入英租界，殖民当局在此地建造了英国领事馆。随后，这一带陆续出现了沙逊、仁记等洋行，以及为数众多的码头、船厂。百年间，各路洋行、银行在此诞生，商行、报社不断在此云集，令外滩成为全国乃至远东的金融及贸易中心，也被称为“东方华尔街”。

如今的外滩，江面、长堤、绿化带、建筑群构成了美丽的街景。早晨，它是人们健身的场所；白天，它是繁华热闹的游览胜地；晚上，建筑群上的辉煌灯火，江上轮船的汽笛声响，是最具上海特征的景观，令海内外游客赞叹神往。

外滩矗立着几十幢风格迥异的大楼，有“万国建筑博览”之称。外滩在英语里叫作“The Bund”，这里的三号楼就叫“3 The Bund”，中文是“外滩 3 号”。久而久之，外滩 3 号、6 号、18 号就这么叫开了。外滩 1 号始建于 1913 年，是英商亚细亚火油公司驻上海办事处所在地。它的底段与上段为巴洛克式造型，中段为近现代主义建筑风格，早年被称为“外滩第一高楼”，也是上海高层建筑中最年长的。外滩 2 号设计上仿英国古典主义，曾是上海最大的俱乐部“上海总会”的大楼。外滩 5 号是日本近代西洋建筑与古典建筑风格相结合的产物，外立面采用花岗石，原为日本日清公司大楼。外滩 6 号采用英国哥特式建筑风格，外墙采用花岗石贴面，原为中国通商银行大楼。外滩的各栋建筑个性鲜明，令人目不暇接。

黄浦公园曾叫外滩公园，建成至今已有一百多年。早年的外滩公园，门口曾经立着一块“华人与狗不得入内”的牌子。传说曾有几个中国牧师感到忿忿不平，想要与外国巡警交涉，其中一个还被打了，一个年轻女人挺身而出，将他救下，两人由此相识相恋。打人事件并未能改变什么，虽然华人多次表示不满，工部局方面始终以“公园不大，不可能让所有的中国人都进来游赏”为由，拒绝接纳中国人入园。一直到 1928 年，华人才被允许进入公园。如今，上海市人民英雄纪念塔在公园内屹然挺立，塔底免费开放的外滩历史纪念馆，记录了中华民族的百年奋斗史，与外滩公园的屈辱历史形成了别样的对照。

豫园

YU YUAN

豫园是明代园林景观，地处上海老城厢东北，有“城市山林”“奇秀甲于东南”“东南名园冠”之美誉，迄今已有四百多年的历史，但仍具有动人的魅力。古意盎然的建筑，峥嵘苍翠的山石林木，清澈的池水，在片隅之间塑造出秀美动人的江南风景。明代著名书画家王穉登、董其昌、王世贞、莫是龙都曾在豫园赋诗题额、挥毫作画。1909年，高邕、杨逸、钱慧安、吴昌硕、王一亭等在得月楼发起组织“豫园书画善会”，是为海上画派的滥觞。而今的豫园，经过多年积累，珍藏着书画、家具、陶瓷等珍贵文物数千件，既是上海的闪耀名片，也是中华文化的动人篇章。

豫园由明嘉靖年间的四川布政使潘允端始建，他请造园专家张南阳设计施工，在自家房舍西面的菜地上建造园林，经二十余年精心修缮才最终定型。潘氏之后，新主人又按照自己的思路对豫园进行修缮扩建。至清晚期，豫园之名便煊赫不已了。

潘氏《豫园记》载："匾曰'豫园'，取愉悦老亲意也。"到了近现代，豫园却不再和乐安泰。1842年的鸦片战争，1853年的小刀会起义，1860年的太平天国战争，都曾对豫园造成过巨大的伤害。1875年后，豫园更是被豆米业等二十余个工商行业瓜分，建为公所。中华人民共和国成立前夕，豫园凋零颓败，早已不复当年之盛景。1956年，豫园开始重建，经过精心修缮，1961年开放，很快成为上海市民娱乐休闲、海内外游客争相一览的胜地。

至此，豫园才终于完成了自己的涅槃。

豫园分为三穗堂、万花楼、点春堂、会景楼、玉华堂、内园六大景区，亭台楼阁满布，曲径游廊环绕，奇峰异石兀立，古树碧波流光，设计精巧，布局细腻，规模恢宏，景色旖旎。园中有一座大型假山，以武康黄石叠成，有“江南假山之冠”之称。另有与苏州瑞云峰、杭州绉云峰 名的玉玲珑，传说是宋徽宗“花石纲”的遗珠，史称“艮岳遗石”。高约 3 米，有皱、漏、瘦、透的太湖石之美。孔多如蜂巢，有“百孔渦泉，百孔冒烟”的奇观。

豫园在空间布局、美学风格、立意造景上，足与苏州拙政园、太仓弇山园相媲美，在世界旅游界享有盛誉。

城隍庙

CHENG HUANG MIAO

上海城隍庙坐落于上海市最为繁华、最负盛名的街区，是上海地区重要的道教宫观，与武汉龙王庙、南京夫子庙并称“长江三大庙”。传说系三国时吴主孙皓所建，明永乐年间改建为城隍庙。城隍庙离豫园不远，早年基调灰红，叫卖声不绝于耳，熙熙攘攘，人味儿十足，是市民们看杂耍、吃小吃的地方。经过 20 世纪 90 年代的改建，城隍庙面貌一新，市井俚俗不曾褪色半分，又添了几分开阔和雅致，黛瓦朱栏，飞檐高耸，一幢幢古色古香、各具风姿的商业和饮食楼，与豫园的古园林、九曲桥、湖心亭相映成趣。是传统庙宇与江南园林的巧妙结合，也是宗教文化和市井文化的灵动交融。

城隍庙，遂成为一幅上海街头的生动图景。

城隍庙在近代出名，还是因为附近的商业繁华。早年间庙前广场就有生煎馒头、鸡鸭血汤、杂碎等小吃售卖，是平民百姓一饱口福的好去处。而今的城隍庙小吃更是享誉中外，想要一品上海的滋味，来城隍庙逛一逛终归是不会错的。绿波廊的本帮菜、特色点心，松月楼的腐乳肉、素菜包、海棠糕，松云楼的八宝饭，南翔馒头店的小笼，宁波汤团馆软糯香甜的汤团，德兴面馆汤汁鲜美的酥烂蹄髈，更有鼎泰丰、小林煎饼等外地餐馆陆续进驻开张，为上海人和外地游客带来了世界各地精选的美食。

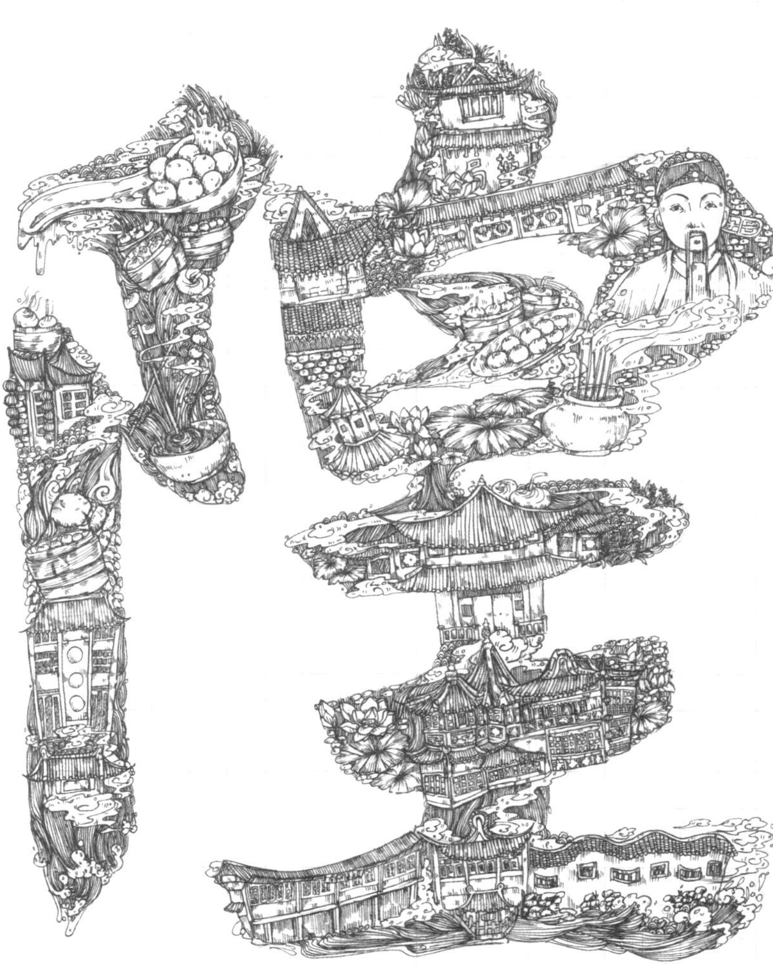

城隍是一座城市的保护神，是冥界的地方官，剪除凶恶，保国护邦，是传统文化中的重要神祇。每个地方几乎都有自己的城隍，其主要来源是有功于地方、民众的名臣和英雄，人们崇奉他们，希望他们能够一直保佑本地的安泰。上海城隍庙供奉着三位城隍——霍光、秦裕伯、陈化成。据传此庙原为供奉汉代名臣霍光的行祠，元代上海置县后，便将霍光奉为城隍。秦裕伯是元明之际的名臣，明洪武间屡次拒绝出仕，去世后朱元璋以“生不为我臣，死当卫我土”之故，将他任命为上海城隍。明代上海城屡遭倭寇侵扰，民众深受其害，传说秦曾几度“显灵”，保护城郭居民，给世人不少精神安抚和寄托。第三位城隍是鸦片战争时抗击英军侵略、战死于吴淞炮台的民族英雄陈化成。抗日战争爆发后，城隍庙成为难民收容所，人们将陈化成的塑像抬进庙中加以供奉，希望他可以显灵击败日寇。

一庙三城隍的传奇，由此流传。

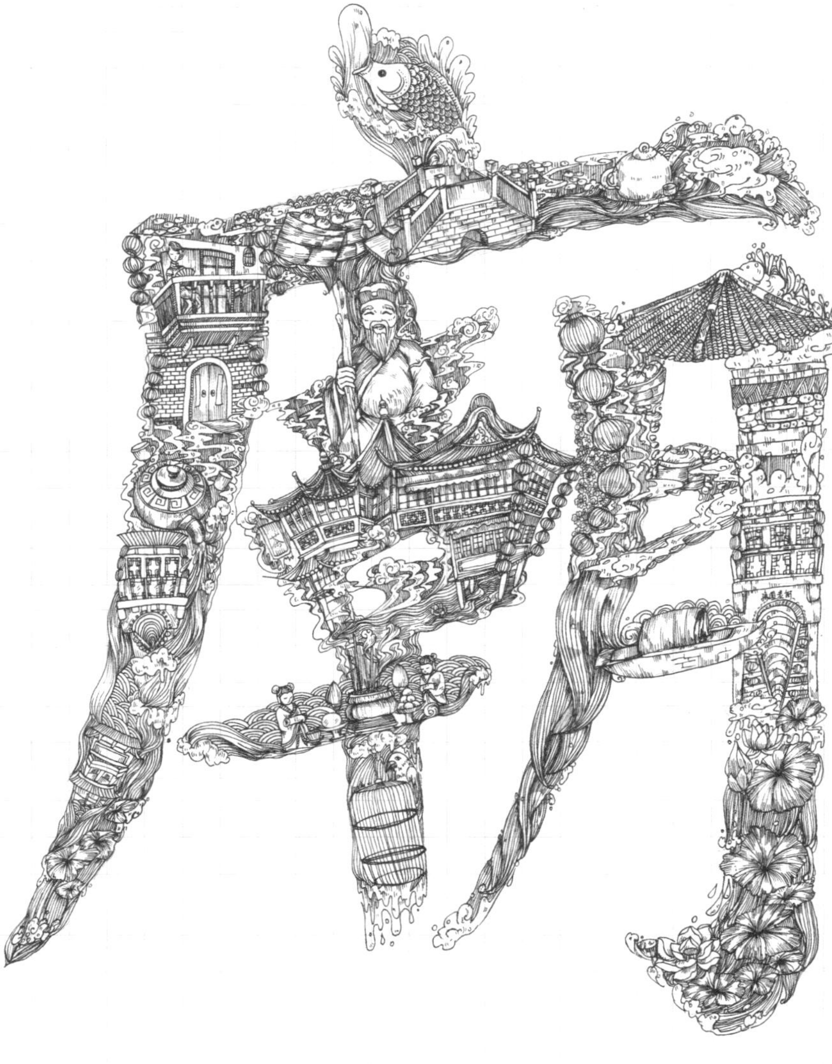

早年间，庙前广场西侧有一排房子是棋室，经常人头攒动，看棋的往往比下棋的还多，观棋不语的讲究多半没人当真，宁波话、绍兴话、苏州话、江北话、山东话，交响成一曲别样的乐章。每年最热闹的时节莫过于庙会，老城隍庙分别会在清明、中元、十月朝（十月初一）举行规模盛大的出巡，又称为“三巡会”。“三巡会”期间，皮影戏、西洋镜、吹糖人、转糖盘、花灯会，各种民俗活动层出不穷。而今的城隍庙，亦有“拜太岁”“迎财神”等民间祈愿活动，另还秉承庇护一方的理念，热心公益慈善，常有期盼世界和平、祈祷国泰民安的大型活动举办，从一个侧面表达了上海人民期盼世界和平、远离战争的美好心愿。

外白渡桥

WAI BAI DU QIAO

外白渡桥，是几代上海人永恒的记忆。上海因河而兴，通江贯海，外白渡桥因处于苏州河与黄浦江交界处，而成为连接黄浦与虹口的交通要道，也将上海金融与外贸运输两大支柱产业贯通一气。透过外白渡桥沉重的钢架结构，可以看到东方明珠的绚丽灯光。如今，百岁高龄的外白渡桥，交通功能已退居其次，变成了一座观景台，每天都有来自中外的游客架起相机，对着彼岸新楼拍照留念。在许多海外游子心中，外白渡桥的身影则化成一缕抹不去的牵挂。对于许多外来者而言，外白渡桥更是他们对上海这座城市的原初印象。

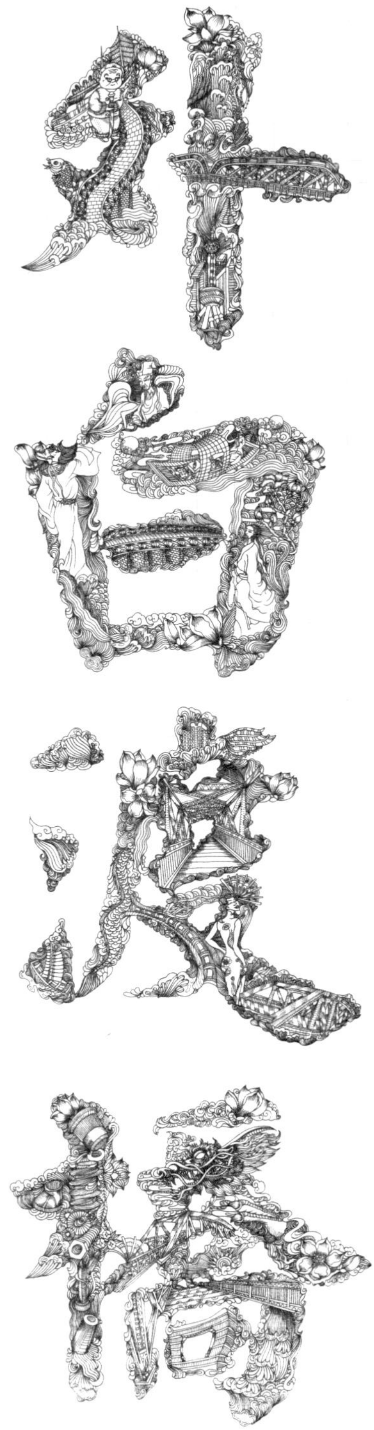

“外白渡桥”这一名称的来源说法不一，较被认可的是在上海话里，距离远称为“外”，距离近称为“里”，河流上游常称之为“里”，反之则为“外”。外白渡桥更靠近下游，故而名为“外”。又因为该桥建成后，凡过河无须再支付过桥费，是为“白”渡。

现如今，其实已是第三代外白渡桥了。第一代外白渡桥是座木桥，名为“威尔斯桥”，始建于1856年。第二代桥因毗邻外滩公园，又被称为“花园桥”。至光绪年间，木桥经多次修补，已无法满足交通发展的需要。当时的上海工部局决定另建新桥，便是如今这座外白渡桥。在上海城建档案馆内，存有外白渡桥的设计建造图纸及历次大修的档案，共计6卷。已经泛黄的正式设计图纸上标明，外白渡桥建造方为“上海工部局”，图纸绘制日期是1903年8月25日。这张图纸，无疑就是如今这座外白渡桥的出生证明。

静默无言的外白渡桥，也曾见证这座城市的不幸。1915 年 11 月 10 日，袁世凯的爪牙上海镇守使郑汝成出席日本总领事为庆祝大正天皇加冕典礼而设的酒宴，返回时途经外白渡桥，埋伏在此的革命党人王明山、王晓峰掷出炸弹，又开数枪，使郑汝成当场毙命。在大量军警纷纷赶来包围现场的情况下，两位义士从容就捕，后被租界当局交给袁世凯方面杀害。

1937 年淞沪会战期间，大量难民从闸北经外白渡桥向南逃亡。不久上海沦陷，本地中国人过桥都要毕恭毕敬地向在桥头站岗的日本兵鞠躬，稍有不慎就会遭到毒打或罚跪，甚至被狗咬。而桥的东南面，就是记载着“华人与狗不得入内”屈辱历史的黄浦公园。

一直到百万雄师过大江，人民解放军骑兵部队从外白渡桥进城，才终于将近百年的屈辱历史涤荡而空。

外白渡桥是别具一格的上海视觉印记。作家茅盾、严歌苓、周而复，以色列诗人培迪，电视剧《上海滩》《情深深雨濛濛》《迷离三角》《一步之遥》，电影《太阳帝国》《大城小事》《色戒》都曾从不同角度对外白渡桥进行过描绘。

暮霭挟着薄雾笼罩了外白渡桥的高耸的钢架，电车驶过时，这钢架下横空架挂的电车线时时爆发出几朵碧绿的火花。从桥上向东望，可以看见浦东的洋栈像巨大的怪兽，蹲在暝色中，闪着千百只小眼睛似的灯火。向西望，叫人猛一惊的，是高高地装在一所洋房顶上而且异常庞大的霓虹电管广告，射出火一样的赤光和青磷似的绿焰：Light，Heat，Power！

——茅盾《子夜》

上海博物馆　SHANG HAI BO WU GUAN

来上海，不去上海博物馆，大约会留下遗憾。上海博物馆新馆位于上海市中心人民广场的南侧，落成开放于 1996 年，建筑造型是方体基座与圆形出挑相结合，体现了中国“天圆地方”的朴素天文学思想。馆名系曾任上海市长的陈毅所书。

上海博物馆馆藏文物近百万件，以青铜器、陶瓷器、书法、绘画收藏为特色，有文物界“半壁江山”之称。镇馆之宝有西周大克鼎、唐代越窑青釉海棠式碗、唐怀素《苦笋帖》卷、唐孙位《高逸图》卷等。说它是中国东部最重要的博物馆，毫不夸张。

来上海博物馆，就不得不看它的青铜器。上海博物馆的青铜器，以年代古早、铭文著录较多著称，无论是史料价值还是审美价值，都是同类青铜器中的翘楚。其中如德鼎是西周早期遗存的少数青铜大鼎之一，造型较商代晚期已发生变化，口部呈桃形，器腹微微下垂，平添了沉稳的气质。鼎的花纹仍采用带地纹的兽面纹，但构图趋于简略，层次也不甚丰富，表现出周人独特的简约风尚。又如冒鼎腹内壁铸刻 43 字，史颂鼎有铭文共 62 字，厚趠方鼎内壁有铭文 5 行 34 字，是研究先秦文化的重要史料。

其他如镶嵌狩猎画像纹豆，描绘各种禽兽飞跃奔走、猎人勇武行猎的场景，具有较高的审美价值。还有如虎簋、交龙纹鼎、四羊首瓿、变形龙纹盆、兽面纹簋、秦公簋、妊簋，也都是国内稀见的珍贵藏品。

除赫赫有名的青铜器外，上海博物馆内的其他藏品同样令人着迷。

如搜罗齐全的古代陶瓷，展示了从新石器时代的彩陶和灰陶、商周及春秋战国时代的原始青瓷开始，一直到近现代景德镇釉下彩、釉上彩和颜色釉瓷器等丰富藏品，是一部生动的中国陶瓷发展史。

上海博物馆内的历代印玺馆是中国第一个专题陈列玺印篆刻的艺术馆。以印章艺术的发展历史为线索，上自西周，下迄清末，一万余枚馆藏珍品，都非常具有代表性和艺术性。

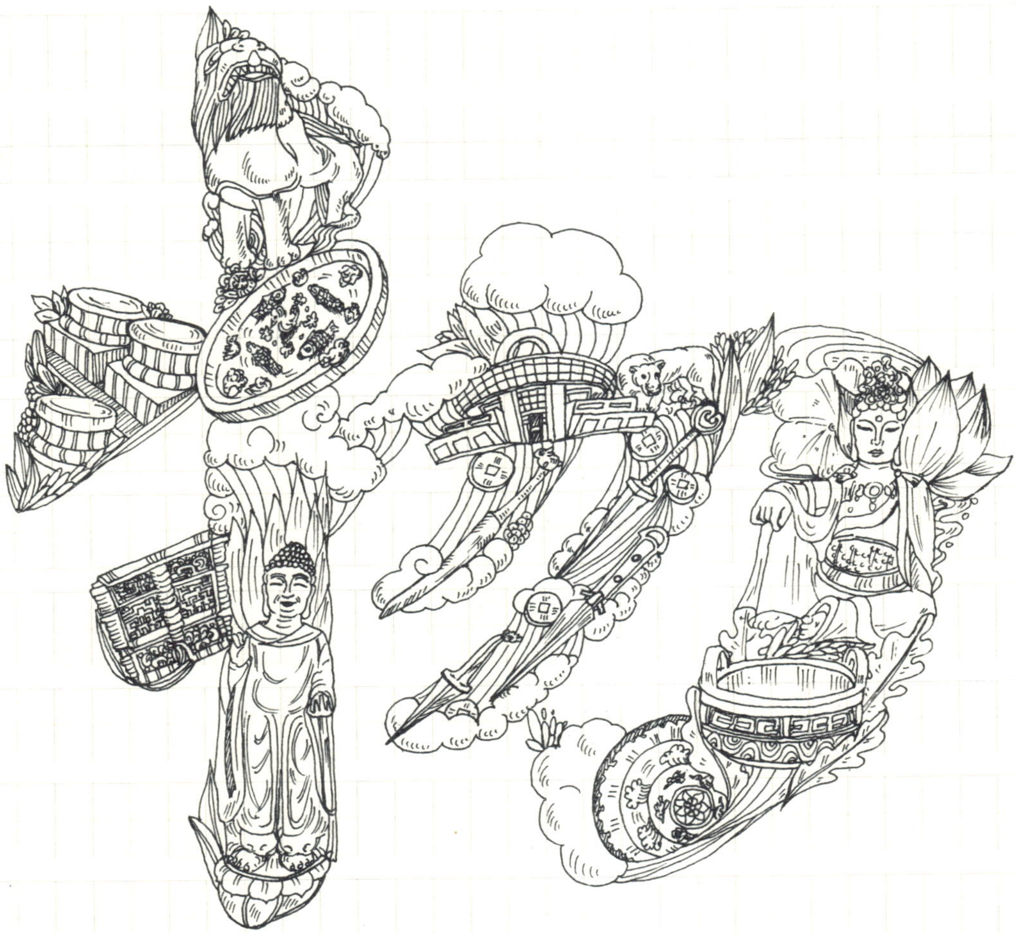

上海博物馆内还有其他一些不同凡响的珍藏。比如历代钱币馆中收藏的古钱币，集中展现了中国货币发生、发展和中外经济文化交流的历史概貌。馆内丝绸之路中亚古币专室，是国内独一无二展现古丝绸之路上货币往来的陈列。

此外，上海博物馆还有北魏、北齐、北周和隋唐的雕塑，历代书法绘画名作，少数民族工艺，丝绣织染，竹木漆器，牙骨角器等，风貌独特，令人心驰神往。明清家具和古代玉器藏品，也都是一时之选。

永安百货 YONG AN BAI HUO

早年的上海南京路上，曾屹立着永安、先施、大新、新新四家名噪一时的百货公司，它们可以说是开启中国现代零售业的一把钥匙。在它们的影响带动下，中国人的消费理念、生活方式乃至审美观念一度为之改变。时人也曾盛赞之曰：“气象巍峨品物奇，多财善贾几公司。中华特辟繁华境，奚啻申江托拉斯。”

作为商业大都会的上海，也曾发生过许许多多称得上是一时话题的事件，其中许多都跟永安百货有关。比如它出人意表的选址方式，领先于时代的营销手法，以及钢笔售货员与民国风云人物之间的风流韵事，都是那个年代时髦上海人所津津乐道的。

永安百货的建立，要从澳大利亚的香蕉说起。永安百货的老板郭乐，早年靠着在澳大利亚种卖香蕉掘得第一桶金，后来他带着在澳大利亚积累的财富，回到了故乡广东香山（今中山）。1907 年，曾与郭乐一起种卖香蕉的马应彪将西方的百货商场概念引入香港、上海，创办先施百货，大获成功。郭乐拉上兄弟郭泉一道，复制这一模式，创立了香港永安百货公司。“永安”这一名称，来自郭家在澳洲经营的果栏，寓意永葆安宁。他们希冀永安能在纷乱的时局和商战中安安稳稳，永远立于不败之地。

也许是这名字真如他们所希望的那样能带来运气，永安百货很快在香港大获成功，不久就将事业拓展到了上海。

永安善于玩营销。改革开放之初，曾有不少毛毛躁躁的年轻人，向老上海人吹嘘现在的商场有多么多么时髦，“彩票”“礼券”“摸奖”“电台广告”种种营销手段，让人目不暇接。老上海则纷纷不屑：“都是我们玩剩下的，当年永安百货老早就搞过了。”

永安百货曾将出色的女店员仿佛明星一般地进行包装炒作，在商场内组织员工进行大型时装表演，首创企业生活类杂志《永安月刊》来引导消费。发行礼券、代客送货、商品操作表演、美容表演、邀请电影明星演唱、赠送奖学金……永安百货的种种营销手段，较之今时今日的商场营销，丝毫不逊色，令人叹为观止。老板郭乐提出的经营理念“顾客永远是对的”，放在今天也不嫌过时。

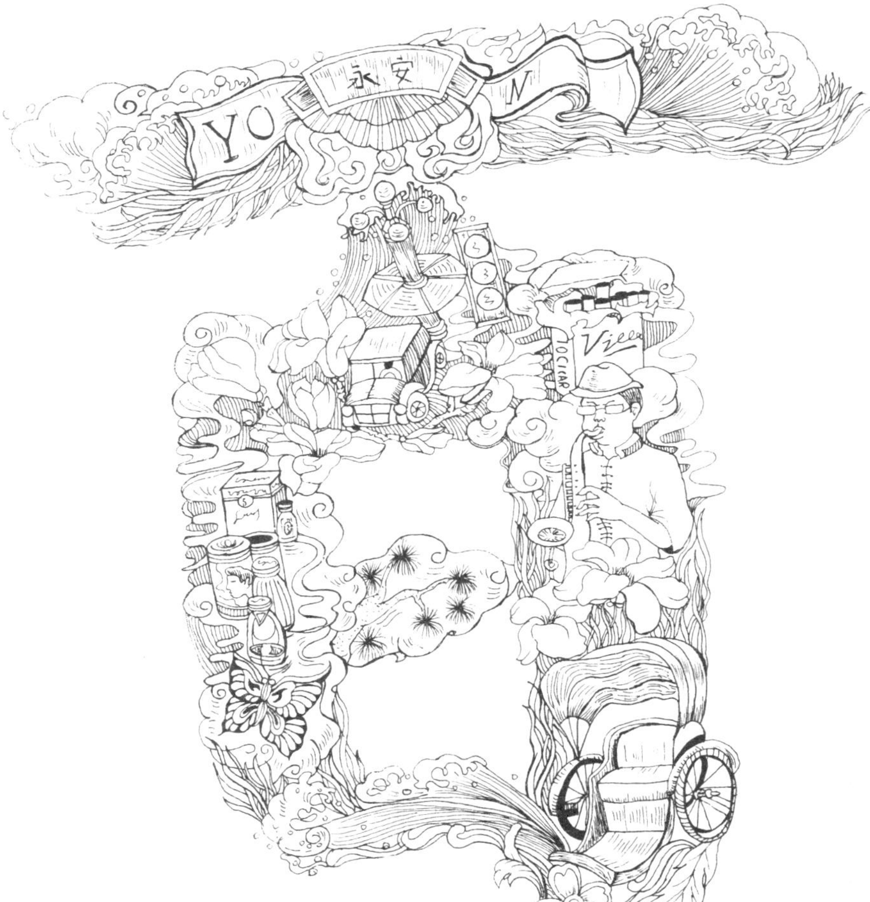

据说，当年的郭家兄弟为永安百货在南京路上选址一事一直举棋不定，后来还是郭乐灵光一闪，想出了取豆数人的点子。他们雇来两名伙计，各背两只布袋，分别站在南京路接近浙江路的南北两端。这两只口袋，一只装满豆子，一只空瘪。只要身边有一位路人经过，他们就往空口袋里扔一颗豆子。经过连续数天的反复测算，郭氏兄弟发现南京路南侧的人流多于北边。有人潮的地方，开百货公司当然不在话下，永安百货的位置也因此定了下来。

1918 年 8 月 20 日，距离永安公司开张还有半个月，郭氏兄弟便在《申报》上连续刊登广告，一时间“永安公司即将开幕”的消息成为上海滩家喻户晓的头条新闻。更让人始料未及的是，9 月 5 日开业后，永安百货原本准备销售两个月的货品，在 20 天内即告售罄。开业时万人蜂拥而至的盛况，让一些老上海人至今还津津乐道。

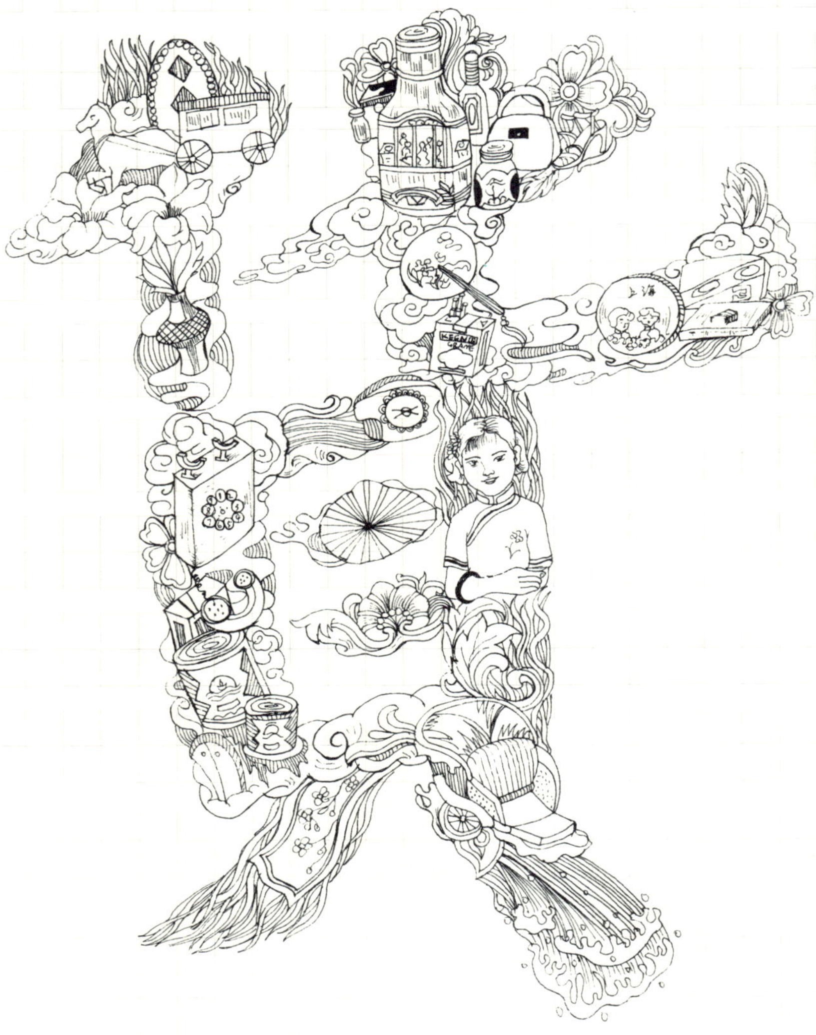

20 世纪 30 年代，上海最畅销的金笔不是“派克”之类的大品牌，而是永安公司独家代理的“康克令”（Canklin）。最初，“康克令”对上海人来说还是陌生品牌，虽然利润较丰厚，但也很可能会滞销。永安高层眉头一皱，计上心来：招聘年轻貌美、端庄秀丽又略懂英文的上海小姐来站柜台推销！此举简单粗暴，却行之有效，男性顾客蜂拥而至，购笔之余，还能和美丽的小姐搭讪攀谈，算得上一桩雅谈。更有国民党上将陈调元之子陈度，因迷恋上一位“康克令小姐”，竟每天必至永安公司买笔。后来两人坠入爱河，珠胎暗结。谁料陈度原是有妇之夫。陈调元得知此事，怒不可遏，不惜一切代价要拆散二人。无奈之下，这位“康克令小姐”只好求助律师，最终获赔数万现洋，了断冤孽，成为街头巷尾的一桩奇谈。

而永安公司当然不会让“康克令小姐”专美于前，又在化妆品部招聘了一批英俊潇洒的年轻男士，引得无数女士前来“一睹芳容”。

思南公馆　SI NAN GONG GUAN

在上海，看房子，尤其是那种骨子里透着海派气味的花园洋房，非得去思南公馆不可。1920 年，从“法国公园”（French Garden，今复兴公园）南面的“辣斐德路”（Rue Lafayette，今复兴中路）开始，一批花园大宅拔地而起。随后的十年里，“辣斐德路”以南，“马斯南路”（Route Massenet，今思南路）以东，“吕班路”（Avenue Dubail，今重庆南路）以西地区的花园洋房陆续建成，吸引了大批当时的军政要员、企业家、专业人士和知名艺术家迁入，使该地区成为上流社会的居停和会聚之所。

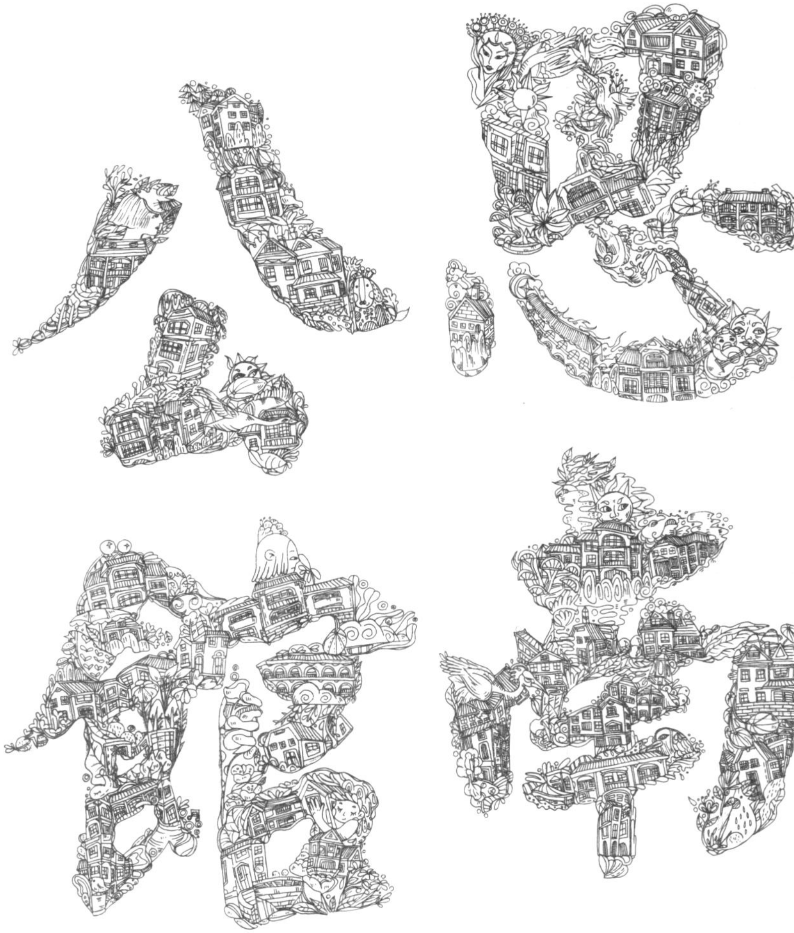

思南公馆一带，独立式花园洋房、联立式花园洋房、带内院独立式花园洋房、联排式建筑、外廊式建筑、新式里弄、花园里弄、现代公寓等多种建筑样式令人目不暇接，堪称上海近代居住类建筑的博览会。
当和煦的阳光透过茂密的梧桐叶，洒在花园洋房的鹅卵石墙面上，思南公馆的个性和气质在一片静谧中彰显无遗。时尚和新潮在这里与百年经典建筑、名人故居交相辉映，成为上海市中心最具特色的风景。

在上海，总能遇上泛黄的精致时光，随便踱着步子，就能看到那红棕色的斜屋顶，瓦顶中央石刻的花纹，不知是不是洛可可的。是租界洋人的匠心独运，还是中国天才的后出转精，大约都和墙角的青苔一样，随着如今大家匆匆的步履，不再有人关心了。

即使有些老旧，但上海人的房子终归还是有一些看相的。

好法身而沙发身，如何如此脱罗真。勃郎由与勃郎妹，是尔是我抑是人。
衣裳楚楚语陪陪，考姆陪陪歇歇来。多少洋行康八杜，片言茹吐费疑猜。
清晨见面谷猫迎，好度由途叙别情。若不从中肆鬼肆，如何密斯叫先生。
滑丁何物由王支，哀诺王之不要斯。气煞外边穷苦力，一言不识独伤悲。

——杨勋《别琴竹枝词》

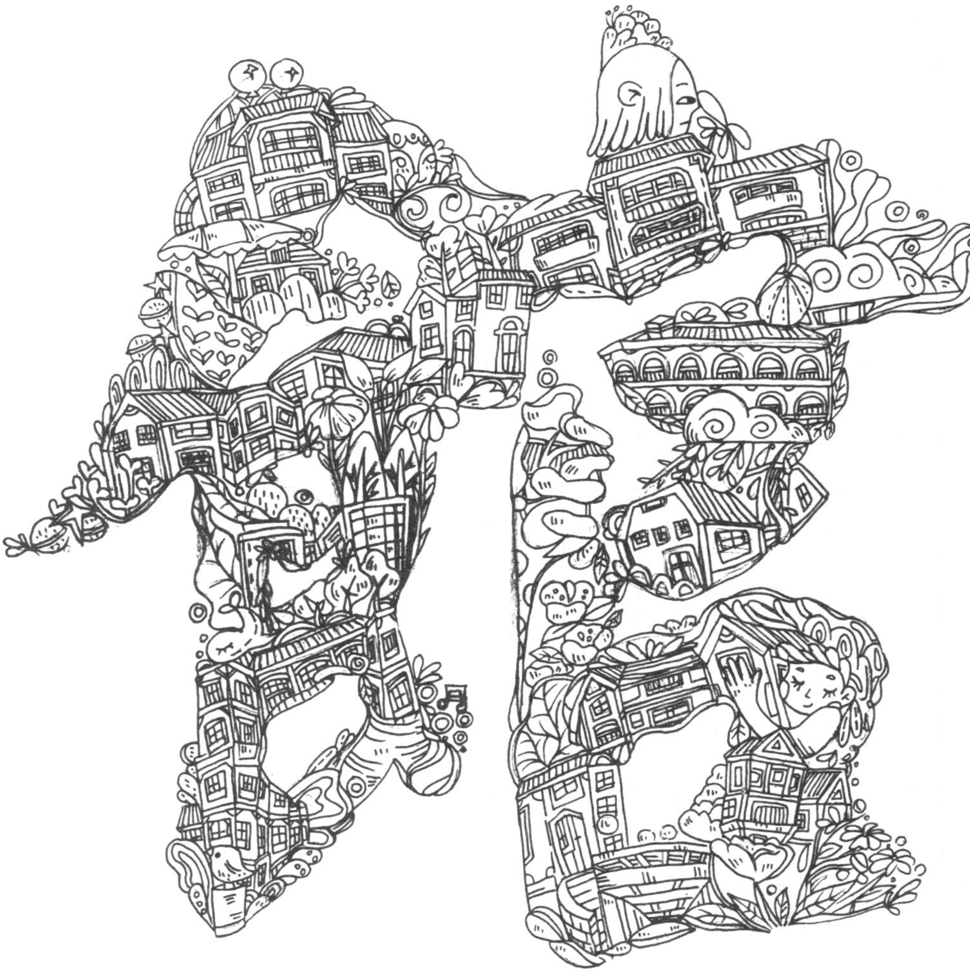

前面这首有趣诗歌的作者名叫杨勋，原是上海广方言馆学生，是中国最早一批由正规外语学校培养出来的外语人才，曾协助盛宣怀办理过实业。他长期与外国人打交道，颇通英语，也深知洋泾浜英语的弊病，因此作此《别琴竹枝词》，针砭其病，提倡学习正规的英语。你知道前面的词句提到了哪些英语单词吗？

和平饭店

HE PING FAN DIAN

十里洋场，往来流连的名流过客不知凡几，为了招待他们，上海使出了浑身解数。1929 年，富甲一方的犹太人爱利斯·维克多·沙逊，在外滩 19 号，以芝加哥学派哥特式风格，建起了一座名为华懋的饭店。饭店楼高 77 米，共 12 层，其装潢在当时就以豪华著称，外墙采用花岗岩石块砌成，由旋转门进入，大堂地面用乳白色意大利大理石铺成，顶端古铜镂花吊灯，豪华典雅，有“远东第一楼”之称。

1956 年，饭店重新开业，定名“上海和平饭店”。建筑风格仍保持了当年的面貌，使下榻于此的宾客仿佛置身于时间隧道，在现代与传统、新潮与复古的融合交错中浮想万千。

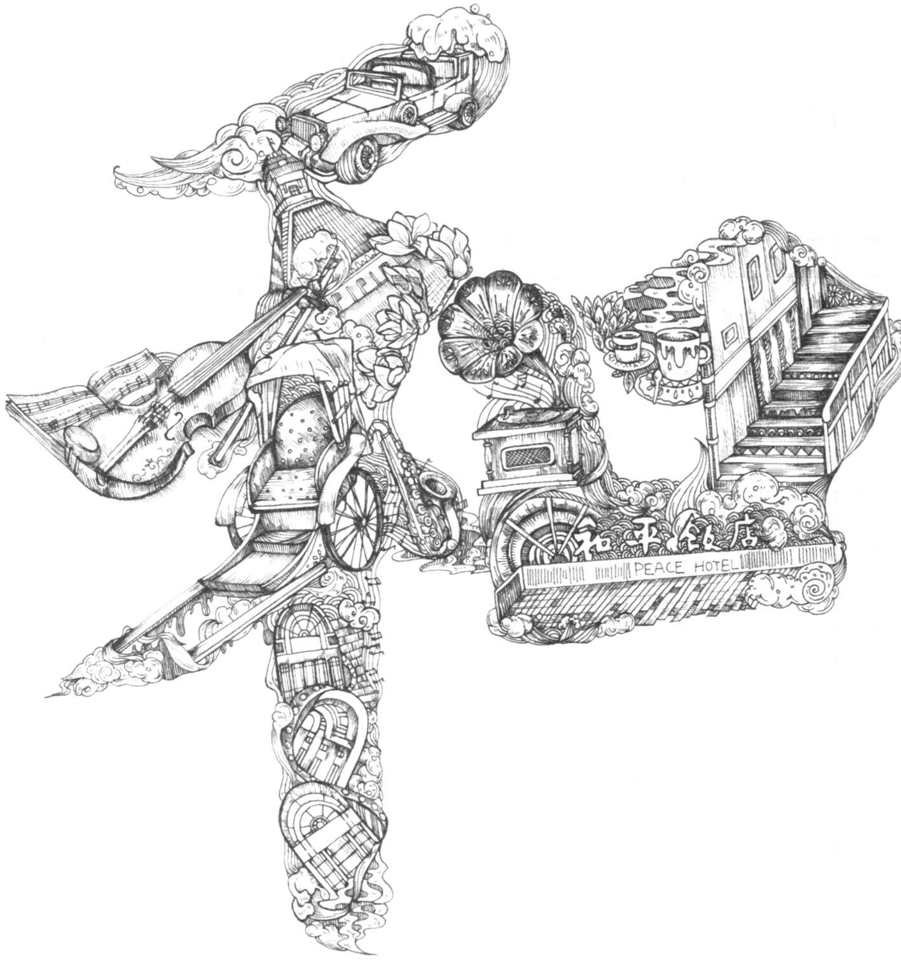

和平饭店自落成后，政商两界、名流明星纷至沓来。其中，外国名人就有美国总统克林顿、将军马歇尔、燕京大学校长司徒雷登、喜剧大师查理·卓别林、剧作家诺埃尔·科沃德、拳王阿里、《西行漫记》作者爱德加·斯诺，英国女王伊丽莎白、元帅蒙哥马利；中国名人更是数不胜数。

有了历史名人，自然也就有了故事。诺埃尔·科沃德的名著《私人生活》在此饭店写成。20世纪三四十年代，鲁迅、宋庆龄曾来饭店会见外国友人卓别林、萧伯纳等。1964年1月，周恩来总理在九霄厅会见法国总理埃德加·富尔，几天以后中法宣布建立外交关系。1971年美国乒乓球代表团应邀访问中国，也曾下榻于此。1998年10月，海峡两岸关系协会会长汪道涵和台湾海峡交流基金会董事长辜振甫在和平厅举行“汪辜会谈”。

和平饭店，几乎写就了一部别样的历史。

和平饭店装潢优雅，散发着欧洲古典宫廷气息。最值得称道的是酒店内几个餐厅、会客室里镶嵌着的若干块半尺见方的拉利克艺术玻璃饰品，有花鸟屏风，有飞鸽展翅，有鱼翔浅底，置身其中，恍然一个水晶世界。拉利克艺术玻璃是 20 世纪风行的一种珍贵的特种玻璃，它的发明人是法国人雷内·拉利克（René Lalique）。这种玻璃在烧制过程中，加入锑、砷以及钴，令成品含有特殊的色彩效果，远看是乳白色，近看是暗蓝色，迎着光看则呈鲜红色，犹如一团火，奇妙无比。早年的和平饭店内，还有拉克利的专卖店。而今，早期的拉利克艺术珍品价值不菲，据说和平饭店内所陈列的这些，足当半个酒店的价值。

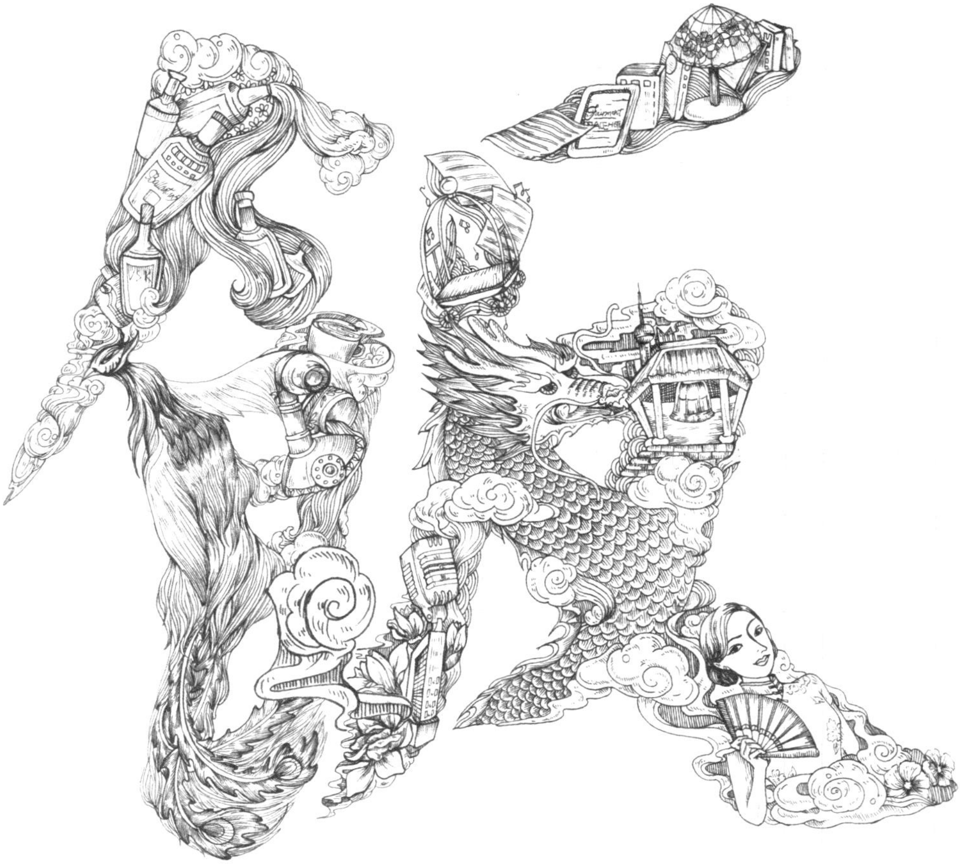

和平饭店的服务非常周到。比如有顾客要在饭店里举办生日、婚礼、纪念日等庆典时，饭店会为顾客灌制一张小型的铝质唱片以作留念，唱片的内容或是一支有纪念意义的歌曲，或是几句充满祝福的话语，在当时的社会中，这样贴心而又富有纪念意义的礼物，令人印象深刻。而今，那些留存了这些唱片的人，也会感慨万千，沉醉在美好的回忆之中。

对于很多上海人而言，黄浦江畔的和平饭店是记忆中的故乡，它的美好在于它的不变。永远那么沉重昏黄的灯光，微微泛黄的白色大理石，久远时光沉淀下来的香气，得体不吵闹的爵士乐队，无须怀旧，走进酒店，本身就像回到了梦中的旧时光。

那是一种只属于老贵族的伤感，大约等同于孔子所说的哀而不伤，是沙逊回不去的耶路撒冷，是司徒雷登念兹在兹的远东风云。

熟练地拿起刀叉，再跳一曲茶舞，你看，十里洋场还是那个十里洋场。

静安寺

JING AN SI

静安寺，又称静安古寺，相传始建于三国孙吴时期，初名沪渎重玄寺，北宋大中祥符元年（1008 年）定名静安寺。因寺址逼近江岸，寺基有倾圮之危，1216 年从吴淞江畔迁入芦浦沸井浜边（今南京西路）。静安寺是上海最古老的佛寺之一，比上海建城还要早。静安区亦由它而得名。

静安寺为前寺后塔格局，建筑风格仿明代以前的建筑，典型的代表就是斗拱的形制，沿袭“宋营造法”，采用屋顶脊吻、挑檐和斗拱装饰，并在此基础上结合佛教特点，用大象、法轮、莲花等具有鲜明佛教色彩的图案进行装饰。选用缅甸进口柚木为寺庙主结构用料，黄色和深灰色琉璃瓦及铜瓦覆顶，主要饰物（脊吻、塔刹等）皆贴金装饰。布局上沿袭中国传统建筑风格，门、堂、廊结合。

从清末起，静安寺每年都要举办浴佛节庙会，吸引着来自五湖四海的信众和游客。寺内有三国时所立“赤乌碑”、南北朝时所植“陈朝桧”、因神僧智俨的异行而闻名的“虾子潭”、南宋仲依所建“讲经台”、沸井浜中突沸的“涌泉”、诗僧寿宁所筑方丈室“绿云洞”、行人取道渡吴淞江的古渡口“芦子渡”、东晋遗存防御海寇的“沪渎垒”，都是上海人耳熟能详的名胜。

静安寺内有一泉，昼夜不停冒水泡，颇似沸腾的水，因而上海人把它叫作“沸井”，又说沸井直通大海，于是又叫“海眼”。后人在泉的四周围上石栏，在泉上造了一个亭子，给它起名叫“应天涌泉”。到了同治年间，书画家胡公寿又为沸井题匾——“天下第六泉”。上海开埠后，静安寺成为市民郊游常去的地方，外国人来看过沸井后，便把它译为“Bubbling Well”，即“会吹气泡的井”，跟着也把静安寺译作“Bubbling Well Temple”。

上海是江南水乡，地下水资源十分丰富，井水的水位较高，出现会冒泡的井并不是什么稀奇事。近现代以后，大规模地修建城市道路，使地下水的通道被阻断，沸井一度不冒气泡了。而今“涌泉”与新打的156米深井地下泉水相通，恢复了旧观。

老码头

LAO MA TOU

有人说上海滩是最后的江湖，男人的热血与女人的眼泪写成的故事，在老码头这方小小世界中每天上演。三十年前，上海万人空巷，争看香港人拍的《上海滩》，不得不说是一种有趣的互文。人们记忆中的上海老码头，而今已是一派新颜，将文化艺术注入现代商业休闲产业当中，成为上海时尚创意的新标杆。闲坐在屋顶的欧式露台上，看江水滔滔，浪奔浪流，总不禁在脑海中放映一出出精彩的画面。

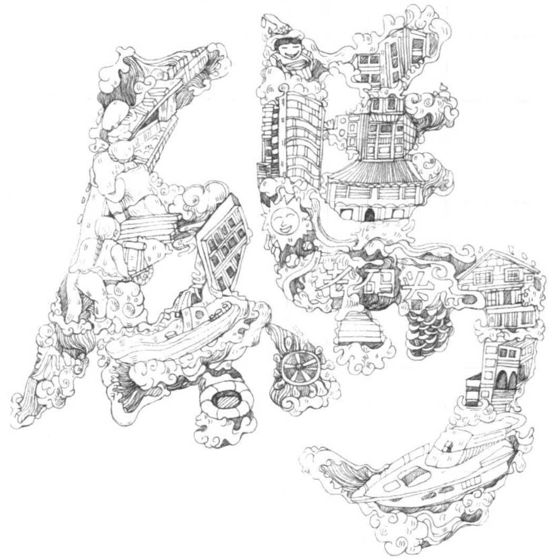

既然是码头，总少不了风云变幻。大亨黄金荣、杜月笙也曾流连驻足过这里。如果说以往的老码头上演的是流氓阿飞、暴发户、青红帮们的江湖剧，而今的老码头则云集了欧式老建筑、世界各国的商业和风尚，酝酿成一曲别样的海上风情小调。

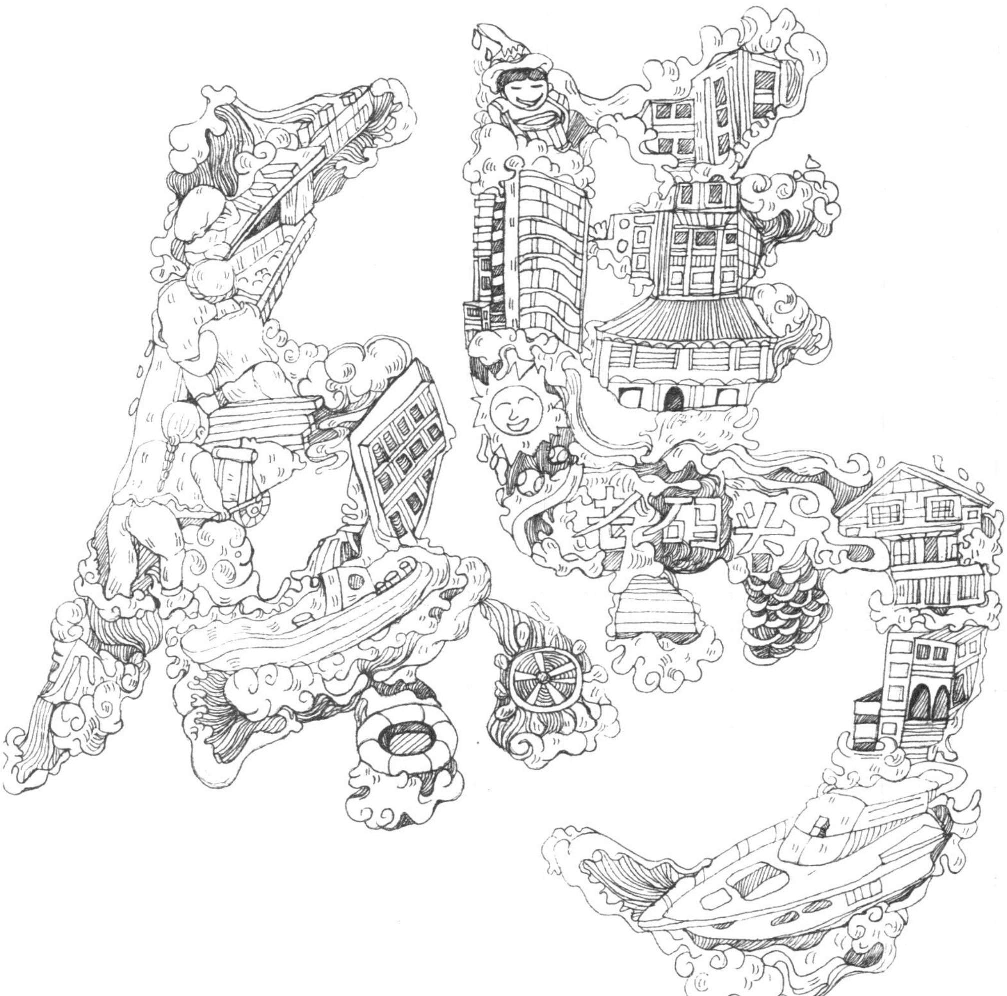

老码头以老上海历史文化为背景，以海上独具特色的“石库门”建筑为依归，以现代设计元素如玻璃钢结构为设计助力，产生了文艺典雅的氛围，烘托着每年不定期举办的各类时尚娱乐活动，深受都市年轻人的欢迎。创意园区内的创意产品工作坊、先锋艺术家工作室、商务办公等都市生活元素，鲜明生动，令人流连忘返。

老码头

陆家嘴

LU JIA ZUI

一座城市的崛起，总会经历沧海桑田的巨变，谁能想到而今堪称中国金融中心的陆家嘴，几百年前还是一块冲积而成的滩涂。陆家嘴得名于明朝进士陆深，此地曾是他的私产。早年陆家嘴的境内河流纵横，一直到明末清初，也还杳无人迹，只有西南和中部有散居的渔民出没。乾隆年间出于防汛、抵御咸潮等目的，开始在陆家嘴一带筑护塘，以区隔荒滩和陆地，江苏等地船民渐渐来此聚居，形成了自然村落。陆家嘴的大发展，才亮起一道了曙光。

上海开埠后，陆家嘴成为洋商、华商乃至近代中国鼎鼎有名的轮船招商局建立仓库、码头之所。中外资本纷纷在此设立据点，工商业日趋繁盛，并形成了大规模的商业街区。中华人民共和国成立之后，区域内的东昌路成为浦东地区最繁荣的一条商业街。

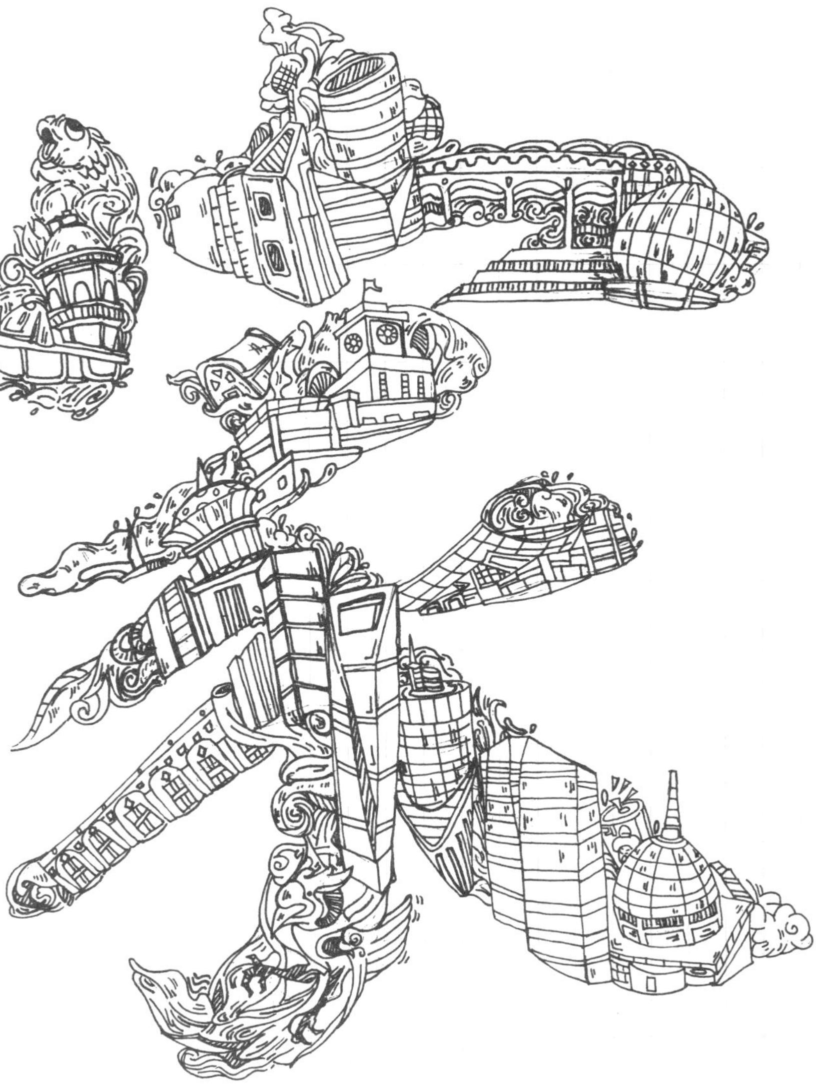

20 世纪 80 年代，上海流传着这么一句话：“宁要浦西一张床，不要浦东一间房。”陆家嘴在整个大上海版图上显得太不起眼，大部分地区还是棚户区、工业区。随着 1990 年浦东的大开发，陆家嘴成为中国唯一以“金融贸易”命名的国家级开发区。经过几十年的发展，陆家嘴终于成为上海金融核心区。

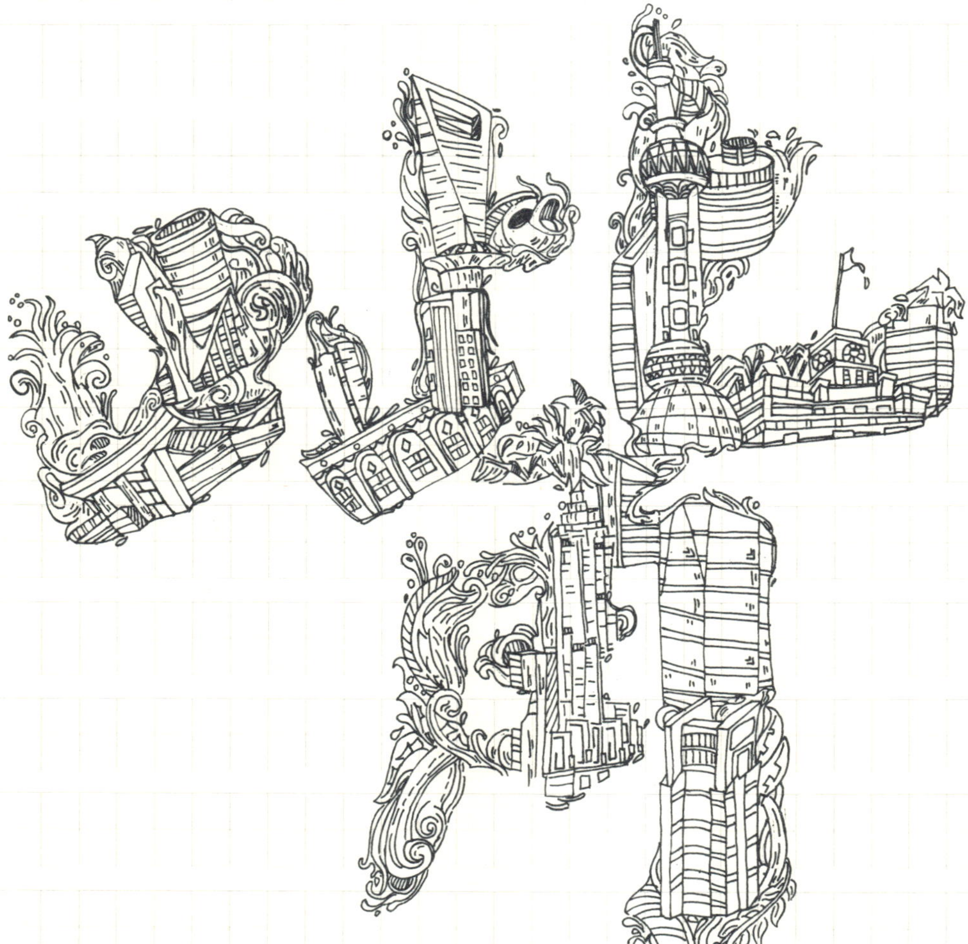

陆家嘴金融区聚集了若干个国家级要素市场，数千家中外金融机构，跨国公司地区总部，贸易、投资和中介服务机构，其经济总量和GDP贡献值在全国国家级开发区当中名列第一，证券市场交易额等单项指标已超过香港中环和新加坡中心区，位列全球前三。它也是目前我国内地规模最大、资本最密集的CBD，代表性建筑如上海中心大厦、上海环球金融中心、印尼黄金置地大厦、上海银行大厦等，都是当代上海乃至中国的金融地标。随着上海世博会的成功举办，上海建设国际金融区和世界级城市的步伐明显加快，上海服务全国、辐射世界的能力正逐步加强。可以预见，陆家嘴金融区将成为上海建成国际经济、金融、贸易中心的重要助推器。

田子坊

TIAN ZI FANG

老街区的市井巷陌之间，蕴含着一座城市的独特韵味。在保留文化火种的同时，让老居民也能充分享受现代化的生活，一直是有着悠久历史的城市所需要解决的问题。一些善于经营的人，发现了老城区传统文化魅力带来的商机，他们将那些有特色却又可能被拆除的低矮破旧的房屋重新装修规划，打造成文化街区和小资生活的高档社区，这些地方于是又成为城市旅游和休闲的重要去处。

比如上海的田子坊，地处原上海法租界和华人聚居区，保留了上海从乡村到租界、从租界到现代各个历史时期的建筑形式，老宅、里坊、古井、弄堂交相辉映，多元文化的兼容并蓄，吸引着脑中充满了天才创想的各类人群。

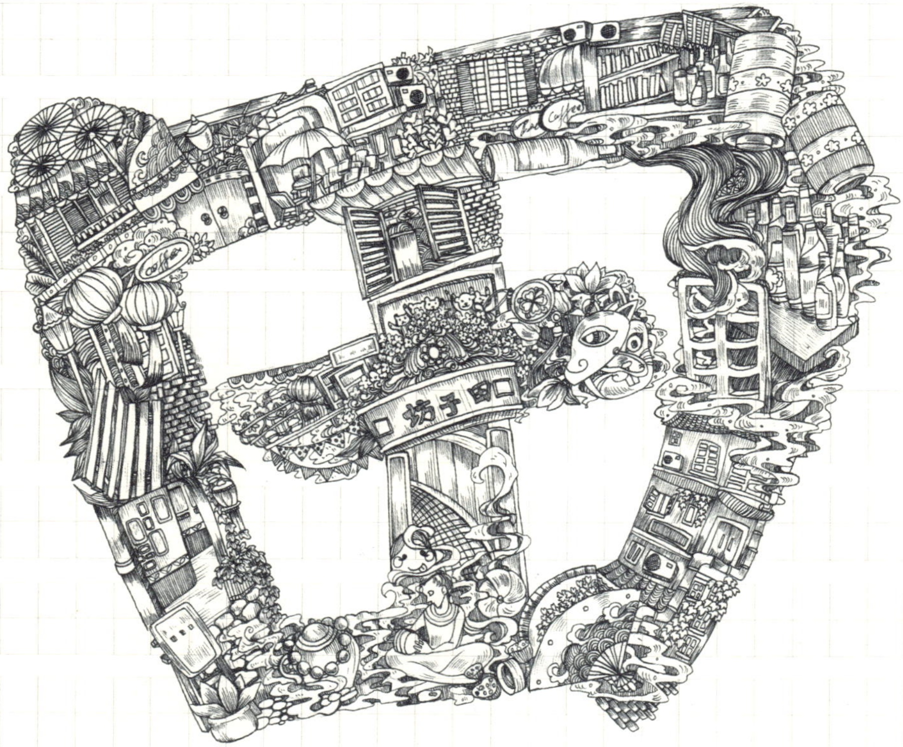

从 1998 年开始，艺术家陈逸飞、尔冬强、王劼音、王家俊、李守白先后来到田子坊驻扎，让一条默默无闻的老街从此有了藏龙潜渊的底蕴。画家黄永玉，借用战国贤士田子方的名讳，将此地命名为“田子坊”。悠悠老街，摇身一变，从市民栖居之所，变成艺术集散之地。文艺青年们从此慕名而来，徜徉午后，与艺术、大师、生活来一场上海情调的约会，有一种不可多得的惬意。

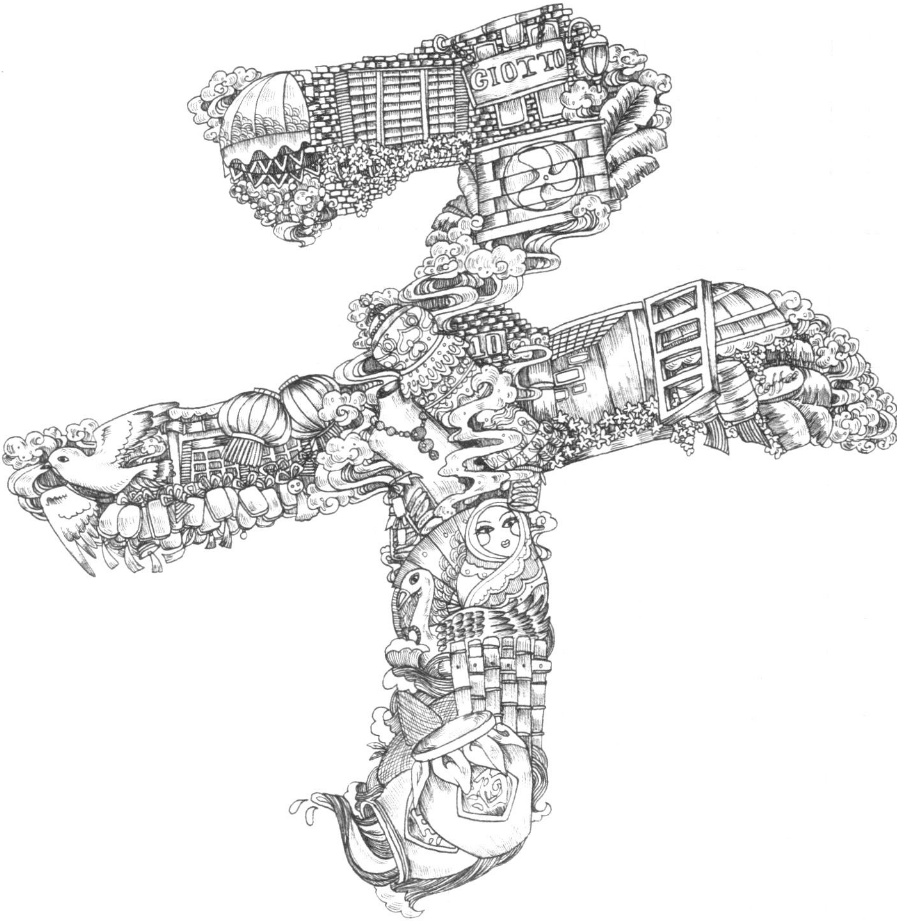

阳光斜射老街道，偶尔一两个人从巷子里穿过，似乎大都市的喧嚣不复存在。这里浸润着老上海里弄生活的味道以及现在小资们追求的文化品位。各种创意小店，如咖啡店、艺术品店、画廊、陶艺店、唐装店、家居店，处处弥漫着艺术的芬芳，往往在不经意间给人带来惊喜。

在田子坊，你能听到不同地方和国家的语言，可以看到晾衣杆上的衣物在阳光下随风飘荡，也可以享受到咖啡、酒吧等舶来品带来的小资生活。在参观老建筑的同时，你还可以买到很多现代的、古旧的艺术品和纪念品。田子坊是见证上海历史变迁的场所，一个展现上海里弄文化、追逐艺术情怀的地方。如果你想要了解上海老故事，并且热爱艺术，在这里总会收获惊喜。

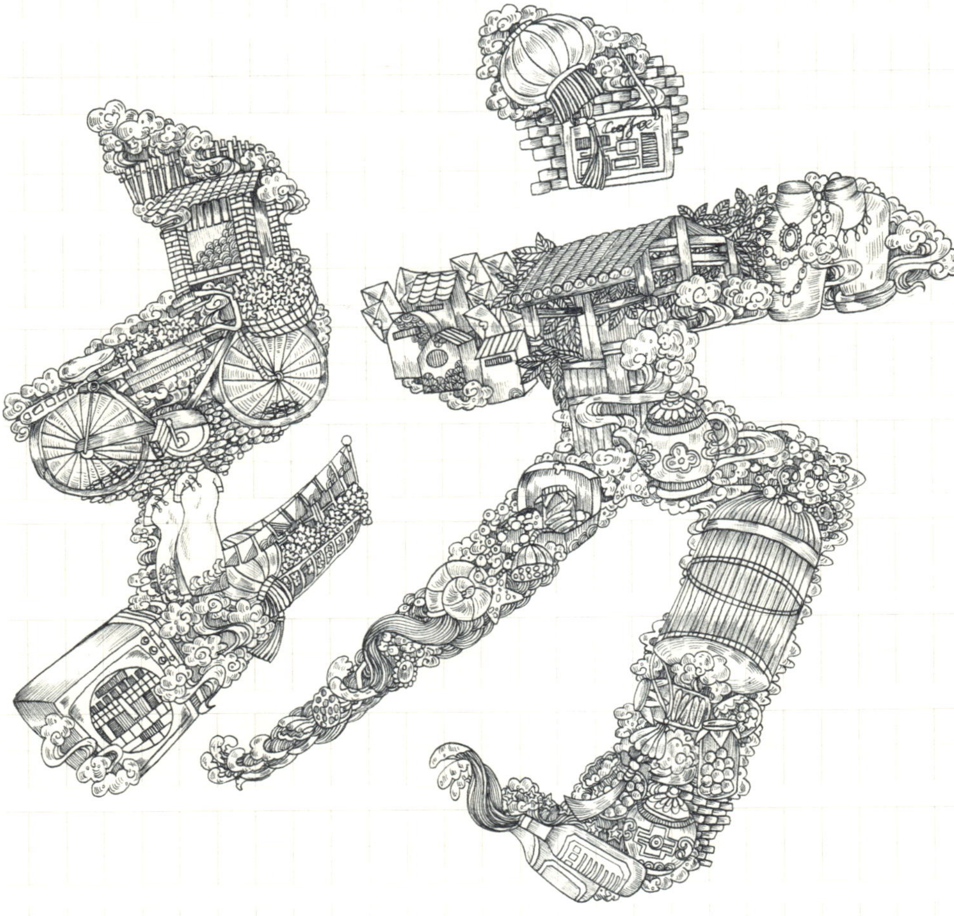

清水砖墙、红色门头，在高大光秃秃的梧桐树下，时光仿佛凝固又交错了，眼前的一切既像回到了过去，又充满了摩登的现代感，这就是田子坊不远的新天地。比之于拙旧的田子坊，新天地是一个新旧融合的地方，绽放着舒适和奢华，还有骨子里的上海风情，被上海人视作时髦人士约会的最佳场所。曾经的“72 家房客”所在地，而今到处都是高档会所、顶级画廊、西餐厅、咖啡厅……门外是风情万种的石库门弄堂，小巷子曲径通幽，老建筑散发出独特的韵味，门内却是现代人的生活方式，一扇门之隔，恍若两个世界。这大约就是独特的海派文化！

徐家汇

XU JIA HUI

熟悉上海的人都知道，徐家汇是上海有名的商业区，却少有人注意到，这里与明末科学家徐光启之间还有着千丝万缕的联系。徐光启于明嘉靖四十一年（1562 年）生于太卿坊（今上海市黄浦区乔家路），著有农学巨著《农政全书》，也曾因与利玛窦合译《几何原本》而为世人所知，是明代少有的对自然科学感兴趣、开眼看世界的儒家学者，也是上海开明睿智城市精神的代表。徐家汇一带原为徐光启所建的农庄别业，他的许多农业试验就是在这里完成的。这里也是他的墓园所在地，徐氏后人在此繁衍生息，渐渐形成集镇。此地有肇嘉浜、法华泾、蒲汇塘三水交汇，故得名“徐家汇”。

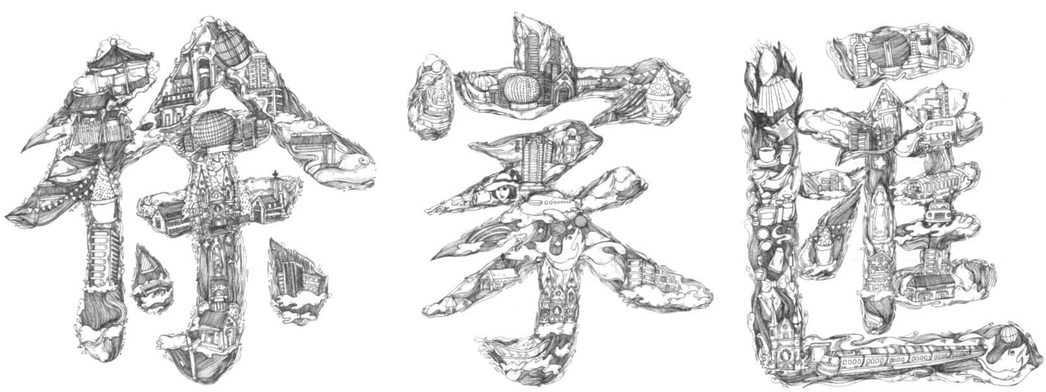

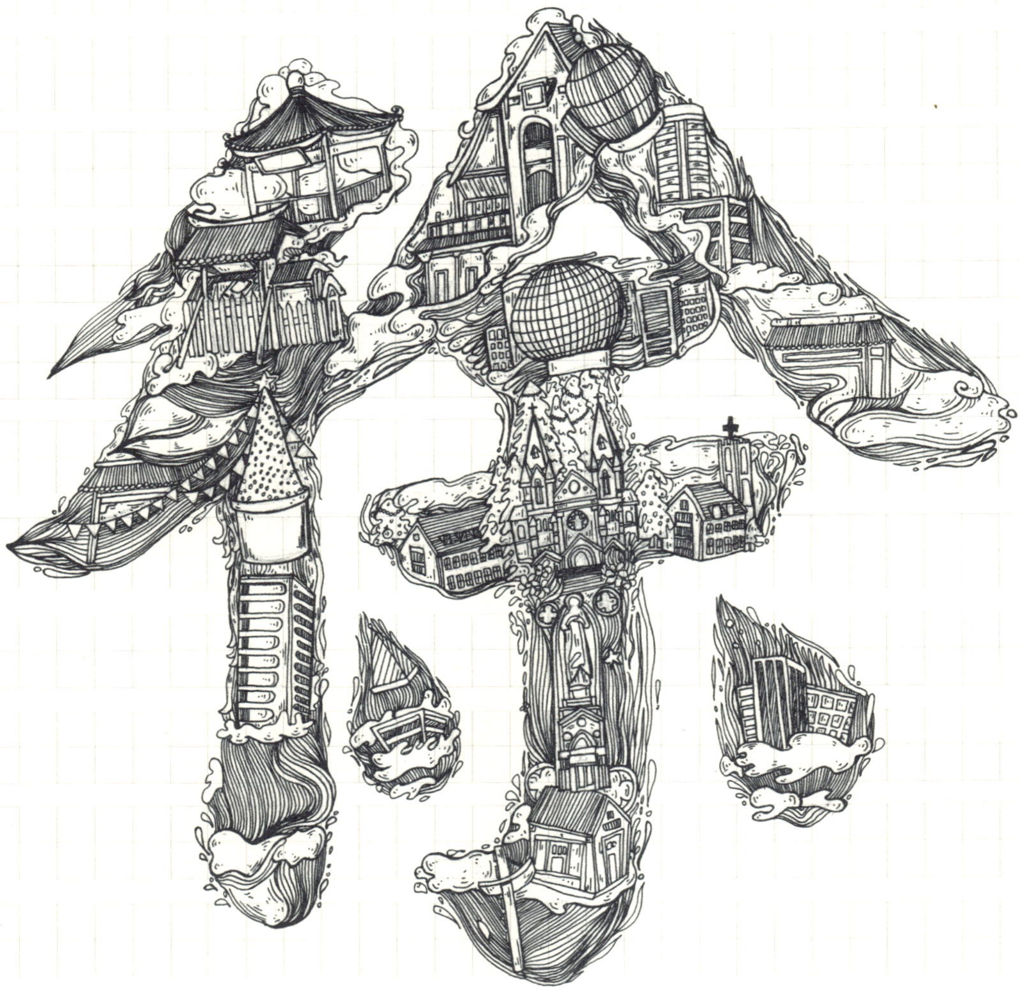

徐家汇地区内，值得游玩之处数不胜数。

如丁香花园，是上海滩最负盛名、保存最为完好的老洋房之一，曾是李鸿章的私园。园内曲径通幽，修竹蔽天，花香袭人。园中有湖，湖上有九曲桥、湖心亭，亭上为素色琉璃瓦、八角攒尖顶，上立一凤凰，名曰“凤亭”。园中广种各种植物，如蜡梅、紫藤、梧桐、香樟、四季桂，而最令人印象深刻的，莫过于那怒放的丁香了，丁香花园因她而名副其实。

还有上海的老牌公园桂林公园，采用江南古典传统技法建造，布局精巧别致。园内龙墙、花墙回绕，小桥流水，叠山立峰，楼台掩映，亭榭参差，曲径通幽，花木葱茂。时节一到，满园桂花飘香，沁人肺腑。

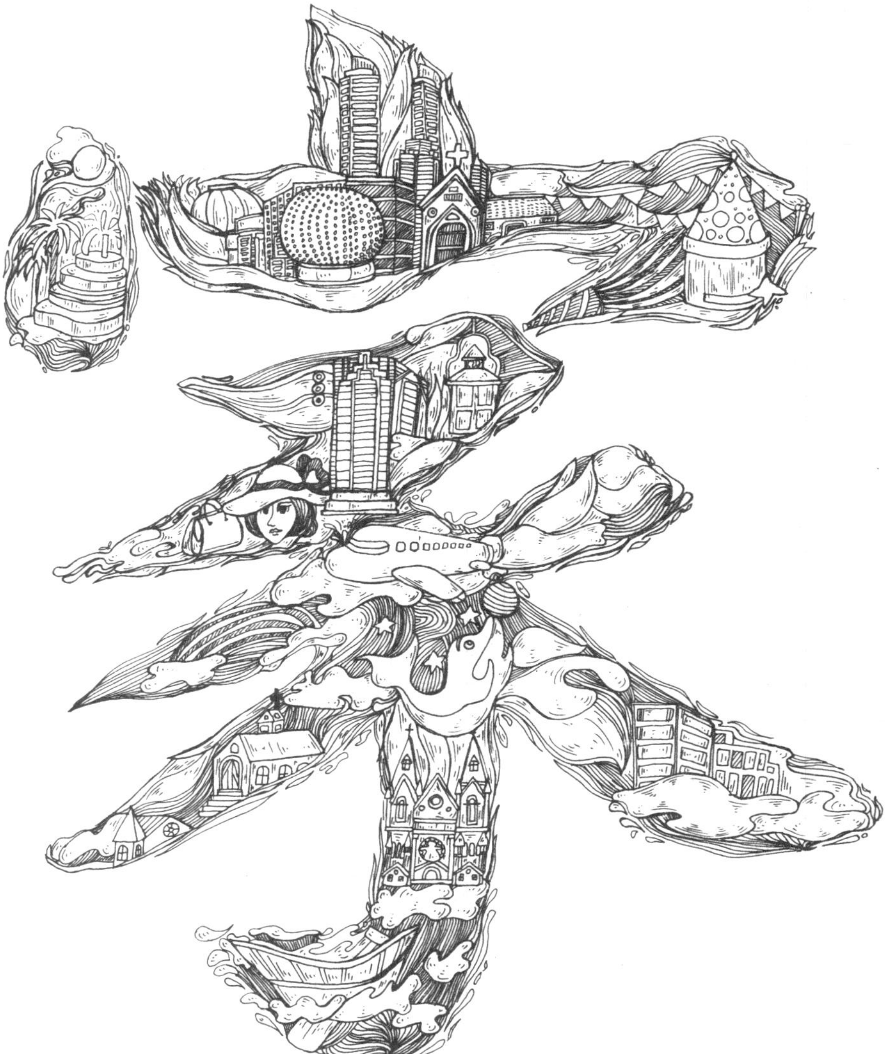

龙华寺有 1700 多年的历史，“龙华晚钟”曾是昔日的“沪上八景”之一。现在寺内保留的建筑大部分属清同治、光绪年间的建筑。天王殿旁的钟楼高 3 层，悬有清光绪二十年（1894 年）铸造的青龙铜钟。藏经楼上收藏着各种版本的佛教经籍及各种珍贵文物，其中明万历年间敕赐大藏经、范金千叶宝莲毗卢遮那佛、御赐金印俱为名噪一方的珍宝。

除了上面所说的几处景点，衡山路也值得一去。路两边密密匝匝栽种的法国梧桐，绵延几个街区，悠长的时光让树变得枝叶繁茂。炎炎夏日，阳光星星点点地照射下来，令人不觉闷热。有时凉风吹过，心里若有郁结，瞬间就被冲散了。

最能代表徐家汇或者说上海的一处所在，应当属徐家汇公园。公园中有一座长约 200 米的观景桥，行走桥上，仿佛穿越“时光隧道”，上海的昨天、今天、明天不断地呈现在你的眼前。比如公园的水道被设计成黄浦江的形状，许多上海知名的景点，不经意间就出现在了这里，比如水面的第一个弯道处就设计了一座豫园。当年这里曾是大中华橡胶厂，厂房中的那根烟囱，至今仍然保留，经过高科技改造后，能模拟冒出白烟的效果，既赏心悦目，也有怀旧的氛围。

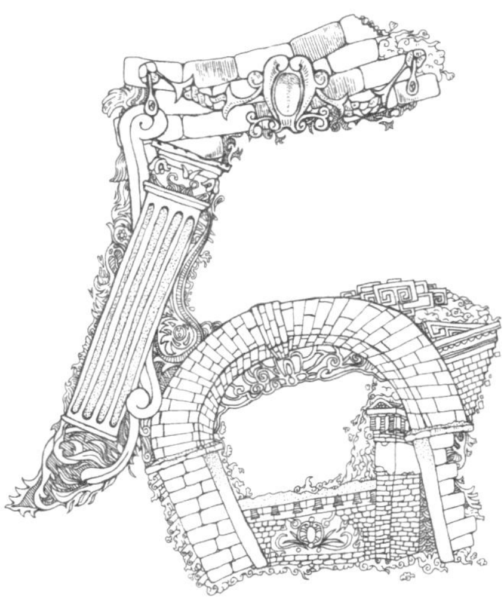

石库门

SHI KU MEN

王安忆说："上海的弄堂是性感的，有一种肌肤之亲似的。它有着触手的凉和暖，是可感可知，有一些私心的……""上海弄堂的感动来自于最为日常的情景，这感动不是云水激荡的，而是一点一点累积起来的。这是有烟火人气的感动。那一条条一排排的里巷，流动着一些意料之外又情理之中的东西……"

于上海人而言，外滩金融中心也好，南京路、城隍庙也罢，当然是值得骄傲的花花世界，但石库门里的自成一统，才是家常和市井，熟悉和真切的。

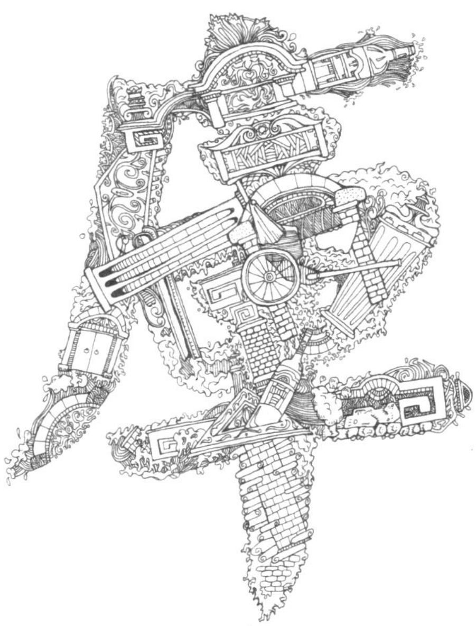

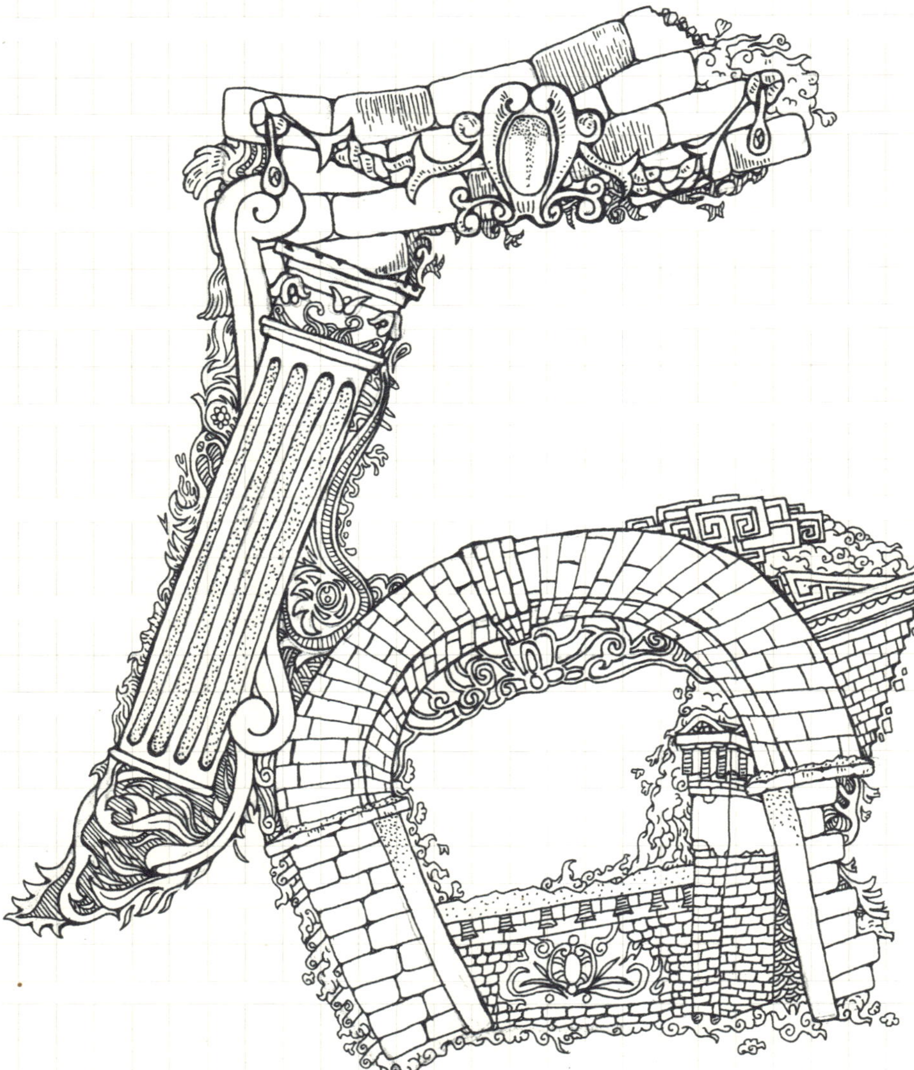

汉语中把围束的圈叫作“箍”，如“金箍棒”、“箍桶”、“袖箍”（即袖标），于是用石条围束的建筑也被叫作“石箍门”。宁波人说“箍”字，发的是“库”音。早年的上海人，许多来自宁波，上海的“石箍门”渐渐就讹作“石库门”了。我国 1986 年发行的中国民居邮票中，上海民居的邮票采用的就是石库门建筑图案。中国共产党也诞生在望志路（今兴业路 76 号）一幢典型的石库门建筑当中。

石库门建筑盛行于 20 世纪 20 年代，占据了当时民居的四分之三以上，至今还有为数众多的申城市民居住在石库门房子当中。

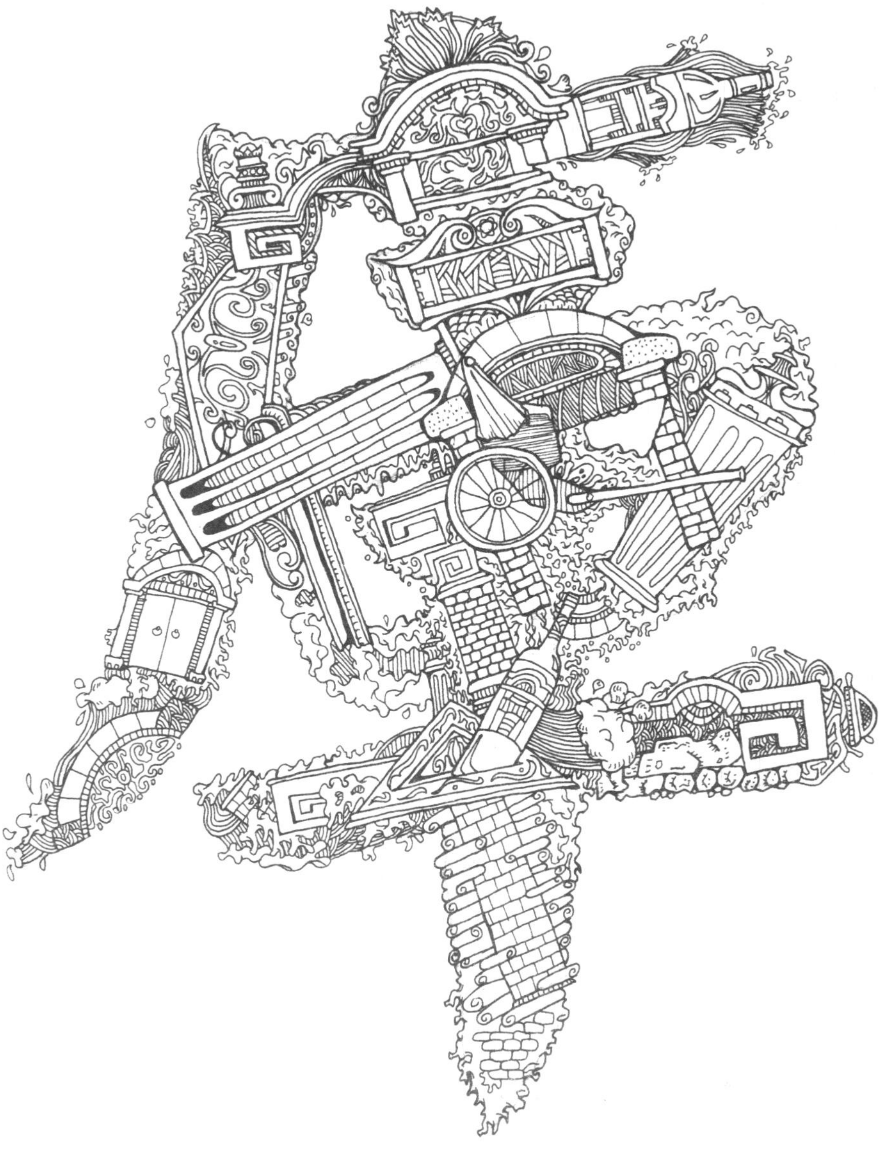

弄堂是上海人的集体记忆，在老城厢，在遥远的工厂区，一栋栋、一排排，无论土生土长，还是天南海北，终归是有一处安寝之所。烟纸店里的针线，对面阳台的腌肉与内衣，收音机里的滑稽戏，两个上海人也许从未见面，但却有着相同的生活习惯。饭店商场里昂着头走路的是上海人，弄堂里洗衣服吵嘴的又何尝不是。也许是物极必反，需要中和一下，那些精致优雅的上海人，在弄堂隐蔽的空间里，回归了一种最为市井的面貌。

石库门是最具上海特色的居民住宅，建筑的平面和空间更接近于江南传统的两层楼三合院或四合院形式，保持着正当规整的客堂，有楼上安静的内室，还有习惯中常见的两厢。这种建筑还基本保持了汉族传统住宅对外较为封闭的特征，虽身居闹市，但关起门来却可以自成一统。

这样的设计，使“门”变得愈加重要起来。石库门建筑的门，门框多由石头砌成，门扇是乌漆实心厚木的，上面有一副铜制或铁制的门环。门楣的装饰最为丰富精彩。早期的门楣，多模仿江南传统建筑中的仪门，做成中国传统砖雕青瓦压顶门头式样。后期受到西方建筑风格的影响，常用三角形、半圆形、弧形或长方形的花饰，类似西方建筑门窗上部的山花楣饰。石库门建筑由其“门”而得名。石库门也逐步成为上海传统弄堂住宅的代名词和标志。

中华艺术宫

ZHONG HUA YI SHU GONG

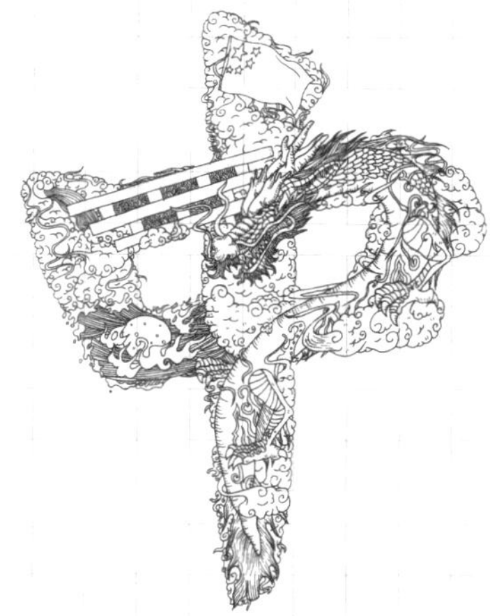

中华艺术宫原为世博会中国馆，经过改造后，成为一座中华艺术的博物馆，目前已收藏各类藏品近万件，涵盖了20世纪中国美术发展进程各阶段的内容。其中，有20世纪前期试探“中西融合”艺术道路的老一辈画家的典范性作品，有战争时期热血青年的新兴版画木刻作品，有新中国艺术家歌颂社会主义革命和建设的大型油画、中国画，还有改革开放以来年轻艺术家富有现代艺术特征的试验性作品，以及能反映上海地区艺术特色的年画、连环画、宣传画。

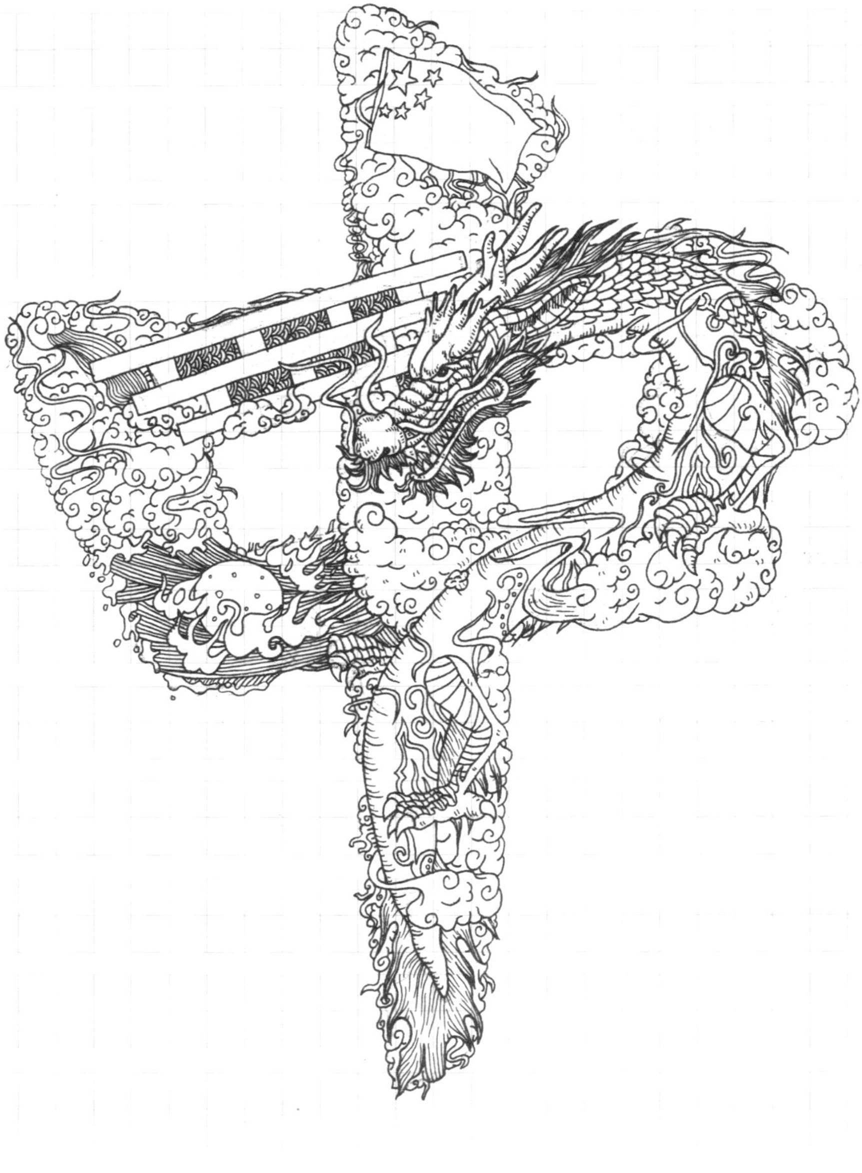

中华艺术宫建筑共有六层，每一层都是一个精心雕琢的长方体，每一层之间都用玻璃连接，在阳光下熠熠生辉。最底下一层用四根巨大的圆柱支撑，像巨型的四脚鼎将艺术宫架空升起，呈现出挺拔奔放的气势，展现了艺术之美、力度之美、传统之美和现代之美。

艺术宫中，最值得一看的莫过于多媒体版《清明上河图》。在这幅长128米、高6.5米的巨型画卷里，人会走，水会流，鸟会鸣，处处都能看到现代科技的踪迹。千余个人物，不仅形态各异，行动自如，而且不管是引车卖浆人的吆喝声，还是河里船工的号子声，都十分逼真，犹如身临其境一般。每条街道、每座建筑物、每棵树甚至每株花草的前后布局、阴影分布及在晨昏不同光线下的变化，都经过精雕细琢。人物、车船、动物移动的路径分毫不差，自然流畅，各种场景被勾勒得活灵活现。原本凝固在宣纸上的形态和色彩全都鲜活起来。

中华
艺术宫

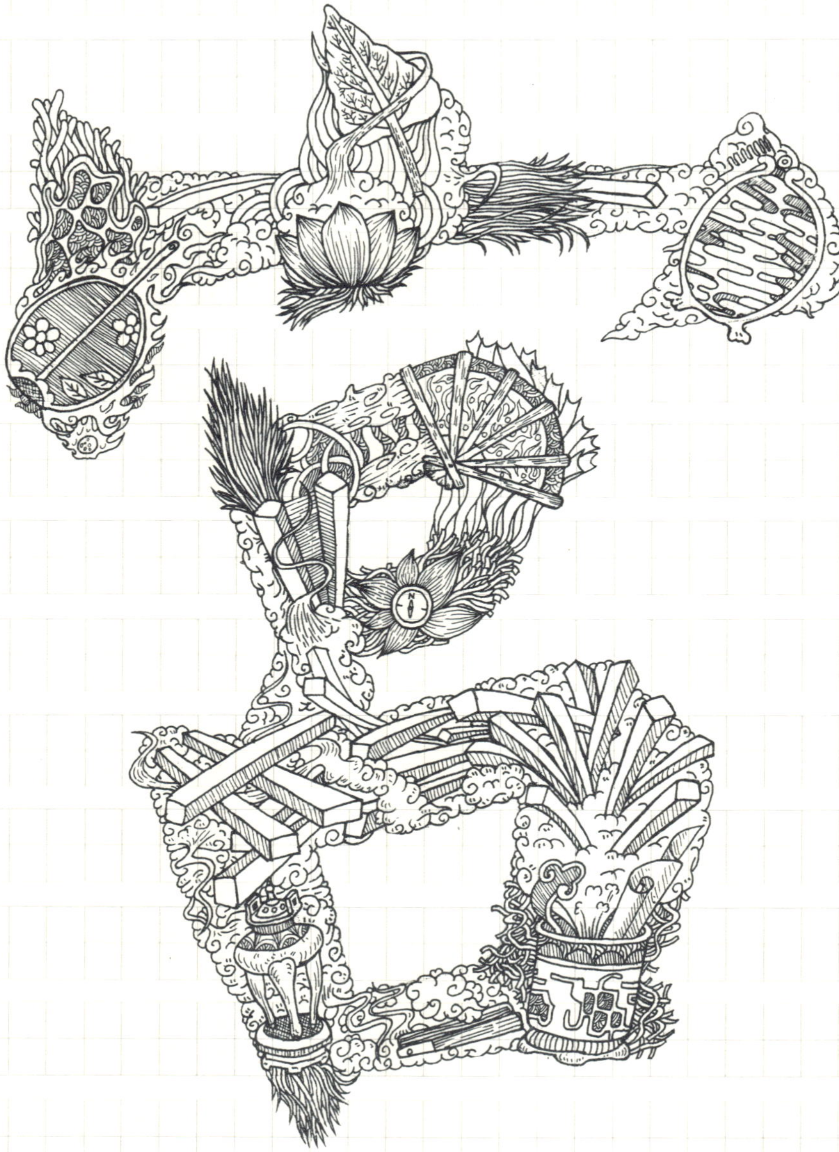

南翔古镇　NAN XIANG GU ZHEN

在上海，人们总是巴望着快一点，再快一点，总有或这或那想要追赶的东西。度过艰难的工作日，疲惫而焦虑的上海人抬眼四望，琢磨着找寻一块心灵休憩之所。还有哪一处比坐地铁就能到的南翔古镇更方便、更惬意的呢？

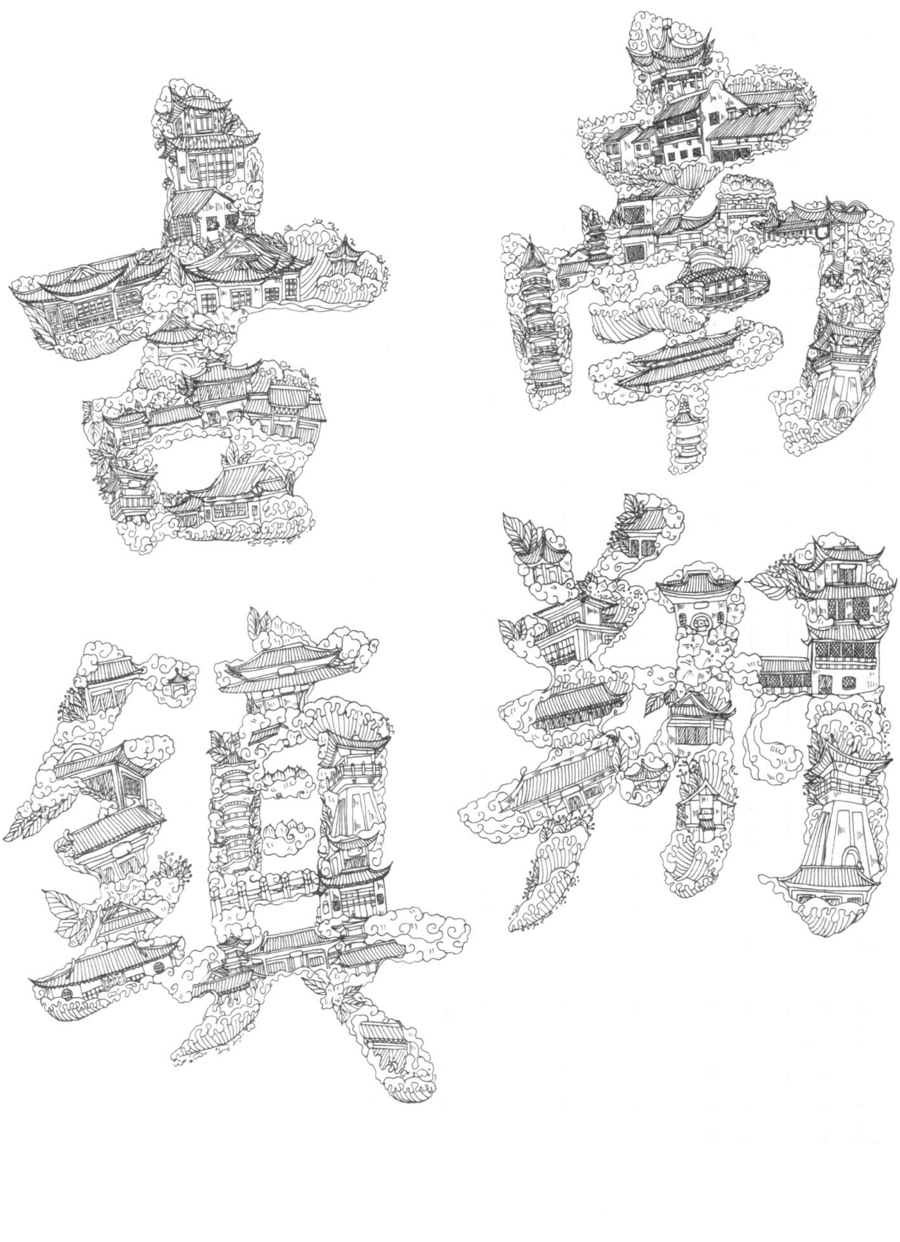

一千五百年前，白鹤南翔寺在此地建成，梵唱鹤鸣，不起眼的一座小镇因寺得名。双塔、鹤槎山、古猗园，与南翔寺遥相呼应，无须追赶，慢慢走在南翔街头，抬眼皆是风景，走疲了，找家看似不起眼，实际已传承百年的小店，点一份南翔小笼，一口咬下，鲜美的汤汁四溢，尝几颗刚摘的马陆葡萄，甘甜清香，听一听闲坐的老人讲一讲南翔的老故事，浮生有闲，莫过于此。

南翔古镇上的标志性景点不少，比如云翔寺。该寺初名为“白鹤南翔寺”，宋绍定年间，宋理宗赵昀赐“南翔寺”匾额，寺名遂改为“南翔寺”。1700 年，康熙赐额“云翔寺”，故又易名为“云翔寺”。虽历经战火，寺中的两座塔，以及附近的唐石经幢和宋普同塔，仍旧保存完好，静默无言地诉说着历史的沧桑。

如今的南翔寺多处以唐代风格修复重建，风格刚劲雄健，气势恢宏，简洁大度，淳朴自然，让人一见心折。

南翔老街具有江南水乡古镇共同的特点——小桥流水，石板曲径，粉墙黛瓦，枕河人家。老街以太平、吉利、隆兴等三座天桥构成的八字桥为中心，向外延伸开来。之所以称“八字桥”，是因为从正南面看过去，三座桥正像一个大大的“八”字。

逢年过节，南翔人都喜欢走一趟八字桥，为亲朋好友祈福消灾。东边吉利桥，西边隆兴桥，又各置神龛一座，分别供奉路神和桥神，俗称“桥里庙”，以期庇佑行人出入平安。

长江与大海，带来了大自然丰厚的馈赠。将平凡的食材做得骄傲而精致，是上海人的性格在食物之中的映照。浓油赤酱，醇厚鲜美，仿佛连带上海这座城市，都令人齿颊留香。

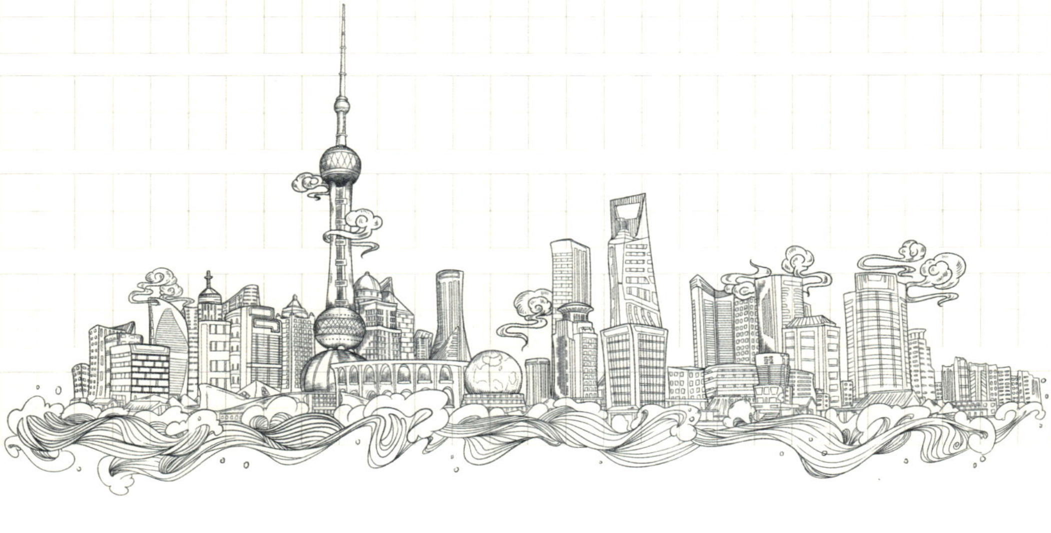

与君共品长江水

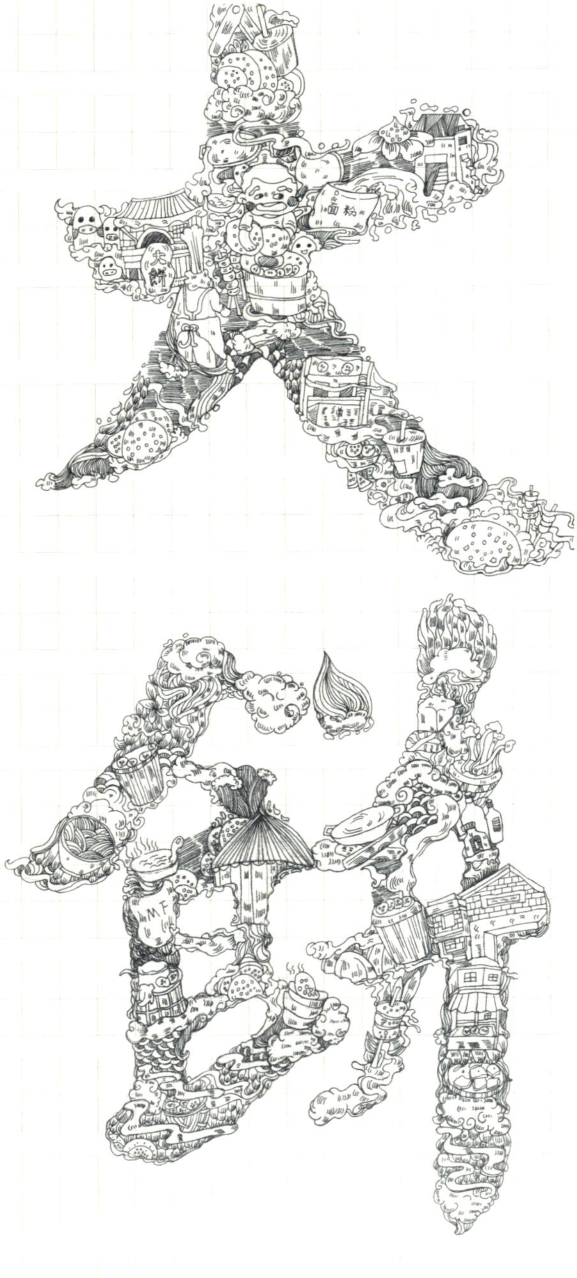

大饼 DA BING

大饼是上海早点“四大金刚”之首，虽然源出苏北，但在上海已经产生了奇妙的变化。面团不用发酵粉，讲究用老酵面捂上十几小时，然后揉制而成。这种别具一格的工艺，赋予了上海大饼不一样的风味。

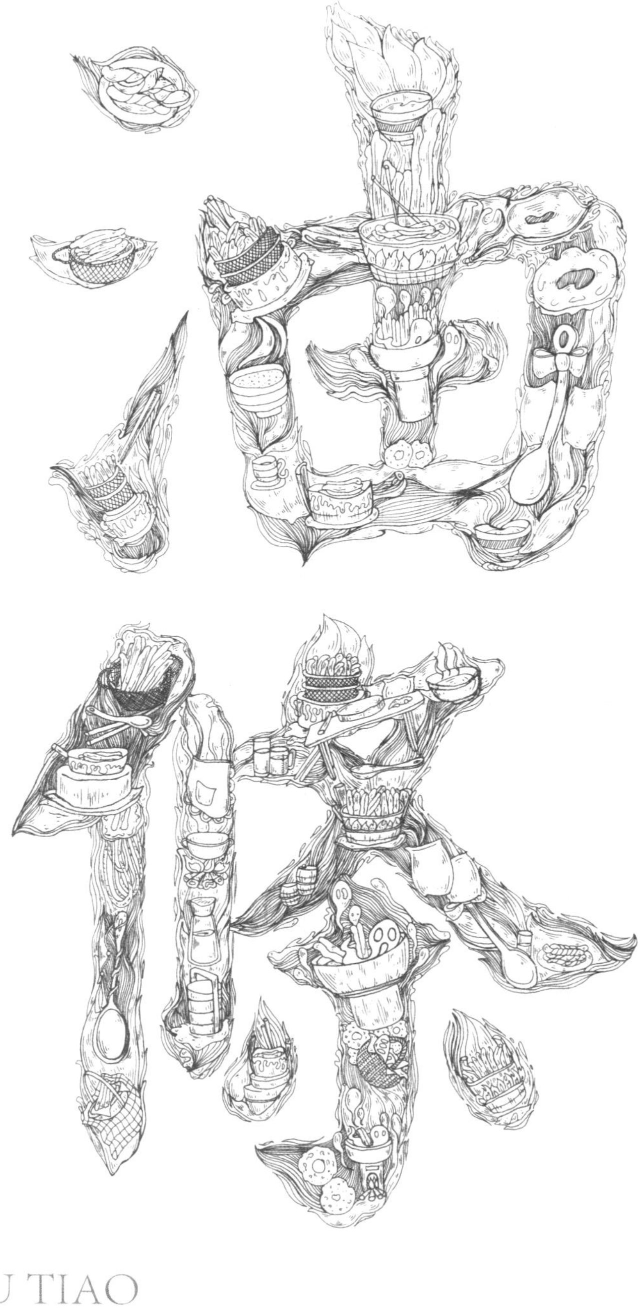

油条　YOU TIAO

正宗的上海油条是不加明矾，只加少量小苏打做出来的，虽然看上去没有一般油条那么膨大，但滋味更佳。油条乃是上海早点的百搭，可以与所有元素产生奇妙的反应，比如蘸酱油、蘸白糖，想怎么来就怎么来。

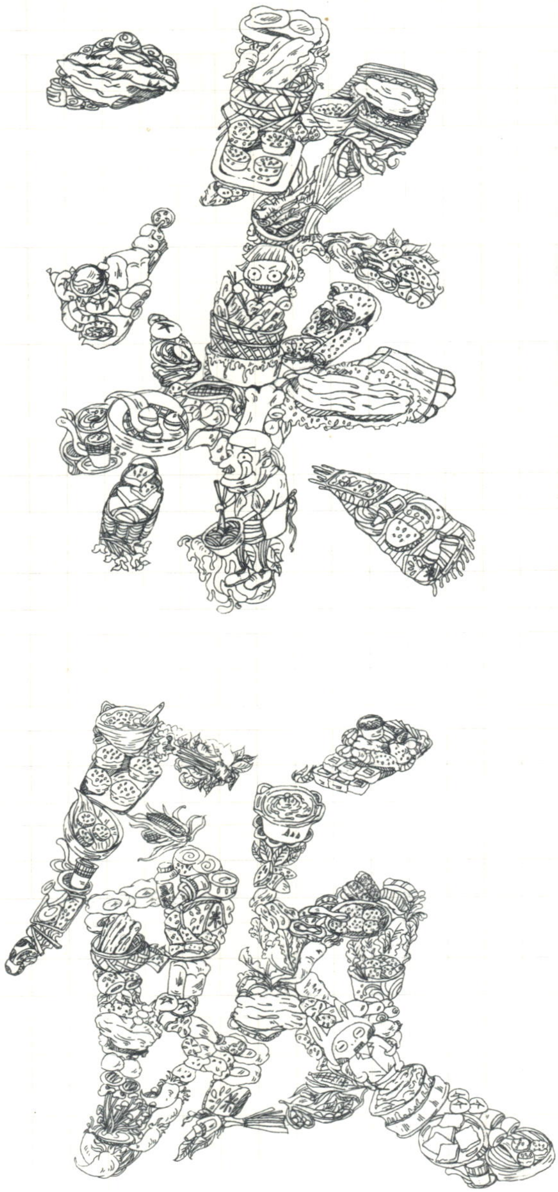

粢饭　CI FAN

粢饭又称糍饭，是一种特色传统小吃，广泛流行于上海、浙江、安徽、江苏南部等地区。粢饭是将糯米掺粳米蒸熟，裹油条（也可加其他配料）包捏而成。吃起来香软而有韧劲，边吃边捏，别具风味。

豆浆　DOU JIANG

豆浆是中国传统饮品，广泛流行于华人地区，相传为西汉淮南王刘安发明。将大豆用水泡涨后磨碎、过滤、煮沸而成，营养丰富，易于吸收。早年间，除了一般的甜豆浆之外，上海还流行喝咸豆浆。宽口浅底的蓝边大碗，滚烫而香气浓郁的豆浆里放上油条、榨菜、紫菜、虾皮，别有一番滋味。如果碰上功夫好的老师傅，舀上一大勺，豆浆如同瀑布般倾入碗中，瞬间起花，成为清晨的上海街头一道特别的风景。

南翔小笼 NAN XIANG XIAO LONG

上海人习惯将包子称作馒头，为此，无论是上海人去外地，还是外地人来上海，总会因为分不清楚馒头和包子，而闹出许多笑话。既然如此执拗，自有其特异之处。南翔小笼就堪称包子中的一员大将。这种诞生于上海南翔镇的传统小吃，以夹心腿肉做酱，撒少许姜末、肉皮冻、盐、酱油、糖和水调制成馅，用不发酵的精面粉做皮制成，以皮薄、馅多、卤重、肉嫩、味鲜、形美而著称。也正因为皮薄馅多，刚出笼的包子一口咬下去，要么烫到舌头，要么汁水四溢，正确的吃法应该是一口开天窗，二口喝汤，三口吃光。

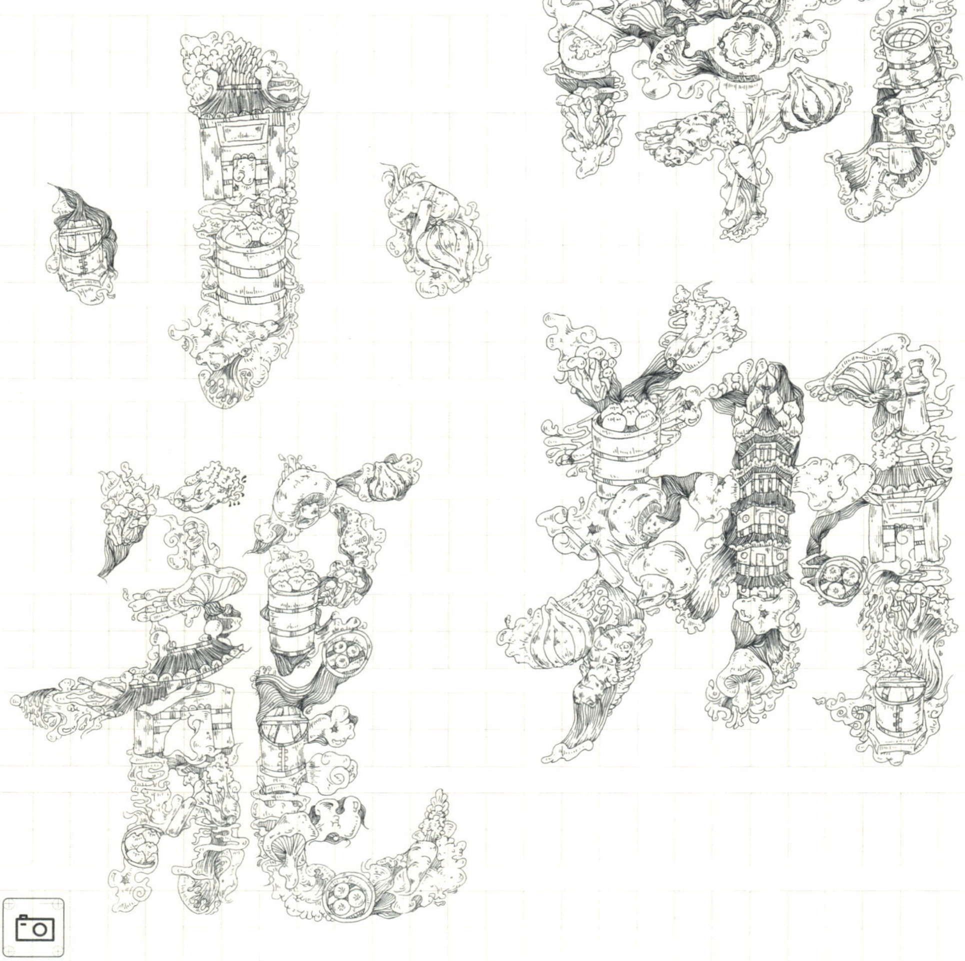

高桥松饼

GAO QIAO SONG BING

高桥松饼是高桥镇名点。相传光绪年间，高桥镇有赵姓大户之妻是做塌饼的高手，所做之饼，小巧可口，又松又脆。不久赵家败落，为谋生计，赵妻自制塌饼，提篮卖于茶坊烟铺，以入口酥松而被邻里乡亲赞为“松饼”。而后经过改良传承，高桥松饼声名鹊起。高桥松饼又称千层饼，主料是精白粉、熟猪油、绵白糖、赤豆桂花，经擦酥、包酥、开酥、烤制等工艺制作而成。成品表面呈黄色，四周呈乳白色，戳记清楚，切开层次分明，皮薄馅多，不偏皮，无杂质，底部无僵硬感。吃起来油而不腻，甜而爽口，香气浓郁，余味无穷。

功德林素食 GONG DE LIN SU SHI

20 世纪二三十年代的鲁迅、柳亚子、沈钧儒、邹韬奋、黄炎培等名人，都曾倾心于上海的一家素菜馆。这家店的名字叫“功德林”。功德林创始于 1922 年，由杭州城隍山常寂寺弟子赵云韶创办，菜品以淮扬风味为基础，兼容释菜及民间素菜精华，结合北方人的口味，确立了自己的独特风格。

菜品选料考究，以时鲜为主，以素仿荤，菜质细腻，口味多样。招牌菜有金刚火方、天竺素斋、罗汉素斋、如意紫鲍、普渡众生、白果芦荟等。其传统手工制作的月饼，酥层均匀，色泽金黄，独具特色。

ZHEN RU YANG ROU 真如羊肉

不来真如镇，就不知真如人对羊肉的热爱。全镇大大小小的羊肉馆从早到晚人头攒动，一大半客人都是本地住家。一碟如脂似玉的白切羊肉，一碗热香扑鼻的红烧羊肉面，不仅满足真如人的口腹之欲，更是一种笃定知足的生活情调。

真如羊肉精选太仓、湖州、苏州等地的山羊，尤以常熟出产的最好，骨细肉肥，好中选优，又以 2—4 岁的羊最为适宜。有红烧、白切两大基本品种：红烧羊肉卤浓、肥甜、鲜糯，酥而不烂，肥而不腻，香而不膻；白切羊肉颜色雪白，入口细腻，微咸带鲜。二者各具特色，均是一时之选。

FENG JING DING TI 枫泾丁蹄

枫泾丁蹄与镇江肴肉、无锡肉骨头齐名，是上海特色传统名菜。精选太湖良种枫泾猪后蹄，细皮白肉，肥瘦适中，骨细肉嫩，一煮就熟。烹制时用嘉善“姚福顺”三套特晒酱油、绍兴老窖花雕、苏州桂园斋冰糖，以及适量的丁香、桂皮和生姜等原料，经柴火三文三旺后，以文火焖煮而成。熟后外形完整，色泽暗红光亮，热吃酥而不烂，冷吃喷香可口，汤汁浓而不腻，故很受欢迎。枫泾丁蹄驰名百年，不但在国内打响了名声，更远销南洋、欧美市场，所获荣誉无数。

王家沙本帮点心

WANG JIA SHA BEN BANG DIAN XIN

王家沙坚持以上海点心为本，又结合江南点心风味，博采众长，兼收并蓄，变化出新，自成一格。点心用料讲究，制作精细，风味独特。如有“小笼馒头大王”之称的蟹粉小笼，选用大闸蟹为原料，每天现拆蟹粉，用老母鸡熬制的高汤拌制而成，皮薄馅鲜，汤汁香浓。“汤团大王”蟹粉汤团堪称一绝，外糯内鲜，汤汁饱满。“八宝饭大王”王家沙八宝饭更是糯香可口。

钱万隆酱油

QIAN WAN LONG JIANG YOU

酱油是中国调味料中非常神奇的存在。小小的黄豆，经过时间的洗礼，居然可以发生那样微妙的变化，诞生出那样奇妙的味道。酱油的酿造也是一件需要耐心的事情。依照古法，酿制酱油需要经过 12 道工序，其中日晒夜露、木榨床出油等技艺，是现代工艺难以替代的。想要品到味道醇正的酱油，没有几年的耐心是不行的。钱万隆酱园至今已有 130 多年历史，早年上海曾有这样一句俗语：“一口香酥高桥松饼，妙不可言钱万隆酱油。”如今的钱万隆酱油，早已远销日本、美国、欧盟等国家和地区。

杏花楼广式月饼

XING HUA LOU GUANG SHI YUE BING

装饰古雅的杏花楼，创建于 1851 年，第一年便以广东甜点和粥品打开了局面。1928 年以前店后厂的作坊形式开始纯手工制作广式月饼。

其月饼饼皮松软，馅心油酥光亮、细腻柔滑，入口清甜，味道纯正。外形也十分美观，具有很高的民俗文化价值。月饼主要有豆沙馅、莲蓉馅、五仁馅和椰芸馅等口味，曾是许多老上海人中秋节必不可少的点心。

凯司令蛋糕　KAI SI LING DAN GAO

别处的老字号总有盎然古意，但在上海，因其特殊的历史，带着西洋气味的老字号也为数不少，“凯司令蛋糕”就是其中之一。“凯司令”原为老上海的一间西餐厅，经营德国菜和蛋糕，后来以蛋糕打响了名号。其栗子蛋糕内里是实实在在的栗蓉，外面涂着厚厚的鲜奶，模样虽简单，味道却扎实，甜而不腻，回味无穷，与其招牌“立顿红茶”堪称绝配。

五香豆 WU XIANG DOU

几十年前，去上海出差旅游的人，总会带上几包城隍庙的五香豆，作为给自家孩子和老人的礼物。五香豆又称奶油五香豆，是上海知名的传统小吃，由上海老城隍庙郭记兴隆五香豆店首创，故又称城隍庙奶油五香豆。沪语有“不吃城隍庙五香豆，等于没有来过上海”之说。五香豆选用嘉定产“三白”蚕豆，添加茴香、陈皮、桂皮、糖、香精等配料烧制，据称还添加了一般人所不知的五种香料，让人未入口便已闻到一股清淡的奶油香味。做出来的五香豆皮薄肉松，盐霜均匀，软中带硬，咸中带甜，别有风味。

郁金香酒　YU JIN XIANG JIU

传说郁金香酒早在明代中期业已出现，在评弹《三笑》中已提到过。

关于南翔郁金香酒，最早的文字记载见于雍正年间进士张鹏翀的一首诗："郁金香注古黄流，一斗分来助拍浮。醉扫翠峦千万叠，可能胜似换凉州。"酒名源自唐代大诗人李白的名句"兰陵美酒郁金香"。光绪年间，大臣王文韶在南翔与人合资经营宝康酱园，同时生产郁金香酒。据说有一次，王文韶把自家的郁金香酒献给宫里，慈禧太后喝了大加赞许，将该酒定为贡品，而王文韶每年就从南翔装一船酒到京献奉，南翔郁金香酒由此名声大扬。

上海黄酒 SHANG HAI HUANG JIU

黄酒是我国最古老的发酵酒，有 5000 年的历史，与葡萄酒、啤酒并称“世界三大古酒”。上海黄酒的历史也是源远流长，《宋会要辑稿·酒曲杂录》记载，“上海务”是管理酒类生产和贸易的机构。上海枫泾出土的文物“韩瓶”，也反映了宋代名将韩世忠用酒犒劳士兵的历史。

枫泾黄酒以糯米为原料，经两次发酵而成，既仿效了浙江绍酒的工艺，又保留了江苏甜白酒的工艺。

黄酒与老百姓的生活关系十分密切：它是低度的营养酒，比白酒好入口，是江南人办红白喜事时必备之物；是烹饪的好调料，具有杀腥、增香的作用。

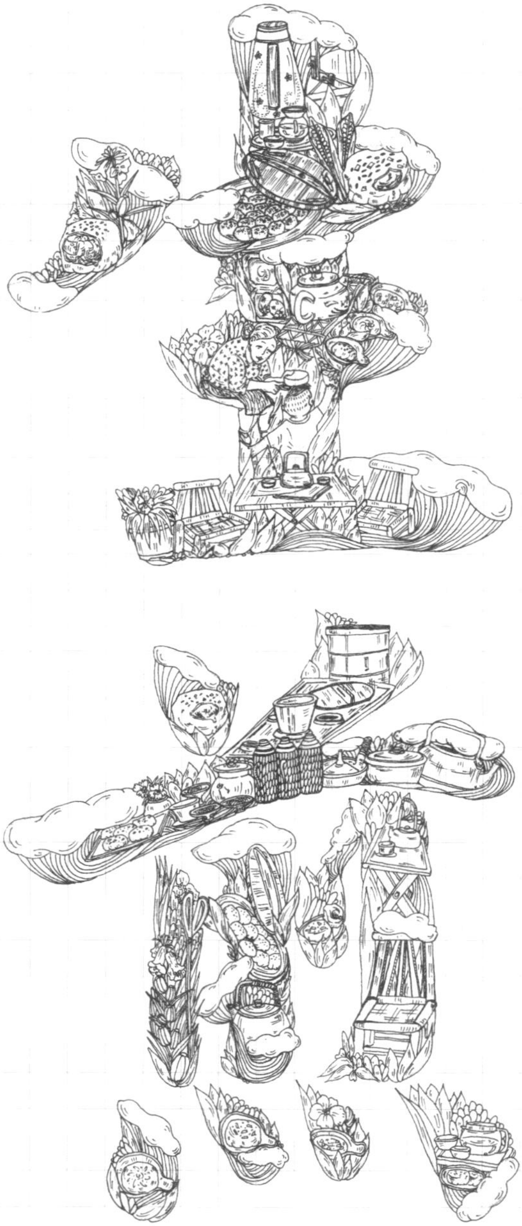

生煎　SHENG JIAN

上海的生煎馒头，又叫生煎包，是土生土长的上海点心，据说已有上百年的历史。如今多省“馒头”二字，直称“生煎”。原为茶楼、老虎灶兼营的小吃品种。20世纪30年代后，渐渐有了专营店，馅心花色也从鲜猪肉加皮冻，丰富到了鸡肉、虾仁等多个品种。生煎外皮底部煎得金黄，皮薄，不破不焦，以出锅热吃为佳。吃起来汁水四溢，不会吃或性急的人，一口咬下去，容易被里面的汤烫着。生煎上部撒芝麻、香葱，咬嚼时香味浓郁。

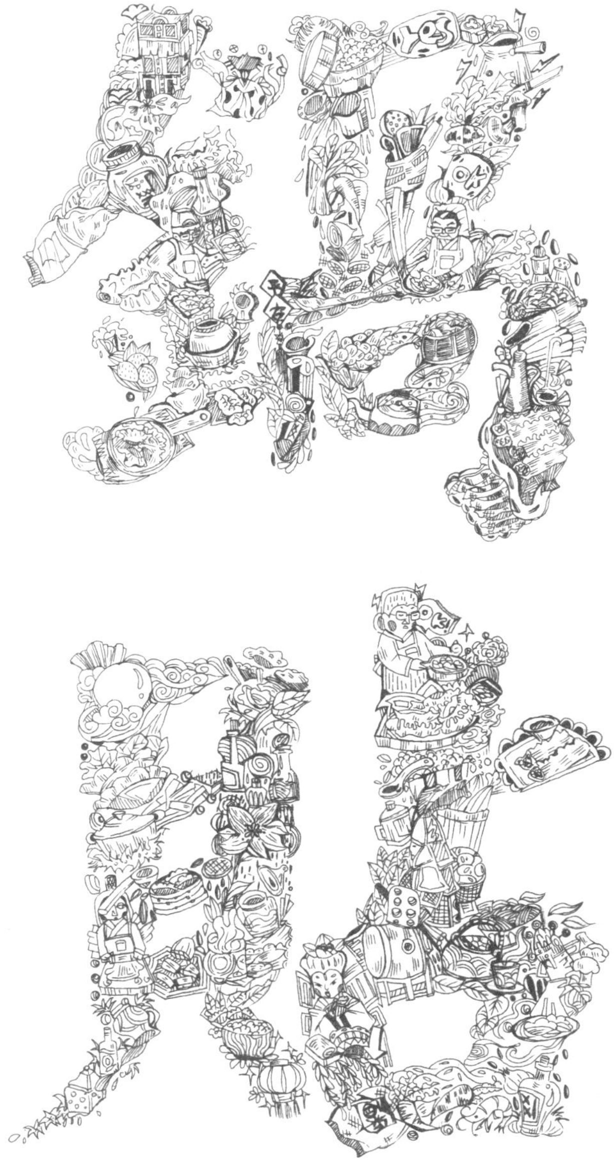

锅贴 GUO TIE

上海锅贴是一种煎烙的馅类小食品，制作精巧，味道精美，多为猪肉馅，根据季节配以不同的鲜蔬菜，香脆适口，营养丰富。

大白兔 DA BAI TU

大白兔奶糖是中国最知名、最受人喜爱的糖果之一，诞生于 1959 年。在物质匮乏的年代里，它是极其珍贵的，因其香醇的奶味与简单好记的名字，成为许多“60 后”“70 后”儿时最美好的记忆。商标当中那只跳跃状的白兔深入人心，陪伴了无数人度过了他们的童年。许多经典电视剧和电影，如《三峡好人》《山楂树之恋》《狼图腾》《金婚》《士兵突击》中，都出现了大白兔的身影。

炸猪排 ZHA ZHU PAI

上海的炸猪排，传统上是蘸着辣酱油吃的，风味独特，有上海本帮菜的风味。近年来，椒盐、香辣口味也十分盛行。逢年过节，炸猪排一上桌，必然会成为孩子们疯抢的焦点。

PAI GU NIAN GAO 排骨年糕

排骨年糕是一种经济实惠、独具风味的传统小吃，已有50多年的历史。以大排佐小而薄的年糕，经油氽、烧煮而成，色泽金黄，表面酥脆，肉质鲜嫩。排骨年糕的妙处在于年糕与排骨的配合，年糕被肉汁黏密地包裹着，吃下去满口浓香，又不失分寸地保留着自身的软糯和韧劲。

海棠糕 HAI TANG GAO

海棠糕创制于清代，因形似海棠花而得名，是历史悠久的花色点心。以花生为制作主料，以烘烤为主，呈紫酱色，香甜且软，适宜热食。海棠花的外形，让人还没吃就已赏心悦目。刚出炉的海棠糕，表面撒着饴糖，再加上果丝、瓜仁、芝麻点缀，仿佛一朵朵花儿完全绽放。

XIE KE HUANG 蟹壳黄

蟹壳黄是上海传统风味小吃，是一种以发酵面加油酥制成的酥饼。

早年上海的茶楼、老虎灶，常会支一口烘缸，边做边卖若干小点心。蟹壳黄就是其中之一，深受客人喜爱。而后更是出现了单卖蟹壳黄的食肆。

蟹壳黄成品呈褐黄色，饼色与形状酷似煮熟的蟹壳，故名。油多不腻，外酥内香，馅心咸甜适口。刚出炉的更是奇香浓烈，咬一块既酥又脆，层层剥落，满口留香，其味隽永，被赞“未见饼家先闻香，入口酥皮纷纷下”。陶行知也曾写诗赞曰：“三个蟹壳黄，两碗绿豆粥，吃到肚子里，同享无量福。”

眉毛酥

MEI MAO SU

眉毛酥外形纤巧，犹如一道弯弯的秀眉。外层酥皮层次清晰，清脆细致，内馅有猪肉丝、香菇丝、冬笋丝，一口咬下去，松脆的酥皮与鲜美的馅料在口中交融，百吃不腻。

油豆腐线粉汤

YOU DOU FU XIAN FEN TANG

油豆腐线粉汤是上海地区特色传统小吃，创制于20世纪20年代初期。上海人有干点配湿点的饮食习惯，油豆腐线粉汤是湿点当中的翘楚，与生煎等较为油腻的点心是绝配。制作时，锅内汤汁翻滚，铁丝网勺里的线粉溢着香气，让人垂涎不已。

上海白斩鸡

SHANG HAI BAI ZHAN JI

白斩鸡是上海地区传统名菜，精选上海浦东一带出产的三黄鸡制成，皮黄肉白，肥嫩鲜美。

开洋葱油拌面

KAI YANG CONG YOU BAN MIAN

葱油拌面是一道家常美食，在所有海派面点里，做法最为简单。或许正是由于简单，真正能把它做好的人并不多。面条加上熬香的葱油、烧透的开洋（腌制晒干后的虾仁），一起拌着吃，有韧性又滑爽，味道也十分鲜美。

油墩子

YOU DUN ZI

油墩子是江浙沪地区的街头小吃，又叫油端子或油墩儿。制作方法是将少量稀面糊倒入椭圆形的铁勺中，加上白萝卜丝、鲜肉或豆沙做成的圆团，再覆以面糊，进油锅炸。成品外表呈黄褐色，吃起来香脆有味。

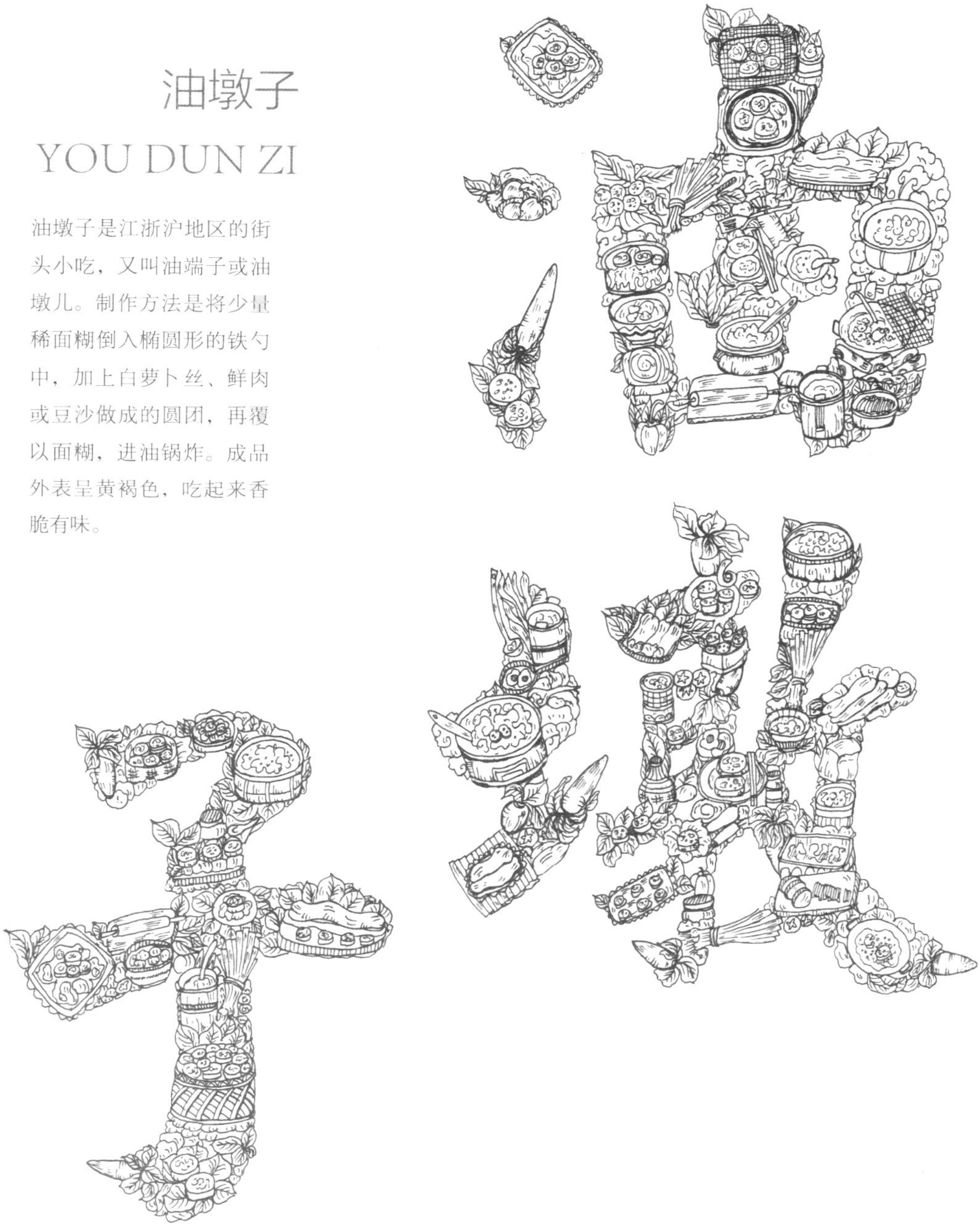

臭豆腐干 CHOU DOU FU GAN

上海有句关于臭豆腐的俗语："闻闻臭，吃吃香。"臭豆腐大约算是中国版的奶酪，喜欢的人嗜之如命，不喜欢的人避之唯恐不及。臭豆腐干多在街边小摊售卖，炸得酥脆脆、金灿灿的，配上辣椒酱或甜面酱，咬一口，嫩嫩滑滑的，真可谓"外脆里嫩臭得香"。

DAO XIANG CUN YA ZHUN GAN 稻香村鸭肫肝

稻香村鸭肫肝是上海老少都很喜爱的一种小吃，主料为鸭肫，成品形状扁圆，肉质紧密，紧韧耐嚼，滋味悠长，无油腻感，属居家旅行必备食品。

糟田螺 ZAO TIAN LUO

糟田螺是上海的一种著名小吃，有“盘中明珠”的美誉。选用个大肥美、肉头厚实的安徽屯溪龙眼田螺为原料，以茴香、桂皮等调料调味，用较长时间烹煮，最后放上陈年香糟，即可完成。

糟田螺呈灰褐色，肉质鲜嫩，汁卤醇厚，入口鲜美，深受人们欢迎。

城市性格的养成有赖于千百年来雅俗文化的锻造，在街头巷尾，在田间山头，在除夕端午，在春分冬至，在嘴里的咿咿呀呀，在指尖的柔云绕月，如我们所见所闻，只要是美的，终究不会湮没。

文脉薪火永相传

江南丝竹

JIANG NAN SI ZHU

江南丝竹是中国民间传统器乐丝竹乐的一种，乐队以丝弦和竹管乐器为主，是江南水乡文化杰出的代表。旋律抒情优美，风格清新流畅，乐曲多来自民间婚丧嫁娶和庙会活动的风俗音乐，也有长期流传的古典曲牌。

江南丝竹有着广泛的群众基础，在1860年以前已流行于江苏南部和浙江一带，辛亥革命后，亦在上海地区得到较大的发展。当地无论城乡都很流行丝竹乐，风格则颇有不同：城市丝竹乐典雅华丽，加花较多；农村常用锣鼓，气氛热烈，风格简朴。

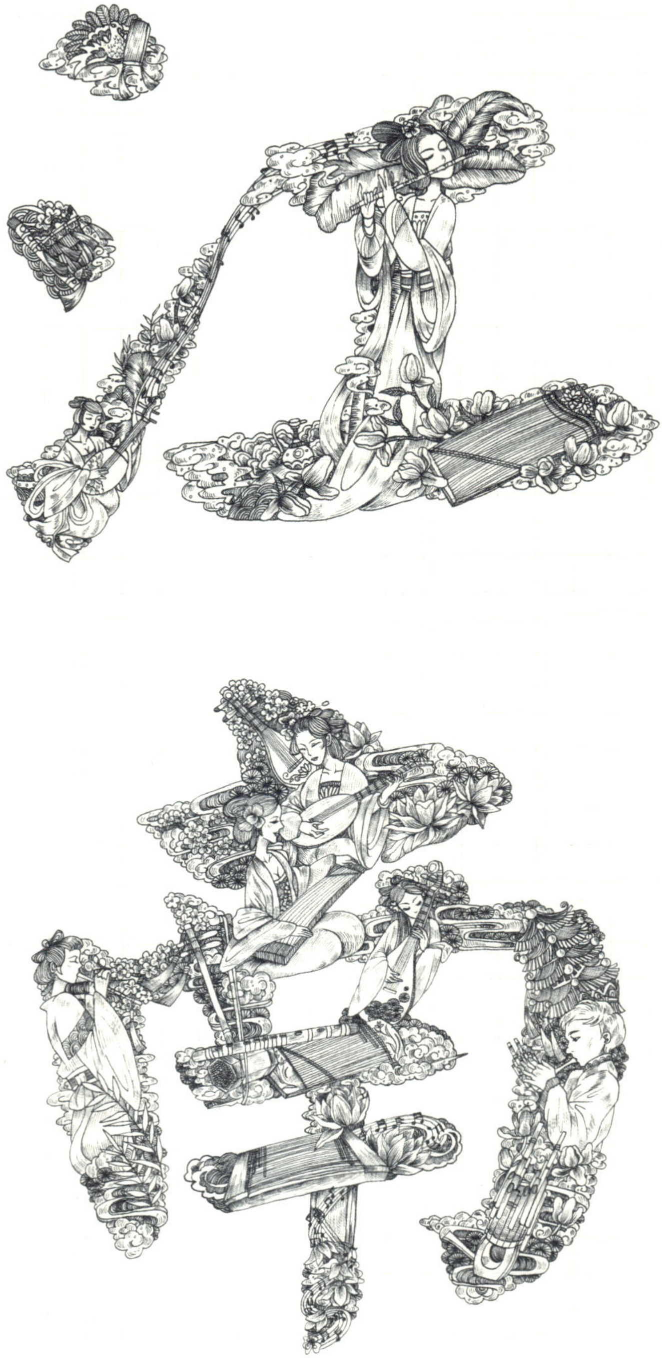

丝竹

乌泥泾手工棉纺织技艺

WU NI JING SHOU GONG MIAN FANG ZHI JI YI

“买不尽松江布，收不尽魏塘纱”，乌泥泾手工棉纺织是上海地方传统手工技艺，传承自元代棉纺织革新家黄道婆从崖州带回的纺织技艺。黄道婆是上海人，宋末元初流落崖州，她虚心向当地黎族百姓学习纺织工艺，后将所学技术带回故乡，并进行改革，形成一套崭新的棉纺织技艺，开发出众多精美的棉纺织品，改变了中华大地千年来以丝、麻为主要衣料的传统，也改变了江南的经济结构和生活风貌。

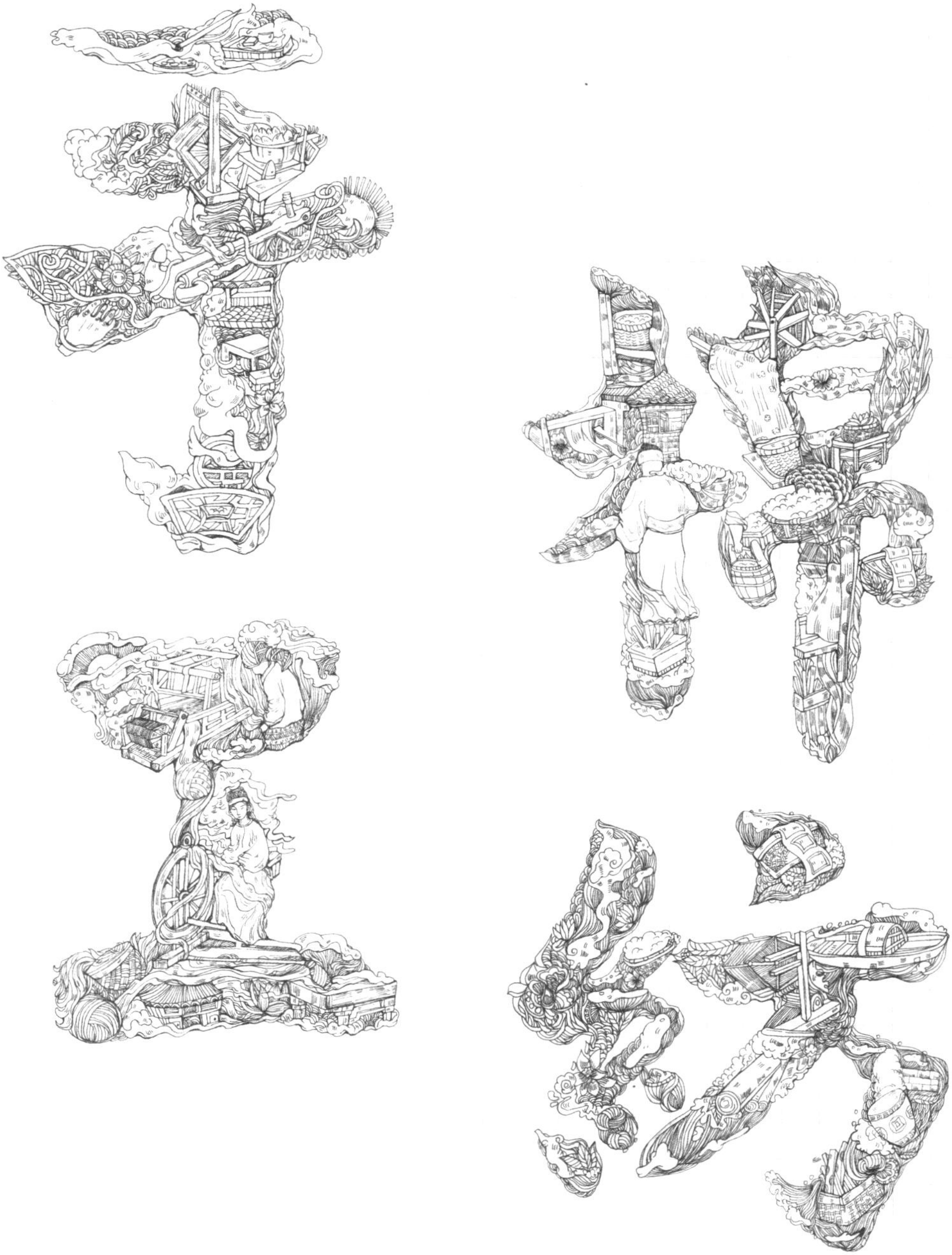
手工
棉纺

沪剧 HU JU

沪剧是上海的代表性剧种，起源于黄浦江两岸的田头山歌和民间俚曲，乾隆年间已流行开来，清末形成上海滩簧，其间受苏州滩簧的影响。后采用文明戏的演出形式，发展成为小型舞台剧“申曲”。1941 年上海沪剧社成立，申曲正式改称沪剧。主要有长腔长板、三角板、赋子板等。曲调优美，富有江南乡土气息，擅长表现现代生活。优秀剧目有《罗汉钱》《芦荡火种》《一个明星的遭遇》等。

顾绣　GU XIU

顾绣又称“露香园顾绣”，因源于明代上海顾氏家族而得名，是一种传统刺绣工艺。顾绣有“画绣”之美誉，以名画为蓝本，使用比头发还细的丝线，半绣半绘，配色精妙，做工精细，技法多变，一幅作品往往要数月时间才能完成。顾绣善于表现丰富的色彩效果，精美逼真，受到广泛推崇。著名画家董其昌盛赞其“精工夺巧，同侪不能望其项背”。

顾绣传世实物有《游赤壁图轴》《达摩像轴》《藻虾图》《杏花村》《山水三寿》等，文化艺术内涵深厚，是博物馆争相收藏的珍品。

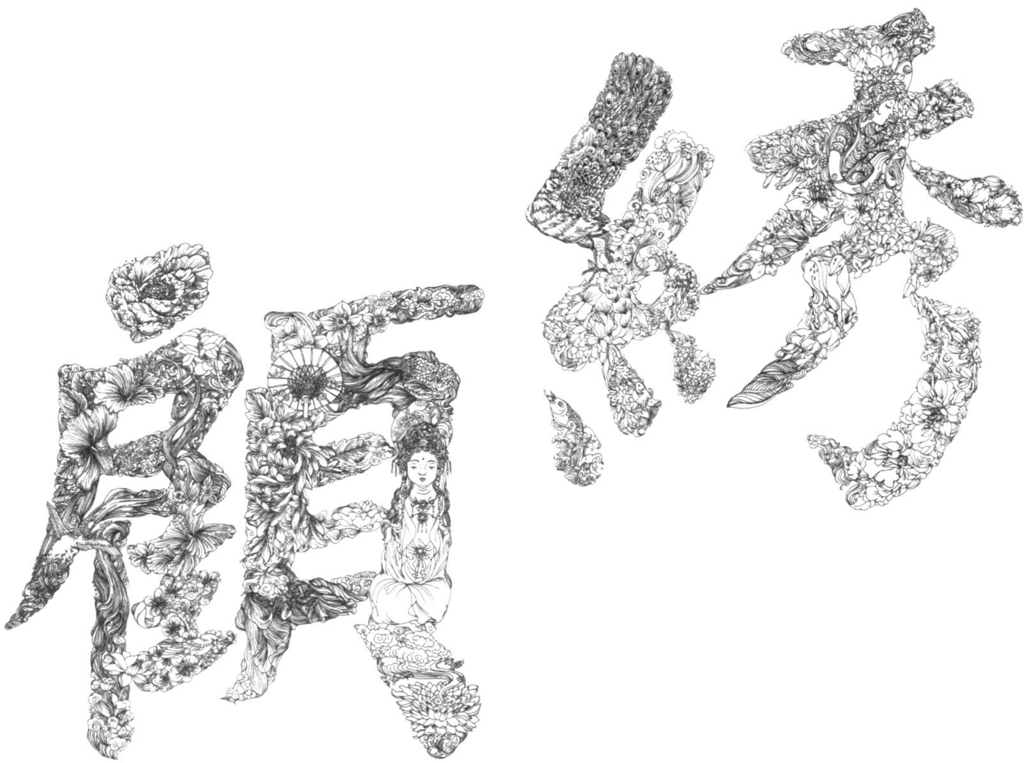

锣鼓书

LUO GU SHU

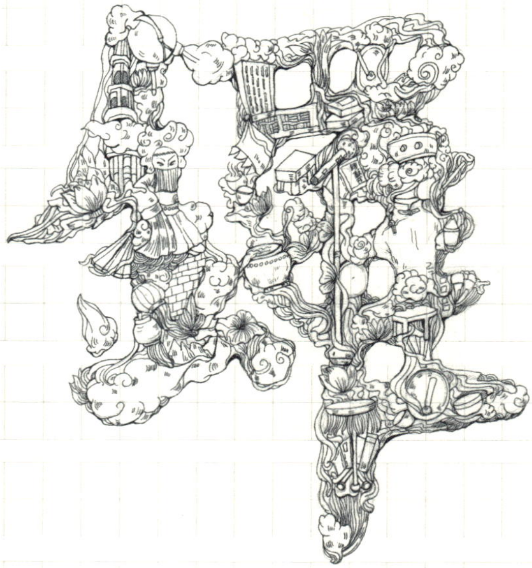

锣鼓书旧称“太保书”，源自上海郊县农村中祈求保佑太平的“太卜”活动，本是一种为生者排除瘟疫的说唱仪式，久而久之便从宗教仪式中脱离，发展为独立的民间艺术形式。锣鼓书的基本演出形式是演员自击锣鼓，唱表说书，有时也配备琵琶、扬琴等丝弦小乐队。传统锣鼓书多为长篇和中篇书目，内容多取材于民间传说、演义小说、历史故事，具有乡土风味和地方特色。1949 年以后，锣鼓书多为业余演出，题材也短篇化和现代化了。

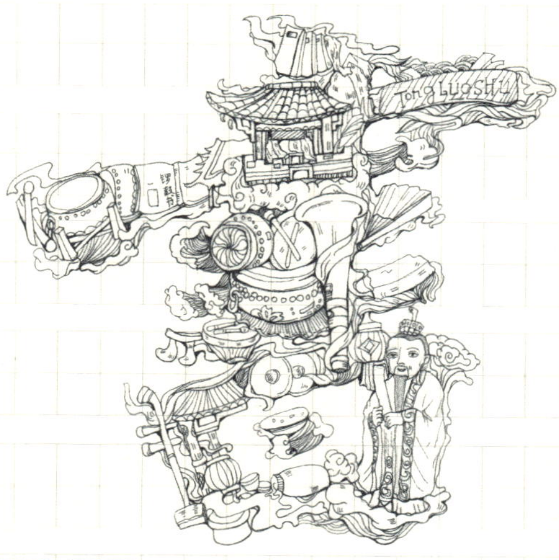

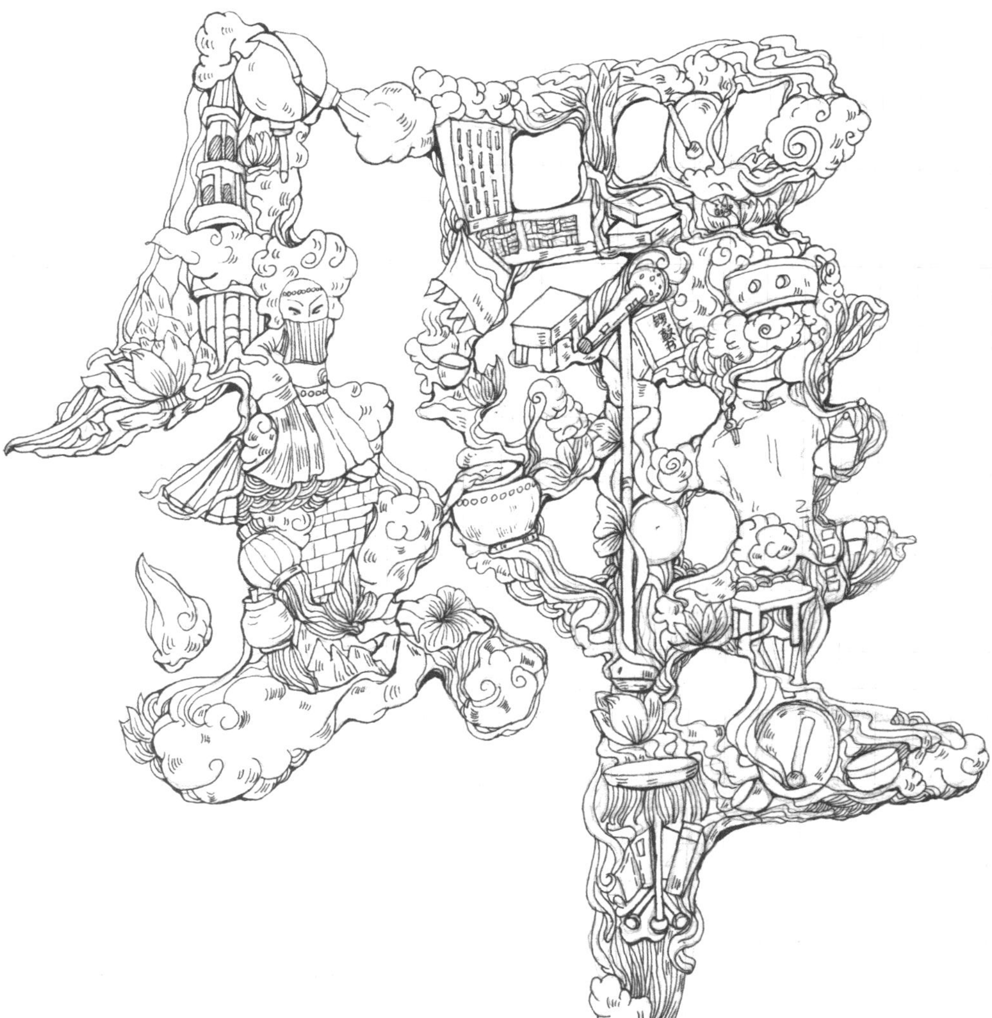

锣鼓书

TongLUoSHU
锣鼓书

徐行草编

XU HANG CAO BIAN

徐行草编是起源并盛行于上海嘉定徐行的一种传统手工艺。将黄草经过去苋、开辟、染色、模具等工序后，编织成生活用品，再缀以色彩鲜艳的花纹图案，十分玲珑精致。徐行草编历史悠久，唐代即成为朝廷贡品，至清末已行销多个国家和地区。

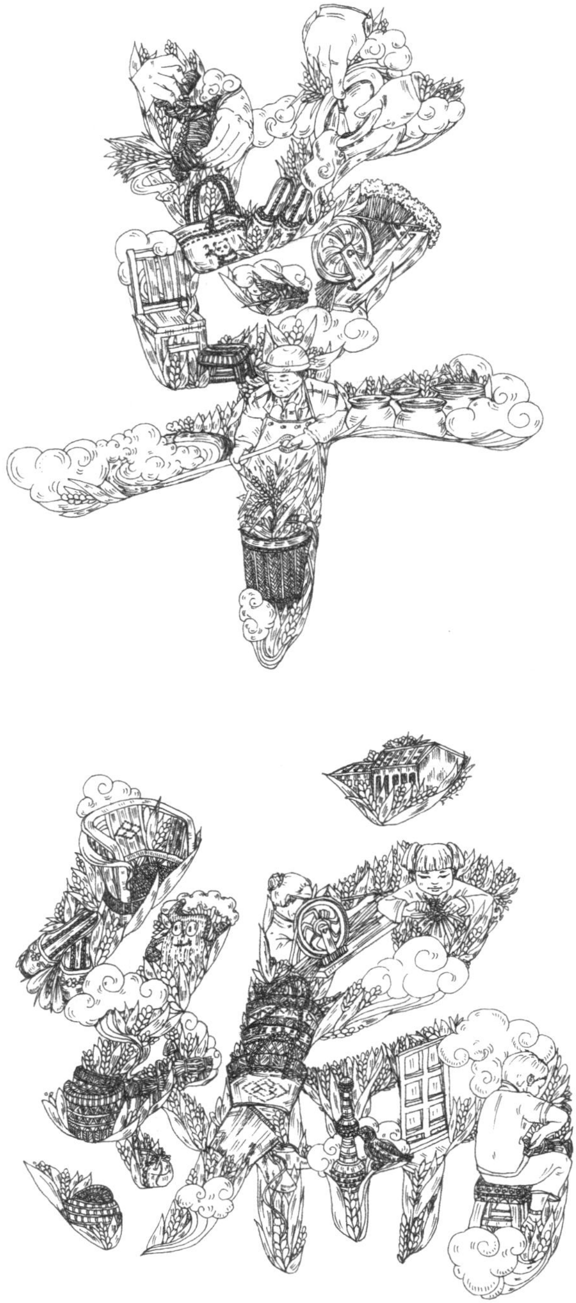

青浦田山歌　QING PU TIAN SHAN GE

上海青浦地区的田山歌是农民们在农作时唱的一种民歌，又称吆卖山歌、落秧歌、大头山歌。其演唱形式独特，自成一格，音调高亢，旋律起伏也较大，歌词内容主要来自当地民众的现实生活，多表现当地民众的劳动、生活、思想、爱情等，极为丰富多彩。

CHONG MING SHAN GE 崇明山歌

“五更鸡鸣鹁鸪啼，丫头嫁了太湖西。青山竹园望不见，浪白涛涛哪得归……”崇明山歌是一种兴起于上海崇明岛，独具魅力的民间歌谣。它以独特的崇明方言演唱，发音高亢，语言朴素清新，真挚感人，直抒胸臆，具有一定的江南民歌色彩，但在表现内容和表现手法上又有所不同。崇明山歌是劳动人民在长期的生产和生活中创作的，内容丰富多彩，其中以劳动歌、生活歌、情歌、哭丧歌等数量为多。

扁担戏

BIAN DAN XI

扁担戏是流传于上海的一种富有特点的布袋木偶戏。相传是清嘉庆年间从苏州传来，因所有演出道具都由一根扁担挑起，故称为扁担戏。

扁担戏演员挑着扁担走村串户，如遇到邀请，就选一块较平整的场地，放下供表演者坐的高脚凳子，再把扁担的一头插入凳子下横档的榫里，将上端的小舞台加以固定，然后表演者躲到小舞台后边演出就可以了。演员既要负责演出，又要当伴奏，手指演绎角色，嘴巴演唱台词、模拟声音，忙忙碌碌，却又热闹非凡。

漆艺

QI YI

漆艺是中国工艺美术的重要发明。上海漆艺主要分镶嵌漆器和刻漆两种。

镶嵌漆器利用象牙、牙板骨、青田石等不同色彩的天然材料，加工细刻，拼装、镶嵌在各种漆器上，再辅以描金技法，刻成图案背景，加以衬托，使画面色彩鲜艳，并富有立体感。

刻漆刀法流畅，线条优美。以描绘楼阁亭台和古装人物见长，可以准确地复制古典名画，再现古典文学的故事情节。另外，上海刻漆还有一种断纹工艺，继承传统刻漆手法，在漆坯上用针画出断纹，令漆器显得质朴大方，古趣盎然。

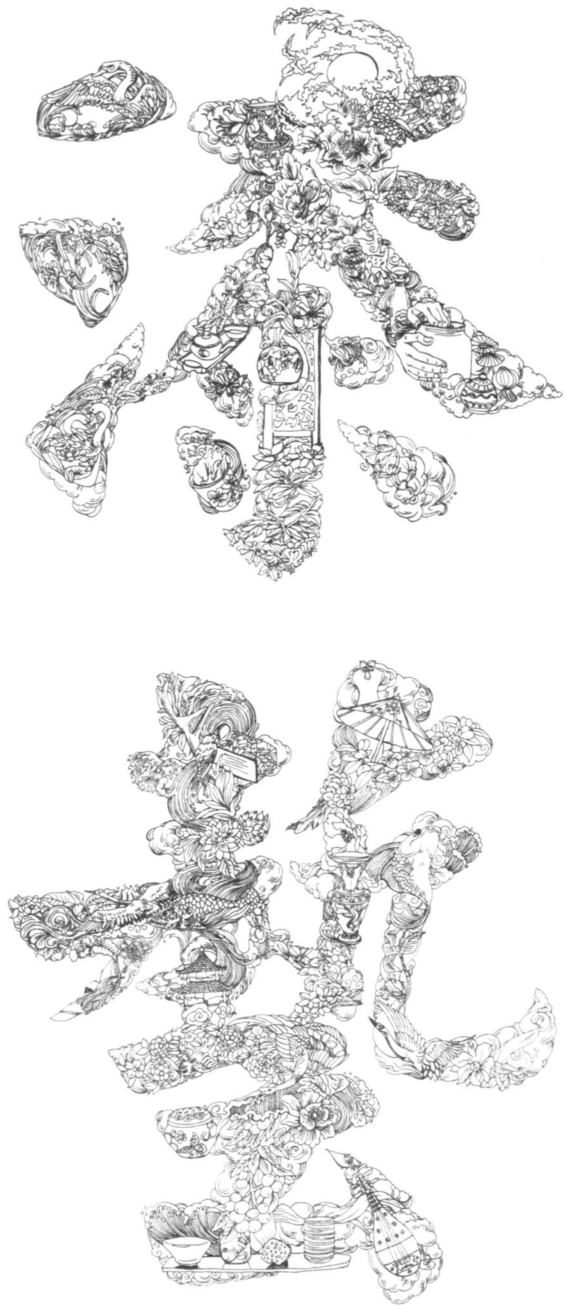

上海灯彩

SHANG HAI DENG CAI

灯彩又叫花灯，是一种传统民间工艺品。

每年的正月十五元宵节前后，人们都会挂起象征团圆的红灯笼，营造出喜庆的氛围。灯彩经过历代艺人的继承和发展，形成了丰富多彩的品种和高超的工艺水平。上海近代灯彩继承了古代灯彩的优秀技艺，不仅材质推陈出新，麻、纱、丝绸、玻璃等材质争奇斗艳，而且品种更为丰富，有撑棚灯、走马灯、宫灯、立体动物灯等四大类。

燈
彩

中华盘艺

ZHONG HUA PAN YI

盘扣或称盘纽，是中国传统服饰上用于固定衣襟或装饰衣物的一种纽扣。制作工艺考究，造型细腻优美，花样繁多，富有想象力，是美化服装的重要手段。以往是重要的生活用品，如今则是富有中国传统元素的手工艺品。

盘扣小巧玲珑，仅用一根彩带就可以塑造出千变万化的造型，在注重盘扣的实用功能和装饰价值的同时，也赋予了它一定的象征意义，使之具有招福纳祥、传情达意的作用。

HAI PAI MIAN SU 海派面塑

面塑又叫江米人，俗称捏面人，被人们盛赞为“立体的画”“无声的戏”。海派面塑吸取前人的技艺技术，归纳、开创了面塑的“手掐八法”和“工具八法”，使面塑有可能运用多种艺术手段来表现人物的相貌形态。相较而言，海派面塑细致、优美、婉约、精巧，人物表情细腻传神，形象逼真，服饰飘逸，质感丰富，人物众多，场面宏大。代表性作品如《二进宫》《关公夜读》《民族大团结》《友谊长城》，成功地表现了各种人物的不同特征，达到了雕塑般的效果。

麦秆画 MAI GAN HUA

麦秆画是我国一种富有特色的剪贴艺术。上海则是当今中国麦秆画的重要阵地。麦秆画的创作工序复杂，采收麦秆后，要进行熏、蒸、漂、刮、推、烫等一连串的工艺，待烫平的麦秆拼接成纸张模样后，再依麦秆本身的光泽、纹理和质感，经过剪、刻、编、绘，才能完成一幅麦秆画作品。

上海麦秆画，克服大麦秆表面光滑、不易上色、只能使用朴素的麦秆本色的问题，配制出专门给麦秆上色的颜料，使色彩艳丽的作品的创作成为可能。画中人物、花鸟等栩栩如生，活灵活现，有着强大的艺术感染力。

舞龙舞狮

WU LONG WU SHI

上海舞龙舞狮，艺术形式缤纷多彩。

传说“八仙”中的韩湘子是上海人，为解家乡旱灾，召来东海“青龙”，降下大雨。之后乡民就用金黄色的稻草扎成龙，祈求风调雨顺，由此形成了草龙舞、滚灯舞、水族舞等民俗舞蹈。

在三林地区，亦有规模浩大的舞龙活动，其肢体语言优美，步法亮相戏曲化，融入传统武术的精气神韵、腾跃翻滚动作，形成了“海派舞龙”的特色。

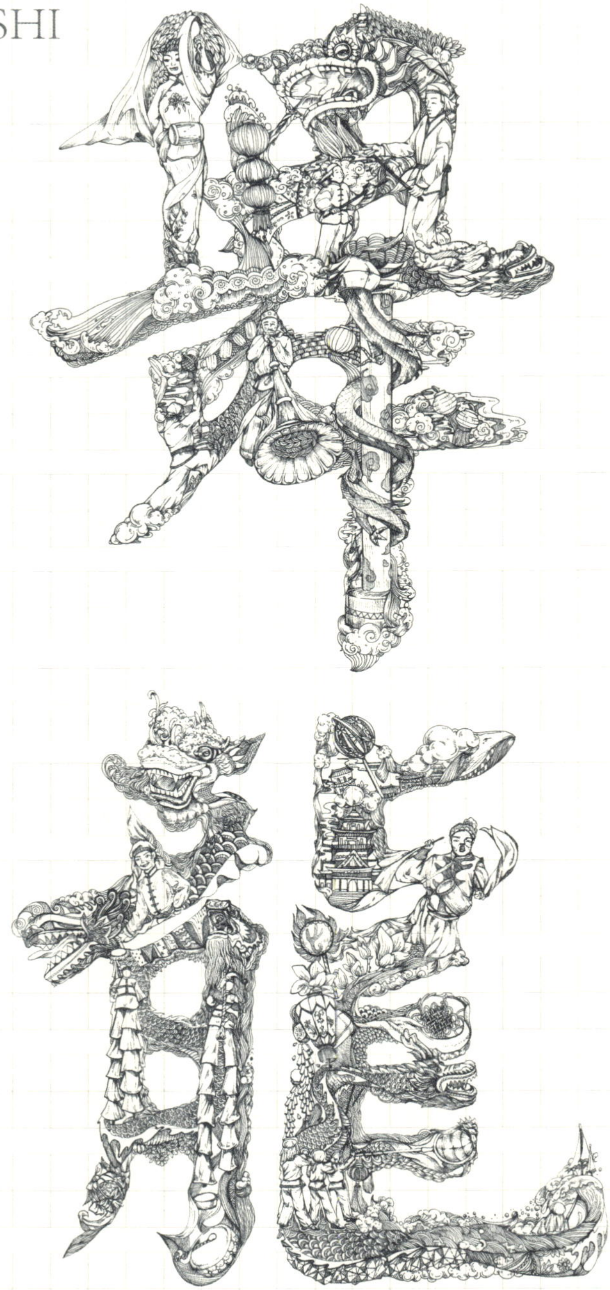

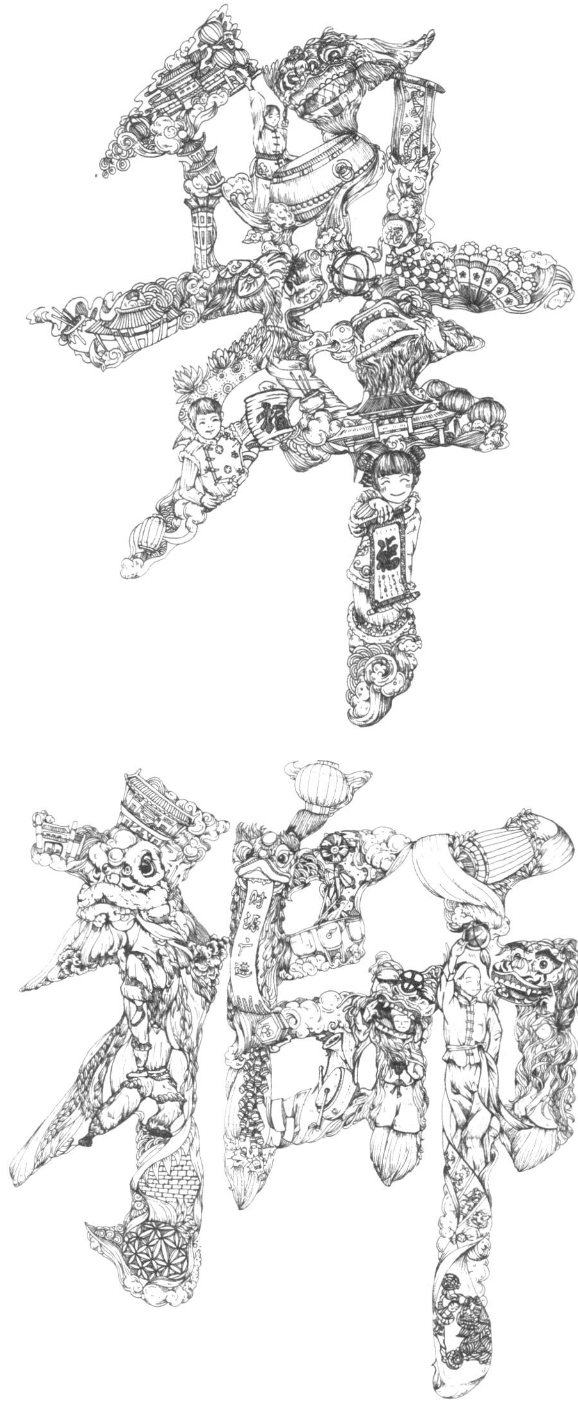
舞
狮

皮影戏　PI YING XI

皮影戏在上海已有上百年的历史，也称皮囡头戏、影戏。相传南宋小朝廷灭亡以后，宫廷皮影戏班流落到上海一带，皮影戏便在当地生根发芽，代代相传。海派皮影戏表演者手脚口并用，加以乐队伴奏，热闹异常。戏班多在农闲时或在庙会上演出，献艺者多业余，但亦有鸿绪堂这样的专业皮影戏班。较有代表性的剧目有《封神》《隋唐》《征东》《征西》《扫北》《薛刚反唐》等。

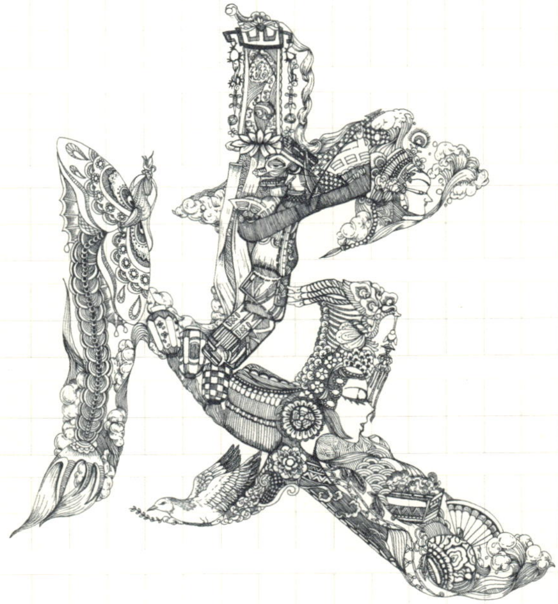

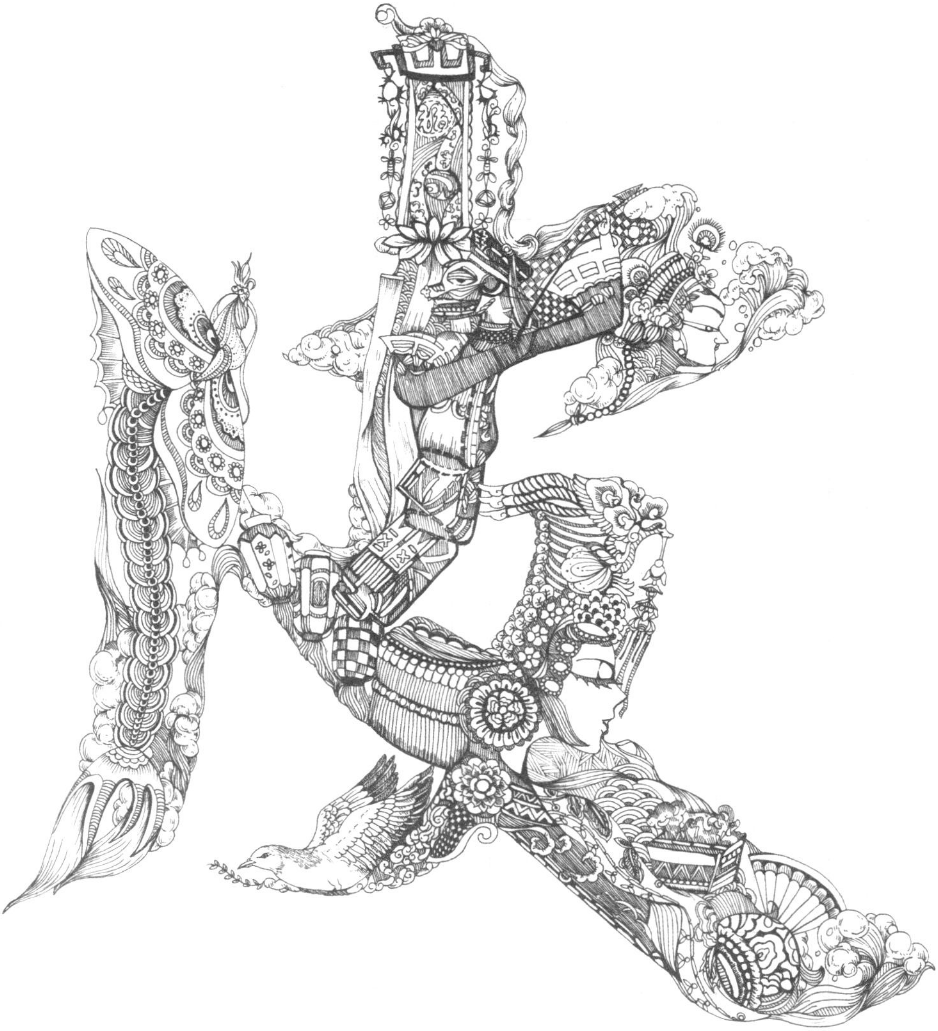

戲

海派剪纸 HAI PAI JIAN ZHI

剪纸艺术是我国传统艺术的瑰宝，海派剪纸更是其中一颗耀眼的明珠。

海派剪纸刀法细腻精到，剪出的形象生动传神，是我国传统剪纸手法与现代元素的有机结合，极富思想性，又有生活情趣，视角独特，别出心裁。

在表现形式上，海派剪纸大胆运用山水画的写意手法，把书画和剪纸融为一体，是中国剪纸艺术史上的一项绝技。

丝网版画 SI WANG BAN HUA

丝网版画也叫孔版画，近似于工业上的花布印刷方法，将颜色进行刮压，使之从网孔漏至承接物上，故也称作丝漏版画。

在上海，丝网版画已成为反映乡土风情的重要文艺创作手段。插秧种田、摘桑养蚕、过大年、闹元宵，一一展现，大胆夸张，质朴清新，生动鲜活。

CHONG MING ZAO HUA 崇明灶花

在上海的农村地区，家家户户砌灶时，为防止炉膛里的烟灰落到灶台上，会砌一垛墙来遮挡，此墙即是灶山。为美化灶山，泥瓦匠会画上各种装饰图案，崇明人将这种画称为灶花。灶花以湿壁画法进行创作，即在灶头砌成以后，趁石灰未干时在上面作画，通过灶火烘烤和自然挥发干燥，能使作品几十年不变色。早期的灶花多为五谷丰登、年年有余（鱼）题材，辅以花草等图案装饰，以黑线条勾勒，构图较简单。随着时代进步，陆续出现六畜兴旺、花鸟鱼虫、神话传说、山川景物等内容，色彩变得多种多样，构图也丰富细腻了许多，令灶花有了很强的装饰性和欣赏价值。

人生如同围城，城外的人想进来，城里的人想出去。而每一座城市，又像一个人，有自己的相貌、脾气、经历……不管你是土著还是过客，它容纳着你，烙印着你的过去、现在甚至未来。而我们，将它们记录下来，也是记录自己的人生。人生如同长短句，无论是上半阕的铺叙，还是下半阕的叹息，每一个词，每一个句子，都融入我们所在的这座城市，走过的每一条街道，所以我们想在自己的城市旅行。

我们一边在自己的城市旅行，一边拿起画笔，记录着这一段可贵的记忆。仔细观察它的每一条街道、每一栋建筑，包括街头巷尾的历史、现状、趣闻，再将它们装进我们的大字里。希望这一笔一画，成为这个时代的见证，成为属于这座城市的一段记忆，最终成为一段可贵的城市记忆。也正因为如此，我们更能以独到的视角，发现城市里的人们司空见惯而“遗漏”的风景。而我们的一字一画，也将是这个城市、这个时代的见证。

一字一景描绘城市记忆，每个人都有自己心中的“大世界”。

徐郑冰
武汉工商学院艺术与设计学院数字媒体艺术系主任
武汉九一创作协会（平面设计师协会）会员
武汉华影动漫设计有限公司联合创始人
武汉县华林半亩园美术馆合伙人

沈娟 icesmini
湖北美术学院视觉传达设计专业硕士
中国包装联合会设计委员会第十届全国委员
武汉九一创作协会会员
湖北科技职业学院传媒艺术学院插画设计专业负责人
武汉华影动漫设计有限公司艺术总监
微冰视觉插画艺术工作室创始人

艺术顾问：许开强
副主编：王海文 何轩 李光慧
编委：李婷 朱辰 黄家昶 金晨晨 宋盈滨 周全 程奇 阮晶 彭娅菲 赵营
作者团队：唐景瑶 谢彩贤 陈凌萱 何兴萍 孔雅琪 孔雅珍 晏铫珧 刘珺颖 胡韩
张颖 王曼婷 高鑫豪 张萌 金丽 李诚 陈罗 柴瑞婷 周雪 肖涵 柯丁红 程慧佳